U0947186

浙江大学公共政策研究院
浙江省公共政策研究院　公共政策丛书

多管齐下，水到渠成？

—— 水稻生产补贴政策绩效研究

李金珊　吴伟强　徐越　等◎著

ZHEJIANG UNIVERSITY PRESS
浙江大学出版社

图书在版编目（CIP）数据

多管齐下，水到渠就成？：水稻生产补贴政策绩效研究／李金珊等著．—杭州：浙江大学出版社，2014.9

ISBN 978-7-308-13877-2

Ⅰ.①多… Ⅱ.①李… Ⅲ.①水稻栽培—政府补贴—财政政策—研究—中国 Ⅳ.①F812.0

中国版本图书馆 CIP 数据核字（2014）第 219899 号

多管齐下，水到渠就成？

——水稻生产补贴政策绩效研究

李金珊　吴伟强　徐　越　等著

责任编辑　朱　玲
封面设计　杭州林智广告有限公司
出版发行　浙江大学出版社
（杭州市天目山路 148 号　邮政编码 310007）
（网址：http://www.zjupress.com）
排　　版　杭州中大图文设计有限公司
印　　刷　临安市曙光印务有限公司
开　　本　710mm×1000mm　1/16
印　　张　21.75
字　　数　356 千
版 印 次　2014 年 9 月第 1 版　2014 年 9 月第 1 次印刷
书　　号　ISBN 978-7-308-13877-2
定　　价　59.00 元

个人支出追求效用，
企业支出追求效益，
公共支出追求什么？

前　言

公共支出追求的目标到底是什么？我们不断地向各方寻问，但似乎都没有得到一个明确的答案。经过不断地研究、田野调查，课题组认为公共支出应该追求的是政策绩效，这个政策绩效不能仅仅以经济学的投入产出为归依，而是应该侧重支出的政策目标达成与否。

农业补贴支出对任何一个大国而言都是公共支出的重要组成部分，农业不仅乃一国之本，农民在大国政治中的作用也不容低估。像欧洲各国和日本等，农民在总人口中的比重尽管已经不到十分之一，但任何一个政党都不敢在农民农业问题上掉以轻心，美国也一样。尽管国情、政情不同，我国作为农耕文明的大国，不仅历朝历代对农业的发展都极为重视，新中国的农业问题也自始至终都是党和政府关注的重心，尤其是改革开放以来，几乎每年的中央一号文件都明确指出要大力支持农业发展。为此，相应的政策和资金支持也逐年增加——尽管农业产值和农业人口在逐年下降。中央至地方政府相继出台了一系列支持“三农”发展的政策，最为典型的就是各类扶持“三农”发展的专项资金补贴政策。那么，众多涉农专项补贴政策是否能发挥其作用，真正促进农业发展，增加农民收入？能否以政策绩效的概念来衡量这些支农支出的效果？用什么方式方法来衡量或评价？这个衡量和评价能否得到相关部门和学界的认同？我们希望通过这个研究能部分地解决这些问题，并希望这个研究能够让政府更加关注公共支出的政策绩效。如此，则此研究幸甚！

课题的研究对象是难点亦是重点，在众多的涉农专项补贴中，如何选取既广且深，又具有代表性、系统性，资金量大的专项补贴政策作为研究对象是我们面临的第一大难题。为此，课题组走访了省、县(市)、乡的农业部门，与从事农业管理的工作人员座谈，听取各方农业专家对选题的建议后。考虑到粮食生产作为农业的脊梁，也是国家之根本，我们便从水稻生产过程入手，理出在这条生产链上所涉及的专项资金补贴政策。结果让我们大吃一惊。这条链上的专项补贴繁多，可以说，从"种子到谷子"的各个生产环节都有专项资金政策的扶持和补贴，至少涉及17项专项补贴政策，这些专项补贴政策包括土地数量保护、质量提升，水稻的选种、育秧、插秧，水稻田间管理，水稻收购及综合环节的补贴政策。可想而知，研究如此"长、杂、大"链条上的专项资金补贴政策是多么富有挑战性。

选题尘埃落定后，我们便开始对各项政策的来龙去脉，管理部门，政策目标，补贴对象、范围，实施方案，操作流程，补贴资金等做深入详细的研究。理清如此复杂、庞大的政策系统实属不易，连从事水稻生产补贴的工作人员都表示惊叹。调研的时候，当我们把整理好的水稻生产过程中所涉及各项政策的内容、出台时间、管理部门等信息给某农业局工作人员看时，她说："你们怎么会这么清楚，我搞了十几年的农业补贴，都搞不清楚，太难得了。资料可不可以给我一份？"

做好前期准备工作后，根据浙江省地理特征与水稻种植的情况，我们分别从浙江省的平原、山区、丘陵各选取一个典型的县(市)作为实地调研对象。由此开始我们为期几个月的实地调研。在这几个月中，我们共走访3个县(市)的农业管理部门，12个行政村，28个水稻规模化种植或服务组织(种粮大户、家庭农场、合作社)，144个农户。调研过程中的困难也不小，尤其是去相关部门获取数据时，会遇到一些不给数据、不给真实数据的情况。要想获得真实可靠的数据，用"斗智斗勇"来形容真是一点都不为过。在A县调研的时候，A县农业局的一位工作人员带着调研组成员入村与农户访谈，在访谈过程中，也许她听到了一些“不想听”的实话，就不断地催促我们结束调研，在她的催促下，我们不得不返回农业局。返回农业局后，调研组成员以外出熟悉县城为由，又独立出行，四处寻找调研访谈对象。类似这样的情况不胜枚举，我们之所以如此“较真”，不为别的，就为从那一张张问卷中获得真实的数据，听听普通农户（政策受众）最真实、发自肺腑的声音。此外，在农忙季节，入户找农民做问卷访谈也是一件不容易的事。调研组成员不辞辛劳，在村里挨家挨户敲门做问卷，甚至跑到田地里找农民访谈。这样的方式也许是艰辛的，但是获得的数据却是让人踏实的，让人觉得有力量的。

尽管我们在收集一手数据的时候如此尽心尽力，但还是未能避免一些部门的不配合。在第一次调研过程中，由于一些部门不提供真实的数据或拒绝提供数据。为了保证数据的真实、完整，以此客观反映水稻生产过程中政策补贴的绩效。第一次调研结束后，我们又对第一次调研的部分部门、工作人员、政策受众做了回访，请相关部门的负责人员解释、核对一些差异较大的数据，并对第一次调研所遗漏、缺乏的数据做进一步的补充和完善。但是，尽管如此，我们还是无法获得完整的数据。

田野工作固然艰辛，数据整理分析和报告撰写也着实不易。本书的撰写过程可以用“持续不断”来形容，调研回来后，我们反复、连续的讨论、推敲、斟酌、修改书稿的结构、观点，然后再回访确认上次访谈的观点和结论，更重要的是对写作过程中发现但调研准备中却被忽略的方面拾遗补漏。

本书的结构可以用“单一整体”来描述，这是本书结构的核心。由于本书中所涉及的专项政策总共有17项，为了保证报告的整体性和差异性。在子报告中，我们根据专项补贴政策目标的相似度，把目标相近的政策进行整合，合并为一个子报告。分别对子报告中各个政策做单独评价，又对子报告做整体性评价。在总报告中，我们分别对所研究的各项政策做单独评价，在此基础上对整个项目做整体性评价，以便使子报告和总报告都兼顾整体性与单一性特点，项目政策的绩效评价既不脱离于整体也不局限于部分。这里需要指出的是，本书的子报告六看似与我们研究的对象无关，但是在调研过程中，我们发现农民专业合作社是诸多涉农专项补贴汇聚的热点。基于此，我们在本书中添加了农民专业合作社、家庭农场的调研报告。

如今，水稻生产过程中的专项资金政策绩效评已如期顺利完成。在这收获的季节，我们挥洒了9个多月的汗水换来了这一份沉甸甸的"果实"。我们的心情是高兴的，亦是沉重的。高兴的是：我们历尽艰辛地把水稻生产过程中所涉及的专项资金政策的绩效客观、有力地呈现出来了。沉重的是：结果不尽人意，在我们所评价的17项专项资金政策中，竟没有一个能让我们挺直腰大声地喊出政策绩效是好的！

我们认为本书的价值并不只是在理论上拓宽了专项资金政策绩效评估的范围，开创从公共政策视角评价专项资金的绩效，构建一套评价指标，打破传统专项资金绩效评价只注重业务性不重视政策的局限。也不只是在我们对17项专项资金政策的绩效做客观评价后，政府会削弱一些低绩效的专项资金的财政支出，加强其他专项资金的管理。更重要的是我们通过对17项专项资金政策的绩效评价结果，产生了更大的疑惑。为什么17项专项资金政策低绩效的一致性会如此之高？水稻生产过程所涉及的补贴仅仅只是专项资金补贴的"冰山一角"，还有诸多涉农、涉企、涉研、涉教……专项补贴是否也存在高度一致性的"低绩效"状态？在我们所研究的17项政策中，有几项是中央高度重视的，每年的中央一号文件都明确指出要加大补贴力度，地方各级政府也很重视，都在"忙上忙下"地执行。但是，为什么中央政府"年年喊"，地方政府"月月忙"甚至"天天忙"，而由此换回来的却是"费力不讨好"的糟糕结局呢？为什么政策落地时会如此的不尽人意？为什么巨大财政支农支出并没有有效提高农民收入？涉农专项补贴的大量资金都到哪里去了？或者我们大胆一点说，专项补贴的资金都流向哪儿了？

调研过程中，我们碰到的一种现象也不得不让引人深思，那就是"争报"、"组装"项目现象。我们发现，水稻生产过程中专项补贴的管理部门较多，项目庞杂。只要中央政府“一声令下”，地方政府就“争申争报”。上级政府各部门不断地争取项目，下级政府则不断地“组装”项目。这里的“组装”指的是这样一种现象：由于上级政府下达给下级政府的项目任务较多，下级政府无力（财力、人力、动力）一一完成，为了应对上级政府的检查，就把很多单个的项目综合起来，以“一对多”，不变应万变，来迎合上级政府不同部门的检查。“组装”的内容并非只是水稻生产过程中的补贴项目、“组装”主体也并非单在某一级政府，而是在不同层级的政府与不同类别的专项补贴中都可能存在。有多少财政补贴浪费在重复的项目上？有多少精力消耗在不断申请、执行、考核及“组装”项目中？为什么这种现象会得以存在？

这些疑问并不只是关乎水稻生产过程中专项资金的绩效问题，而是专项资金政策存在的机制性或者更深层次的问题。我们通过本书呈现水稻生产过程中专项资金政策的绩效，并提出一些值得我们深思的问题。主要是想让这些问题引起专家学者、政府官员及社会各界人士的关注和重视，一起寻根探源、出谋划策，让纳税人的每一分钱都切实有效地花在“刀刃上”。

尽管“现实很骨感”，但是我们也要怀揣“丰满”的理想。诚然，我们看到了缺陷和不足，但是缺陷与不足也让我们看到了希望，因为希望都是从弥补缺陷和不足开始的。

本书得以问世，要感谢浙江省政府研究室、省财政厅的高度重视与大力支持；感谢在调研过程中给予帮助、配合的相关县（市）的领导和部门；感谢接受问卷访谈的农户；感谢浙江大学出版社对本书出版的鼎力相助；感谢对本书给予帮助和关心的其他朋友。

课题组全体成员

2014 年 9 月

目　录

总报告篇

子报告篇

总报告篇

1 第一章 农业支出、农民收入、管理部门

根据《新编财政大辞典》中的定义，农业支出指的是国家财政用于发展农业、农垦、农牧业、林业、水利、水产业、气象等各业生产的支出。目前我国用于农业方面的支出，既有财政预算资金，又有银行信贷资金，还有地方财政预算外资金。资金的分配和使用的对象有国有农业企业和事业单位、乡镇经济联合体及专业户等。[①] 由于农业支出来源的复杂性与支出对象的多样性，在我国现有的各类财政统计口径中，农业支出并无专门的指标。学术研究中常使用的是在每年各级政府的决算报告中提到的“三农”支出与预算中的一级科目“农林水事务支出”。

按照财政部的解释，“三农”支出是指财政对农业、农村、农民投入的总和，并不是单独的预算科目，考虑到社会各界对此十分关注，为了便于纳税人了解总体投入情况，财政部门专门把涉农的各方面支出项目综合反映在“三农”支出中，因此与教育、医疗卫生等相关支出会有所交叉。[②] 与农业支出概念相比，“三农”支出显然是一个宽泛得多的概念。

农林水事务支出是比“三农”支出要狭窄得多的一个概念。2007 年之前，在统计年鉴中有一个专门的统计指标叫作“国家财政用于农业的支出”，包括支援农村生产支出和农林水利气象等部门的事业费、农业基本建设支出、农业科技三项费用、农村救济费与其他。但该指标只存在于国

① 农业支出. 中国知网，http://xuewen.cnki.net/read-r2008121470002198.html. 2008-12-14/2014-07 18.

② 财政支持三农情况. 中华人民共和国财政部，http://www.mof.gov.cn/zhuantihuigu/czjbqk2011/czzc2011/201208/t20120831_679920.html.

家财政支出的统计中，中央和地方的财政统计中出现的是"支农支出"这一指标，包括农、林、水利和气象支出与农业综合开发支出。2007 年我国预算收支科目改革后，支出类科目不再按经费性质分类而是按照支出功能分类，科技三项经费和基本建设支出中关于农业方面的支出归入了农林水事务支出，设立"农林水事务支出"科目，包括农业、林业、水利、南水北调、扶贫、农业综合开发、其他农林水事务支出 7 款。与农业支出相比，当前预算科目中的农林水事务支出的内涵相对狭窄，如与农业相关的科技支出就未被包含进去。

表 1.1　农业支出相关概念界定

相关概念	包括内容	使用时间	使用范围	与农业支出概念相比
农业支出	国家财政用于发展农业、农垦、农牧业、林业、水利、水产业、气象等各业生产的支出	无	仅为财政辞典中概念	
国家财政用于农业的支出	支援农村生产支出和农林水利气象等部门的事业费、农业基本建设支出、农业科技三项费用、农村救济费与其他	2007 年以前	中国统计年鉴口径	略窄
支农支出	农、林、水利和气象支出与农业综合开发支出	2007 年以前	中国统计年鉴口径：科目	较窄
农林水事务支出	农业、林业、水利、南水北调、扶贫、农业综合开发、其他农林水事务支出	2007 年至今	中国统计年鉴口径：科目	略窄
"三农"支出	对农业、农村、农民投入的总和	一直使用	中央、地方财政每年预决算报告中使用的概念	宽

上述几个统计指标包括的内容、使用时间、适用范围等详细情况如表 1.1所示，由于各统计指标使用的内涵概念不尽相同，因此很难定量比较上述四项指标间的大小关系，但是可以进行定性的比较。"国家财政用于农业的支出"这一指标无论从名称还是内涵上都最为接近《新编财政大辞典》中对农业支出的定义。但由于农业支出既包含银行信贷资金，又包含地方财政预算外资金，相比之下"国家财政用于农业的支出"略窄一些。该指标存在两个缺陷：一是其统计数据仅截至 2006 年；二是仅在国家层

面应用，中央和地方财政支出都无该指标的公开统计数据。“支农支出”是“国家用于农业的支出”的子集，如“农业科技三项费用”就没有统计到其中，该统计口径下的数据也是截至2006年，但可应用于全国、中央和地方的各级财政统计。“农林水事务支出”由于其包含的统计指标和上述两项相比已经发生了变化，很难精确比较范围，但从统计年鉴对其的内涵解释来看，该概念是略小于农业支出的，如农业生产相关的科技支出就并未包含在内，从数值上看(2006年国家财政用于农业的支出为3172.97亿元，2006年国家支农支出2161.35亿元，2007年国家农林水事务支出为3404.7亿元)，“农林水事务支出”数值上要大于“支农支出”，更接近于“国家财政用于农业的支出”。而“三农”支出是概念最广的，因其包含了农村和农民两项，其范围要远大于农业支出，该统计口径并未出现在各类统计年鉴当中，而是出现在历年中央和地方预算执行情况报告当中。因此，上述统计口径的覆盖范围有如下关系：

“三农”支出＞农业支出＞“国家财政用于农业的支出”＞“支农支出”

“农林水事务支出”位于农业支出和“支农支出”之间，与“国家财政用于农业的支出”的大小关系并不确定。

综上所述，根据数据的可获得性以及与研究需要的相符性，本研究在国家层面需要“农业支出”这一概念时，2007年之前选用统计口径为“国家财政用于农业的支出”的数据，2007年及以后选用“农林水事务支出”；浙江省层面2006年之前选用“支农支出”，2006年及以后选用“农林水事务支出”①。需要说明的是，所有选取的数据无论实在数值上还是概念上均小于《新编财政大辞典》中定义的农业支出。

1.1 国家财政农业支出、第一产业产值与粮食相关支出

自1980年以来，全国财政农业支出大幅增加，大多数年份里，农业支

① 浙江省统计年鉴中“农林水事务支出”这一指标从2006年即开始使用，而中国统计年鉴中从2007年才开始使用，故存在时间节点的差异。

出的增长速度都超过 10%。尤其是 2006 年之后，全国农业支出增长幅度极大，2009 年增长幅度更是达到了 50%，在财政支出中的比重也是逐年上升。2012 年国家财政用于农林水事务的支出合计 11973.88 亿元，占到了国家财政总支出的 9.51%。如表 1.2、图 1.1 和图 1.2 所示。而第一产业产值在 GDP 中所占比重逐年下降，到 2012 年该比值为 10.1%，产值为 5.2 万亿元。如表 1.3 和图 1.3 所示。

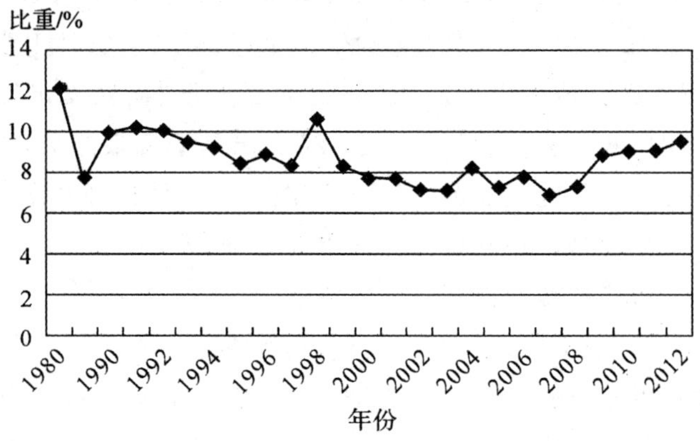

图 1.1　1980—2012 年国家农业支出占当年财政支出比重

数据来源：中国统计年鉴。

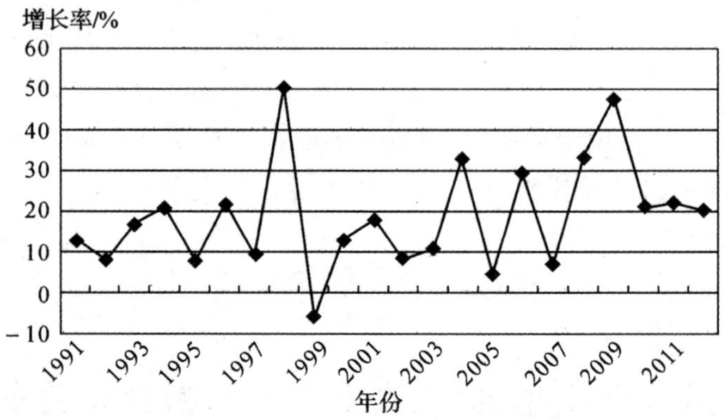

图 1.2　1991—2012 年国家农业支出增长率

数据来源：中国统计年鉴。

粮食问题作为农业问题的重中之重，中央财政 2012 年安排了 1643 亿元，2013 年安排了 1700 亿元用于补贴粮农，主要为粮食直补、农资综合补贴、良种补贴、农机购置补贴四项。

表 1.2 1980—2012 年国家农业支出占财政支出比重

年份	1980	1985	1990	1993	1996	2000	2001	2002	2003
国家农业支出（亿元）	149.95	153.62	307.84	347.57	376.02	440.45	532.98	574.93	700.43
国家财政支出（亿元）	1228.83	2004.25	3083.59	3386.62	3742.20	4642.30	5792.62	6823.72	7937.55
农业支出占财政支出比重（%）	12.20	7.66	9.98	10.26	10.05	9.49	9.20	8.43	8.82
年份	2004	2005	2006	2007	2008	2009	2010	2011	2012
国家农业支出（亿元）	2337.63	2450.31	3172.97	3404.7	4544.01	6720.41	8129.58	9937.55	11973.88
国家财政支出（亿元）	28486.89	33930.28	40422.73	49781.35	62592.66	76299.93	89874.16	109247.79	125952.97
农业支出占财政支出比重（%）	8.21	7.22	7.85	6.84	7.26	8.81	9.05	9.10	9.51

数据来源：中国统计年鉴。

表 1.3 1980—2012 年第一产业产值在 GDP 中的比重

单位：%

年份	1980	1981	1982	1983	1984	1985	1986	1987	1988	1989	1990	1991	1992	1993	1994	1995	1996
比重	30.2	31.9	33.4	33.2	32.1	28.4	27.1	26.8	25.7	25.1	27.1	24.5	21.8	19.7	19.9	20.0	19.7
年份	1997	1998	1999	2000	2001	2002	2003	2004	2005	2006	2007	2008	2009	2010	2011	2012	
比重	18.3	17.6	16.5	15.1	14.4	13.7	12.8	13.4	12.1	11.1	10.8	10.7	10.3	10.1	10.0	10.1	

数据来源：中国统计年鉴。

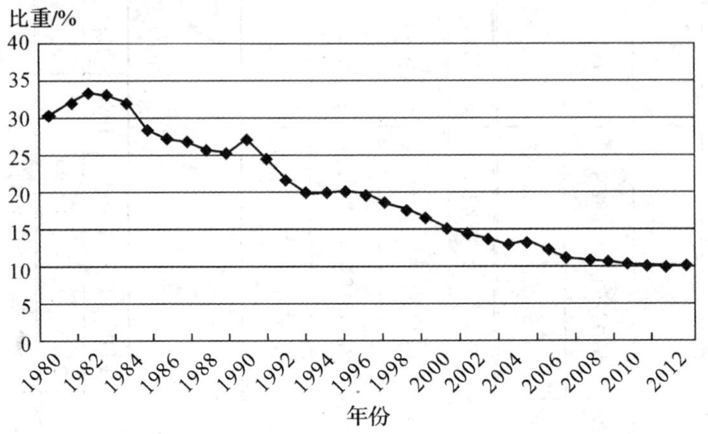

图 1.3　1980—2012 年第一产业产值在 GDP 中的比重

1.2 浙江省财政农业支出、第一产业产值与粮食相关支出

近年来，浙江省在农林水事务方面的投入快速增长，在财政总支出中的占比从 2008 年以来一直在 8%以上，2012 年已高达 9.81%，已高于国家财政支出中农林水事务支出的占比。如表 1.4 和图 1.4 所示。

表 1.4　2006—2012 年浙江财政农林水事务支出

年　份	2006	2007	2008	2009	2010	2011	2012
农林水事务支出(亿元)	114.03	142.15	177.42	236.08	290.37	373.32	408.2
占财政支出比重(%)	7.75	7.87	8.03	8.90	9.05	9.72	9.81

数据来源:《浙江统计年鉴 2013》。

由于浙江省二、三产业发展较好，第一产业产值在全省 GDP 中的比重远低于全国平均水平，2012 年，浙江省农业总产值为 1667.88 亿元，占浙江省当年 GDP 的 4.8%。如表 1.5 和图 1.5 所示。

近年来，浙江省在粮食生产方面投入的扶持资金也在不断增加。2014 年，浙江省财政安排扶持资金 10.9 亿元，相比 2013 年增幅达到

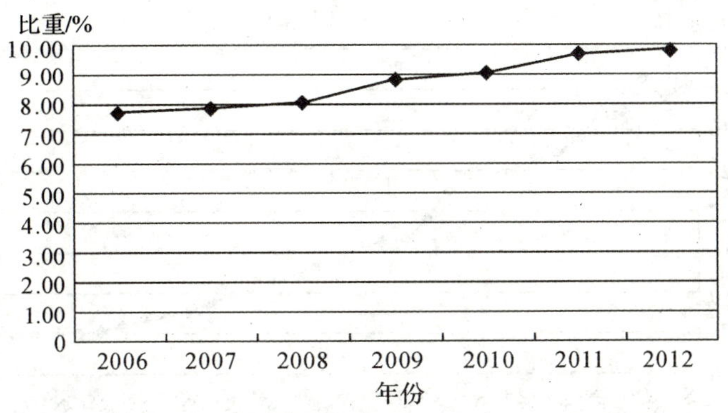

图 1.4 2006—2012 年浙江省财政农林水事务支出占财政支出比重

表 1.5 1980—2012 年浙江省第一产业产值占 GDP 比重 单位:%

年份	1980	1981	1982	1983	1984	1985	1986	1987	1988
比重	35.9	33.7	36.3	32.2	32.3	28.9	27.1	26.3	25.4
年份	1989	1990	1991	1992	1993	1994	1995	1996	1997
比重	24.8	24.9	22.5	19.1	16.4	16.3	15.5	14.2	13.2
年份	1998	1999	2000	2001	2002	2003	2004	2005	2006
比重	12.1	11.1	10.3	9.6	8.6	7.4	7.0	6.7	5.9
年份	2007	2008	2009	2010	2011	2012			
比重	5.3	5.1	5.1	4.9	4.9	4.8			

数据来源:浙江统计年鉴。

25%,其中扶持生产环节资金 9.2 亿元,增幅 24.8%,这还不包括 2014 年新增的旱粮生产扶持资金 4000 万元。虽然粮食生产扶持资金连年增加,但是粮食产量却逐年递减。如表 1.6 所示。

浙江省粮食生产当中,稻谷的比重约占 70%,财政资金投入最多的也是水稻的生产。在《浙江省人民政府办公厅关于抓好 2014 年粮食产销工作的通知》的 13 条意见中,除第 9 条专门针对旱粮生产外,其余 12 条皆与稻谷相关。

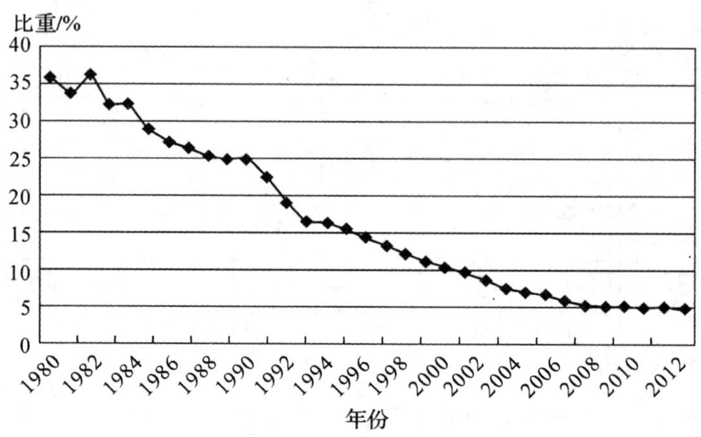

图 1.5　1980—2012 年浙江省第一产业产值占 GDP 比重

数据来源:《浙江统计年鉴 2013》。

表 1.6　2011—2014 年浙江省粮食生产扶持资金、播种面积与产量

年　份	2011	2012	2013	2014
粮食生产扶持资金(亿元)	3.6	6.21	7.45	10.9
粮食播种面积(千公顷)	1254.13	1251.55	1253.7	
粮食产量(万吨)	781.6	769.8	733.9	

数据来源:粮食生产扶持资金见相关新闻报道;粮食播种面积与产量见《浙江统计年鉴 2013》。

1.3 农民收入变化

在对农业如此大的扶持力度之下,农民的收入却并未相应的提高。浙江农村家庭人均纯收入增速低于浙江省农业支出的增速(见图 1.6)。更值得注意的是,与全国相比,浙江省农村家庭人均纯收入的增长速度从 2006 年开始一直低于全国平均水平(见图 1.7)。

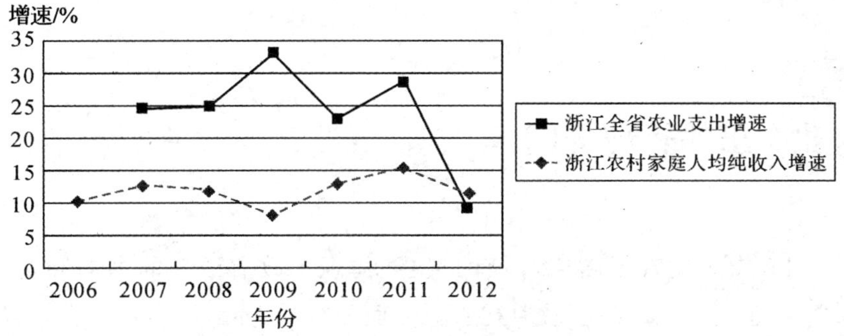

图 1.6　2006—2012 年浙江省农业支出增长与浙江省家庭人均纯收入增速

数据来源：浙江统计年鉴。

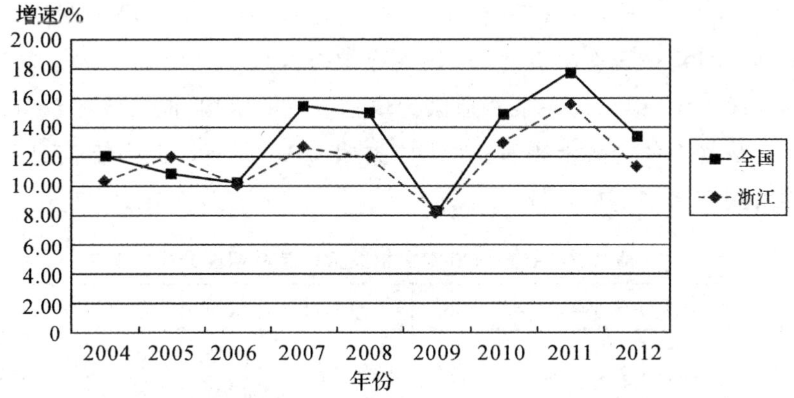

图 1.7　2004—2012 年全国与浙江的农民人均纯收入增速

资料来源：历年中国统计年鉴。

浙江并非农业大省，农业人口比重是全国各省中最低的，但农业投入在财政支出中的占比已高于全国平均水平，且近年来，浙江省的农村家庭人均纯收入增速一直低于农业投入增速，也低于全国平均增长水平。这两组非常不匹配的数据，说明我们的涉农支出尤其是补贴政策从政策的目标制定到执行都存在不同程度的问题。从已经梳理的各项政策看，浙江省的涉农补贴基本上关注的是生产或产值的增长，而在这些既定的政策层面上却很少考虑农民的收入增长。

1.4

农业支出的管理部门

财政支出反映了政府政策的选择，体现了政府活动的方向和范围。自然，农业支出也反映了政府在农业方面的行为方向、内容及逻辑。以浙江某县为例，与农业相关的机构部门近20个，包括发展改革局、经济和信息化局、农业综合开发办公室、科技局、民政局、财政局、住房和城乡规划建设局、水利局、农业局、林业局、环保局、海洋渔业局、供销社、畜牧兽医局、农业对外综合开发管委会、国土局、工商局、计划生育局等职能机构。不同地区机构设置会略有差异，如农业综合开发办公室在某些地区为财政局下属处室，粮食局在某些地区为单独设置的机构，但大体上数量规模相仿。从管理的内容上来看，大致分类如表1.7所示(但由于信息不全，表中所列有诸多不尽之处)。

表1.7　县级政府农业相关部门及其职能分类

职能分类	针对农业生产设施			针对农业生产过程		针对农业生产者	
	农村建设	资源保护	基础设施	生产过程	农产品流通储备	保障体系	培训教育
相关部门	1.农综办 2.住房和城乡规划建设局 3.发改局 4.水利局 5.农业局 6.财政局	1.农业局 2.林业局 3.环保局 4.国土局 5.财政局 6.发改局	1.水利局 2.农业局 3.财政局 4.农业对外综合开发管委会	1.农业对外综合开发管委会 2.海洋渔业局 3.供销社 4.县畜牧兽医局 5.林业局 6.科技局 7.发改局 8.财政局	1.发改局 2.海洋渔业局 3.供销社 4.工商局 5.农业局 6.财政局	1.民政局 2.农业综合开发办公室 3.计划生育局 4.财政局	1.科技局 2.农业局 3.人事局

从表1.7中可以得出两个结论：一是农业问题极其复杂，牵涉面非常

广。我国县级政府常设局小县约为20个，大县约为35～40个。从表1.7来看，与农业相关的常设局占了总数的一半以上。二是从相关问题的负责机构上看，在农业问题中，农业生产过程与设施的重视程度显然要重于对农业从业者的重视。

农业支出的管理及管理部门呈现如下几个特点。

1. 多头管理

从问题导向角度看，每一类职能均由若干部门负责，这便埋下了由多个部门共同管理内在逻辑相通的事务的可能。以资源保护中的耕地问题为例，国土局、农业局、财政局甚至是发改局都有涉及。国土部门在耕地保护中有垦造耕地、耕地保护、高标准农田建设、基本农田保护等措施；财政部门有农业土地综合开发治理项目；农业部门又有粮食功能区建设等要求。同一片土地，乃至同一个项目，都有不同的管理部门。如图1.8和图1.9所示。

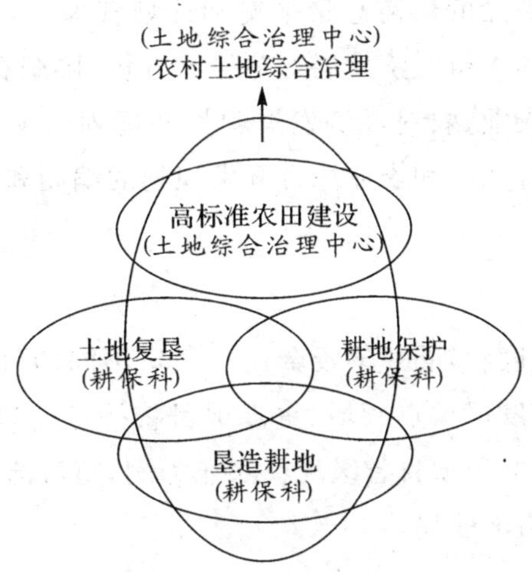

图1.8　国土部门相关项目

注：括号内为具体负责处室。

2. 职能交叉

从部门角度看，多头管理的必然结果是，存在不同的治理目标，采用不同的实现手段，部门内与部门间职能的交叉重叠现象十分严重。以省发展与改革委员会为例，该部门几乎涉及了农业、农村、农民的所有领域，其职能与多个部门存在交叉重叠现象。其职能中“组织编制国土规划、区

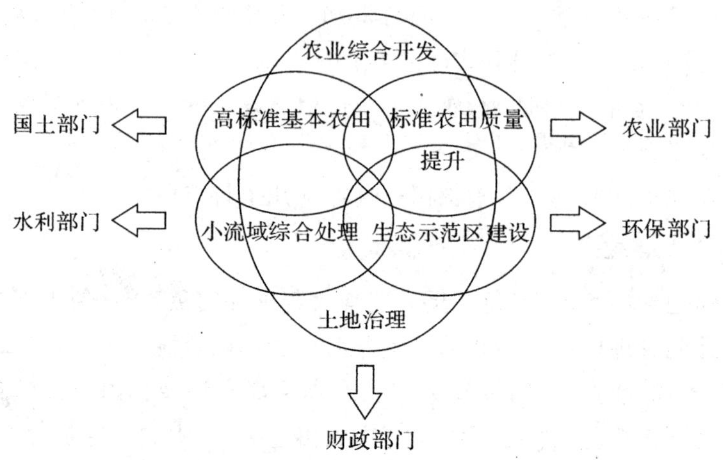

图 1.9 五大部门同类型农业项目

域发展规划”与国土部门重叠；职能中“研究提出全省成品油(含燃料油)、化肥、农药等重要商品的供需总量平衡和计划管理”与供销社有交叉，而职能中“全省农业和农村经济发展形势研究分析，协调农业和农村经济社会的重大问题”、“农业、农村经济发展中长期规划的编制、评估和实施监督”、“农业资源综合区划和农业综合开发规划的编制和实施监督”等职能更是包罗万象。

3.资金分散

从资金使用角度看，同一笔资金往往归口不同的管理部门。以 2013 年浙江省农业农村发展重点领域、重点项目扶持导向目录中的现代农业生产发展资金下面的子项目省级现代农业为例，归口部门包括省农业厅、省林业厅、省海洋与渔业局。

4.政出多门

从具体政策上看，联合发文的现象非常普遍，以关于农村集体土地确权登记发证的若干意见为例，就涉及国土资源部、中央农村工作领导小组办公室、财政部、农业部四部门。再以东北地区秋粮收购工作为例，该项政策涉及国家发展改革委、财政部、国家粮食局、农业发展银行四个部门。联合发文是为了统筹协调而采用的办法——政府没有各部门合作的机制设计，只能通过联合发文的方式。但联合发文的目的固然是为了合作，事实上发文后又是各行其是，这里面存在着更深层次的体制性障碍。联合发文非但没有使政策得到合理协作完成，而且增加了沟通成本以及资金耗散的可能性。

农业问题的管理错综复杂，无论是对具体事务的管理，部门之间的职能，政策的出台，还是资金的归口管理，都存在不同程度的交叉重复问题。这种“一方有难，八方支援”式的部门行为的弊端，不但造成行政资源内耗，而且造成不同政策的非一致性甚至矛盾和冲突，不利于农业问题的统筹规划与长远发展。更为严重的是，财政支农项目的部门预算，会被扭曲成为部门的项目预算，偏离了支农的本质。

在多项支农工作出现了交叉重叠的同时，却出现了政府职能的缺位，很多急需解决的问题长期无人问津。如农村老人的养老问题，大部分的农村老年人口仍然主要依靠家庭养老，微薄的养老金仍无法将农村老人纳入社会安全网之中；再如本书所关注的农民收入问题，农民收入问题长期以来游离于政策主流目标之外，收入增长仅是“提高粮食产量，提高农民种植积极性”等目标的副产物，鲜有专门的政策、部门以及相应的资金以提高农民收入为主要目标而设置。

1.5 研究目的

不同主体支出行为的目的各不相同：私人支出追求效用的最大化；企业支出追求经济效益的最大化；公共支出追求的则是政策绩效的最大化。农业财政支出的政策目标，就是历年中央一号文件上的两个核心观点：农业生产的现代化和农民收入的增长。各级财政用于农业的公共支出数额不可谓不庞大，然而如此庞大的支出绩效究竟如何？政策目标是否达成？需要我们进一步研究。

1. 农业生产现代化

农业生产现代化包括两方面的核心内容：农业土地生产率的提高和农业劳动生产力的提高。[①] 国际经验表明，农业现代化的实现很大程度

① 康芸，李晓鸣. 试论农业现代化的内涵和政策选择. 中国农村经济，2000(11).

上依靠政府投入。财政用于农业资金的政策绩效如何，是影响农业现代化进程的重要因素。在庞大的财政资金支持下，近年来，我国农业现代化水平有了一定提高，如农业机械总动力在2003年仅为60386.5万千瓦，到2012年增长至102559.0万千瓦，年增长率约为6%；有效灌溉率从2003年的35.44%增长到2012年的38.57%；谷物的单位面积产量从4873千克/公顷增长到5705千克/公顷。① 同时，上述数据也表明，虽然我国农业生产现代化水平有所提高，但提高的速度则比较缓慢。

中国现代化战略研究课题组和中科院中国现代化研究中心编写的《中国现代化报告2012——农业现代化研究》（下文简称《研究》）中提到，中国的谷物单产已经达到发达国家平均水平，但农业劳动生产率却仅为发达国家的2%；2008年中国农业经济水平比美国落后约100年；中国农业劳动生产率比工业劳动生产率约低10倍。《研究》中在通过具体项目的数值分析后指出，2008年，在农业劳动生产率方面，日本和法国是中国的100多倍，美国和加拿大是中国的90多倍，德国、英国、澳大利亚和意大利是中国的50多倍；在农业劳动力比例方面，中国是美国和英国的20多倍，是德国、法国、澳大利亚和加拿大的10多倍。如果按农业劳动生产率、农业增加值比例和农业劳动力比例的年代差的平均值计算，2008年中国农业水平比英国、美国和荷兰大约落后100多年，比瑞典和德国大约落后80多年，比丹麦和法国落后60多年，比意大利和西班牙落后50多年。②

2. 农民收入

农民收入问题是农业问题中极具代表性的问题，也是制约了农村经济增长乃至国民经济增长的重要问题。农民收入与社会的稳定和谐息息相关。农民收入极大程度依赖农业生产，而农业生产在各产业当中又处于天然的弱势地位，需要政府扶持。财政支出是政府活动的货币表现，政府扶持农业农村农民的行动体现在了农业支出上，政策目标是否能达成，很大程度上取决于农业支出政策绩效如何。从1993—2012年的20年间，我国城乡居民收入比从2.8扩大到了3.1，近10年来一直保持在3以上，城乡之间差距一直极大且未见明显缩小趋势见图1.10。农业生产

① 数据来源：《中国统计年鉴2013》。

② 李大庆. 农业已成中国现代化的一块短板. 载：中国现代化报告2012. 中国科技网，http://www.bioon.com/bioindustry/agriculture/523958.shtml 2012-05-15/2014-08-12.

依然在农民收入中占有重要比重，2012 年，农林牧渔经营性收入在农民纯收入当中比重依然高达 34.39%。转移性收入的比重逐年上升，2012 年转移性收入的比重占农民纯收入的 8.67%，比 1995 年增加了 5.04 个百分点。上述数据一方面说明农民的收入主要来源仍然是农业生产，另一方面说明农民收入中来自于财政农业支出的比重也在逐年提高。党的十七届三中全会上提出了到 2020 年农村改革发展的基本目标任务，其中包括农民人均纯收入比 2008 年翻一番。

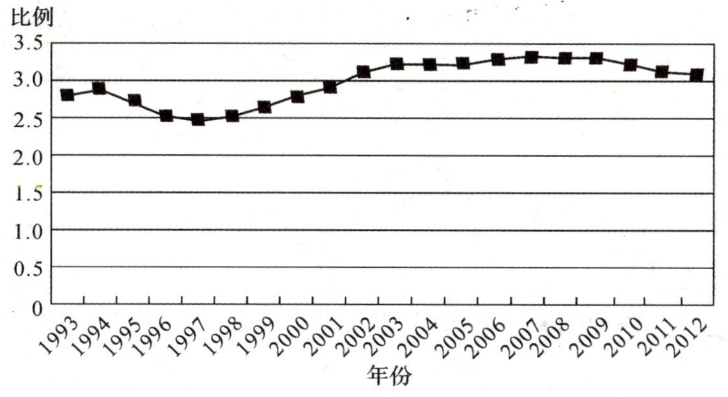

图 1.10　1993—2012 年全国城镇居民家庭人均可支配收入与农村居民家庭人均纯收入之比

数据资料：历年中国统计年鉴。

基于以上这些状况，本书以浙江省水稻生产过程中涉及的财政补贴为例，通过对各级农业管理相关部门、农业职能机构与水稻种植者的调研，采集水稻种植补贴政策相关数据，从多个角度对水稻种植补贴政策绩效进行评价，进而对我国涉农补贴方面的公共支出政策绩效给出合理的推断。在此基础上，解释了在如此之大的涉农支出力度之下农业生产现代化效果不明显，农民收入没有得到应有提高的原因，并给出了相应的政策建议。

2 第二章 调研内容与调研方法

2.1 调研项目的选取

我国的23.5亿亩左右的农作物播种面积中，16.8亿亩用于播种粮食①。民以食为天，食以稻为先。水稻是我国最主要的粮食作物之一，全国65%以上人口以稻米为主食。水稻种植面积仅次于印度，列世界第2倍。2013年，我国稻谷播种面积为4.57亿亩，占粮食播种面积的27.18%。② 水稻是我国播种面积最大、总产最多、单产最高的粮食品种，在我国粮食生产和消费中历来处于主导地位。在浙江，稻谷播种面积高达粮食播种面积的66.4%③。从播种到餐桌，各环节均有财政补贴，因此选择水稻生产流通相关的财政支出进行农业支出政策与农民收入的研究，既具有典型性又具有代表性。

按不同标准，水稻生产补贴可以分为以下几种类型。

---

① 数据来源：中国粮油信息网。

② 数据来源：中国水稻研究所。

③ 此处为2012年数据，其中粮食播种面积1253.7千公顷，稻谷播种面积832.59千公顷。数据来源：浙江统计年鉴2013。

1. 按生产环节划分

综观水稻的种植与流通过程，共有 17 项财政支出政策与水稻有关，如表 2.1 所示。

表 2.1 水稻相关财政补贴项目

环节	资金/政策名称	补贴对象
土地	土地复垦	复垦者或项目实施单位
	农业综合开发土地治理项目	乡镇或项目实施单位
	耕地保护补偿	村集体经济组织、土地承包经营户
	水稻生态补贴	乡镇街道
选种	农作物良种补贴	使用良种的农民
育秧	省水稻集中育秧补贴	接受集中育秧服务的农民
插秧	农业机械化作业环节补贴(机插)	接受机械插秧服务的农民
机耕	农机购置补贴	纳入实施范围并符合补贴条件的农牧渔民、农场(林场)职工、农民合作社和从事农机作业的农业生产经营组织
	高耗能农业机械报废补偿	按规定报废旧机并换购新的拖拉机或联合收割机的本省籍农民或直接从事农机作业的农业生产经营服务组织
田间管理	农资综合补贴	种粮农民
	农业机械化作业环节补贴(统防统治)	接受统防统治服务的农民
	省级农药储备补贴	承储单位
	省商品有机肥推广应用补贴	使用有机化肥的规模主体(农村合作社、种植大户)
收购	省级储备早稻订单奖励	上交早稻订单的农民或农业生产经营组织
	水稻最低收购价政策	种粮农民
综合	稻麦种植大户直补	种粮大户
	粮食政策性保险	种粮农民
	省外粮食生产基地补贴	种粮大户、粮食专业合作社和粮食企业
	种粮大户信用贷款贴息	种粮大户、从事粮食生产的家庭农场和农民专业合作社

2. 按补贴资金来源划分

中央出台的补贴政策包括土地复垦、农业综合开发土地治理项目、农作物良种补贴、农资综合补贴、农机购置补贴、粮食政策性保险、水稻最低收购价政策、水稻生态补贴和耕地保护补偿。其余政策均为浙江省政府制定出台的粮食生产扶持政策。

3. 按支出政策类型划分

一类是与水稻生产销售直接相关的政策性补贴，包括农作物良种补贴、水稻集中育秧补贴、农业机械化作业环节补贴、农机购置补贴、高耗能农机报废补偿、农资综合补贴、省级储备早稻订单奖励、水稻最低收购价政策、稻麦种植大户直补、粮食政策性保险、省外粮食生产基地补贴和种粮大户贷款贴息。

另一类是与水稻并不直接相关的，多以项目形式支出的专项资金，包括土地复垦，农业土地综合开发治理，水稻生态补贴和耕地保护补偿。

这两类支出在环节、手段、方式及效果上都有着较大的差异。

需要说明的是，土地环节的项目与水稻生产过程看上去并无直接关系，但却是水稻生产的重要基础，因此本报告将其纳入研究范围。另外，上述政策与项目并未穷尽所有与水稻相关的财政支出内容，如粮食生产功能区建设资金、小型农田水利建设资金、农业技术推广资金、标准农田建设资金等 4 项与水稻生产关系密切的专项资金就并未包括。研究对象并未穷尽的原因主要有以下两点：一是我们从系统的角度，即从水稻生产过程的角度来梳理的，而上面提及的未纳入研究范围的 4 个专项资金是块状的，无法按生产过程归类；二是专项资金名目繁多，难以穷尽，因此本报告按照系统的角度尽可能选取与水稻生产关系密切的项目作为研究对象。

2.2 调研样本的选取

为使样本的选取更具有代表性，调研组考虑到经济发展程度，地形特征，地理位置等多个影响农业生产的因素，选取了浙北平原经济发达的A县、浙南山区经济欠发达的B县、浙西丘陵地带经济欠发达的传统产粮县C县作为调研样本。A县素有“鱼米之乡”的美誉，B县是昔日的“处州粮仓”，C县是传统农业大县，土地资源充沛，三地在水稻的种植生产方面均具有很强的典型性。

本次调研，共走访3个县(市)的农业管理部门，12个行政村，28个水稻规模化种植或服务组织(种粮大户、家庭农场、合作社)，144个农户，详细情况如表2.2所示。

表2.2 调研对象

县(市)	相关部门		行政村	规模化组织
A县(42农户)	农经局	粮油科	林带镇恭贺村	1号(粮油)合作社
		农技推广中心	杜尚昂镇丰达村	2号(供销)专业合作社
		种子站	广臣镇龙门村	1号家庭农场
		经作站	新带镇新带村	3号(粮油)合作社
		农经总站	草桥街道狮龙村	2号家庭农场
		农机站		4号(粮油)专业合作社
	发改局			5号(粮油)专业合作社
	统计局			6号(粮油)专业合作社
	粮食局			7号(粮油)专业合作社
	农综办			8号(粮油)合作社
	供销社			9号(果蔬)专业合作社
	国土局			10号(粮食)专业合作社
	财政局			11号(统防统治)合作社
				12号(粮油)专业合作社
				1,2,3号种粮大户

续表

县(市)	相关部门		行政村	规模化组织
B县 (45农户)	农业局	粮油站	页寸乡宝安山村	13号(植保)专业合作社
		农技推广中心	张溪乡页戏村	14号(农产品)专业合作社
		种子站	赤手乡上杉投村	15号(谷物)专业合作社
		植保站		21号(粮油)专业合作社
		农机站		22号(植保)专业合作社
	财政局	农综办		23号(蜂业)专业合作社
		国企科		
		农业科		
	供销社			
	国土局			
	发改局	粮食科		
		体改科		
	统计局			
C县 (57农户)	农业局	粮油站	踏实镇章家村	16号(种粮)专业合作社
		农技推广中心	展架镇李家村	17号专业合作社
		种子站	胡珍镇洪波村	18号合作社
		植保站	胡珍镇王家村	19号(种粮)专业合作社
		农机站		20号(种粮)合作社
	财政局	农业科		
		国企科		
	农综办			
	供销社			
	国土局			
	发改局			
	统计局			
	粮食局			

注:行政村与规模化组织间无一一对应关系。

2.3 主要调研方法

在本次调研当中,水稻种植补贴政策与财政支出数据的采集使用文献法;对政府与农业管理相关部门的调研采用非结构访谈;对农业职能机构的调研采用半结构访谈;对水稻种植者的调研采用结构式访谈;对调研结果的分析采用定量与定性、客观观察与主观判断相结合的方法,以期对实际情况做出更加全面、深入的反映。

针对不同的补贴政策,我们采取了不同的调研方法以获得数据,如表 2.3所示。

表 2.3　各项水稻相关补贴政策的政策目标与调研方法

资金/政策名称	政策目标	调研方法
土地复垦	增加有效耕地面积、保护粮食综合生产能力、保障经济社会发展等	在国土局耕保科进行非结构访谈了解执行情况;对乡镇负责人进行半结构访谈了解项目落地时存在的问题及反馈意见
农业综合开发土地治理项目	改善农业生产和生态条件,促进农业资源的合理利用和保护,提高农业综合生产能力,实现农业可持续发展	在农业综合开发办公室进行非结构访谈了解执行情况;对乡镇负责人进行半结构访谈了解项目落地时存在的问题及反馈意见
耕地保护补偿	建立耕地保护共同责任机制,实现耕地保护、节约用地、执法监管,构建土地管理新格局	在国土局耕保科进行非结构访谈了解执行情况;对乡镇负责人进行半结构访谈了解项目落地时存在的问题及反馈意见
水稻生态补贴	进一步推进粮食生产功能区建设,稳定和发展水稻生产	在农业局进行非结构访谈了解执行情况;对乡镇负责人进行半结构访谈了解项目落地时存在的问题及反馈意见

续表

资金/政策名称	政策目标	调研方法
中央农作物良种补贴	支持农民(含农场职工)使用良种和调动农民生产积极性,加快农作物良种推广,提高农作物产品品质和产量,提高资金使用效益	在农业局种子站进行非结构访谈了解政策执行概况,对粮农进行结构性访谈了解政策落地情况与政策目标群体感受
省水稻集中育秧补贴	进一步提高水稻集中育秧社会化服务水平,加快推广应用水稻主导品种和壮秧增产技术,稳定水稻生产面积,提高单产水平,保障粮食安全	在农业局农技推广中心进行非结构访谈了解政策执行概况,对粮农进行结构性访谈了解政策落地情况与政策目标群体感受
农业机械化作业环节补贴	推进水稻生产机械化育插秧和病虫统防统治工作,提高水稻生产全程机械化水平,促进农机、植保服务组织发展,稳定和发展粮食生产	在农业局农机站进行非结构访谈了解政策执行概况,对粮农进行结构性访谈了解政策落地情况与政策目标群体感受
农机购置补贴	加快推进农业现代化的决策部署,进一步发挥农机购置补贴的激励作用,确保政策公开、公正、规范、高效实施,全面提升农业机械化和设施化水平	在农业局农机站进行非结构访谈了解政策执行概况,对粮农进行结构性访谈了解政策落地情况与政策目标群体感受
高耗能农业机械报废补偿	优化农业机械装备结构,提高农业机械技术水平和作业效率,保障安全生产,促进节能减排	在农业局农机站进行非结构访谈了解政策执行概况,对粮农进行结构性访谈了解政策落地情况与政策目标群体感受
农资综合补贴	保护农民种粮收益,调动农民种粮积极性	在财政局国企科进行非结构访谈了解政策执行概况,对粮农进行结构性访谈了解政策落地情况与政策目标群体感受
省级农药储备补贴	增强应对各类突发性病虫草害等自然灾害的能力,规范农药应急储备管理	在供销社进行非结构访谈了解政策执行概况
省商品有机肥推广应用补贴	加快推进农业废弃物资源化、肥料化利用,提高耕地土壤肥力、农产品品质和质量安全水平,促进生态循环农业发展	在供销社进行非结构访谈了解政策执行概况

续表

资金/政策名称	政策目标	调研方法
省级储备早稻订单奖励	进一步促进早稻生产，鼓励发展粮食规模经营，保护农民种粮积极性，稳定地方储备轮换粮源	在发改局粮食科进行非结构访谈了解政策执行概况，对粮农进行结构性访谈了解政策落地情况与政策目标群体感受
水稻最低收购价政策	保护农民的种粮积极性和种粮利益，促进粮食生产发展，保障国家的粮食安全	在发改局粮食科进行非结构访谈了解政策执行概况，对粮农进行结构性访谈了解政策落地情况与政策目标群体感受
稻麦种植大户直补	落实中央对粮农直接补贴政策，稳定粮食生产，鼓励规模经营	在农业局进行非结构访谈了解政策执行概况，对粮农进行结构性访谈了解政策落地情况与政策目标群体感受
粮食政策性保险	提高财政资金使用效益、分散农业风险、促进农民收入可持续增长	在发改局进行非结构访谈了解政策执行概况，对粮农进行结构性访谈了解政策落地情况与政策目标群体感受
省外粮食生产基地补贴	促进浙江省在东北的粮食生产基地建设，保障省内粮食供应和价格稳定	在发改局粮食科进行非结构访谈了解政策执行概况，对粮农进行结构性访谈了解政策落地情况与政策目标群体感受
种粮大户信用贷款贴息	对粮食生产主体的金融扶持，满足种粮大户、从事粮食生产的家庭农场和农民专业合作社在粮食生产环节中的贷款需求	该项政策尚未开始实施，因此本次调研未对该项政策进行政策绩效评估

2.4 调研过程

在前期大量文献阅读及政策了解的基础上，对三个样本县的调研基本流程如下：

(1)与当地农业局座谈，请农业局为调研组介绍当地农业发展情况，水稻种植概况，与水稻相关的政策，以及政策执行简要情况。

(2)在初步了解政策的基础上，与农业局的粮油站、种子站、植保土肥站、农技推广中心、农机站等相关部门负责人深入交流，对相关政策的出台背景、执行方式、受益群体、落实情况、政策效果、存在问题等多个方面进行调研，并向其了解相关数据。

(3)扩大调研范围，对农业局以外的涉农单位(包括统计局、供销社、发改局、农发办、国土局、财政局等)进行访谈调研，对水稻种植相关数据(耕地面积、耕地面积增减数量、标准农田面积、粮食种植面积、粮食产量、水稻种植面积、水稻产量、种粮农户总数、种粮大户数、种粮大户耕种水稻面积、订单农户数、农村合作社数、粮油/粮食合作社数、合作社耕种水稻面积、农业人口数量等)进行询问并进行部门间信息的比对，也对农业局之外的部门所负责的与水稻生产相关的政策的出台背景、执行方式、收益群体、落实情况、政策效果、存在问题等多个方面进行调研，并向其了解相关数据。

(4)基于所了解到的情况，选取适量家庭农场、合作社和种粮大户进行调查。为了保证样本选取的随机性和有代表性，调研组会根据家庭农场、合作社和种粮大户的名单来抽取访谈对象(访谈问题具体见附件二)。

(5)深入田间和乡村，对种粮农民就种粮补贴政策进行访谈(访谈问题具体见附件一)。

(6)对步骤(1)～(5)中所获得的信息与数据进行整理分析，总结出本次调研中信息未收集完整与需要深入调研之处，再次前往该县深入调研，保证调研结果的全面与深入。

3 第三章 评价指标体系与问卷设计

3.1 评价指标体系的必要性[①]

公共资金投入政策绩效包含公共项目、专项资金、绩效评估等诸多复杂的领域与层面，这就要求我们要有明确的理念、清晰的原则与合理的标准，所以设计一套理论依据充分并且具有较强针对性与可操作性的指标体系显得尤为重要，这也是我们顺利开展实证调研、真实准确反映现实情况以及进行科学有效分析的必然要求。目前多以综合全面的技术评估为主，虽然这种评估能够比较全面地反映资金使用情况，但却不能真正起到突出优点、反映问题的作用。虽然我们的研究以“政策性”、“社会性”作为考核的视角与维度，这其中依然存在许多可以考察的内容，不同的设计思路与侧重点有时会出现不同的甚至是大相径庭的考核结果，所以指标体系设计得科学合理实用十分重要。

① 李金珊，袁波，徐越．繁花似锦，中看又中用？——公共文化专项资金政策绩效研究．北京：中国财政经济出版社，2014：39—40．

1. 有助于厘清研究与考察的思路

指标体系的设计就是将研究思路具体化的过程。通过对指标体系的设计，明确研究方向；通过对指标的推敲与讨论，明确研究内容；通过对指标的不断修正与完善，使其科学合理实用，从而起到进一步厘清研究与考察思路的作用。

2. 有助于明确研究与考察的重点

一个好的指标体系不仅可以体现研究理念与逻辑，研究与考察重点也可以通过指标体系直观地反映出来。公共支出绩效是一个具有丰富内涵的概念，政府职能与政策目标也具有多元性与综合性，这种复杂的现实情况需要我们的指标体系重点突出，才能做到有的放矢。

3. 有助于指导实证研究的开展

指标体系在整个研究中处于承上启下的地位，一方面起到体现理念、反映重点的作用，另一方面就是为实证研究与分析提供基础。它是实证研究所需访谈与问卷设计的依据，是后期对数据进行处理的参照，对分析与总结具有指导意义。

本报告采取的评价方式在《公共支出政策绩效研究报告——基于浙江省基层公共文化项目的调研》一书中首次使用。值得说明的是，我们设计这个评价指标体系的宗旨是一级指标适用于所有领域的专项资金政策绩效评价，二级指标适用于同类项目的政策绩效评价。该评价指标已成功应用于基层公共文化项目政策绩效的评价，证明了该指标具有很强的适用性。

3.2 评价指标体系与问卷设计原则[①]

不同的设计思路与侧重，有时会出现不同的甚至是大相径庭的考核

① 李金珊，何小娇，吴超等. 公共支出政策绩效研究报告：基于浙江省基层公共文化项目的调研. 杭州：浙江人民出版社，2014：5—6.

结果，所以指标体系设计的科学合理实用十分重要。

(1)注重政策性与社会性的考量。以现有的财政评价体系(业务性与财务性)为基础，回归公共政策注重公平与效率的使命，使我们的研究与传统的资金审计和稽查不同，而是注重“结果导向”和“公众满意导向”。侧重资金投入对社会实际情况所产生的效果，以及资金投入是否对政策目标地区与政策目标群体提供了预期的服务水平等。

(2)注重共性与个性相结合。在指标设计时，一方面重视寻求公共资金方面所具有的共性，将一级指标和二级指标高度统一，便于后期分析与对比；另一方面，充分尊重不同项目在公共支出绩效上所呈现的特点，使三级指标对各个项目进行有针对性的描述。

(3)突出服务以人为本。公共资金产出的难衡量性需要我们在研究与调查中寻求一个可靠的工具。“公民的期望决定政府设计的蓝图，公民的需求决定政府服务供给的内容，公民的满意度决定政策执行的成效，公民的评价决定政策变迁的方向”。所以，项目受益群体的需求是我们调查的重点。

(4)指标与问卷设计简明易行。不同地区的同一项目、同一地区的不同项目的比较，仅靠简单的数据无法真正反映其中深层次的问题，故而我们更加注重对观察法的运用，通过比较划分等级的方式使结果更具可比性。同时，考虑到目标群体多处于基层，受教育程度有限，所以问卷设计需简单直接，数据采集要方便易行，必要时通过访谈的形式完成问卷调查。

3.3 评价指标体系①

国际上通行的比较传统的公共支出绩效考评的基本原则是“3E”绩效标准，即经济性、效率性和有效性。随着绩效内涵的不断丰富和发展，除了“3E”之外，还包含了公平性、质量、效果、公共责任、适当性、回应性

---

① 李金珊，何小娇，吴超等.公共支出政策绩效研究报告：基于浙江省基层公共文化项目的调研.杭州：浙江人民出版社，2014：6—7.

等含义。一般来说,项目绩效包含产出(output)和成效(outcome)两部分。界定绩效内容的通用框架是"4E"模型,即从经济性(economy)、效率性(efficiency)、效果性(effect)和公平性(equity)的维度对绩效展开评价。

根据公共文化专项支出的内容以及本指标体系设计的理念与原则,将指标分为效率(efficiency)、公平(equity)、效果(effectiveness)和可持续性(sustainability)四方面。

效率:包含经济效率与政策效率。但经济效率不是我们的考察重点,我们的关注重点是政策本身。通过受益面来考察资源配置是否有效率,如目标地区的范围与目标人群的数量;政策的效率通过"政策目标完成"这一指标来体现,通过将实际调研情况与政策设立和项目申报时所设定的政策目标进行对比获得。

公平:是指公共支出的目标受益地区与人群能否公平地取得相关资金、公共产品与服务。一方面体现在根据不同地区的实际情况给予适当的财政支持,以达到差异化公平;另一方面体现在项目实施过程中公共责任的履行,例如是否充分保障特殊群体的利益等。

效果:是指资金投入所达到的预期结果与社会影响。在客观效果方面,使用回应性这一指标考察项目是否充分了解群众需求,能否给予有效回应;在主观效果方面,通过对目标受益人群的满意度调查来了解其对项目质量与服务的主观感受。

可持续性:是指项目能否长期、持续运行。这一指标包含资金的可持续性,即通过专项资金建设的项目是否获得足够的资金或有效的融资渠道保障后续的日常运转;使用意愿的可持续性,即目标受益群体是否对所调研的项目有持续的需求;可替代性指此项目被市场产品或其他途径可替代的水平,与可持续性呈负相关关系。

根据我们对指标体系设计的原则,四个项目通用的一、二级指标设计如表 3.1 所示。

表 3.1 政策绩效一、二级指标设置

一级指标	二级指标
效率	政策目标完成
	受益面

续表

一级指标	二级指标
公平	差异化公平
	公共责任
效果	回应性
	满意度
可持续性	资金
	使用意愿
	可替代性

4 第四章 数据统计与分析

4.1 来自水稻种植相关管理部门的数据

调研组在A县和B县均走访农经局、粮食局、统计局、供销社、国土局、财政局、农综办、经作站、农机推广中心、农机站、农经总站等多个水稻种植相关部门。获得县一级对于水稻生产与收购相关政策的执行情况。如表4.1至表4.3所示。

4.1.1 水稻生产的基本数据

表4.1 A县水稻生产部分统计数据

水稻种植	粮食局	统计局	农综办	国土局	农经总站	植保土肥站	农技推广中心
耕地面积（万亩）	44.83（2010年）	32.63	46.7（2010年）	45.7			
耕地面积增减数量（亩）				－2232.45			

续表

水稻种植	粮食局	统计局	农综办	国土局	农经总站	植保土肥站	农技推广中心
标准农田面积(万亩)	32.37		11.95	32.7			
种植面积(万亩)	59.98	32.63				32.6	31.83
粮食产量(万吨)	25.25	18.42					
复垦土地面积(亩)				1318			
种粮农户总数					69509		
种粮大户数	865						878
订单农户数	104						
农民专业合作社数	50		79(2010年)		279		641
农业人口数量(万人)	23.84	34.37					

注:无特殊标注的均为2013年数据。

从表4.1中可以看到,A县各部门间数据出入较大。这是由于不同部门对同一数据的统计口径、工作内容的差异所导致的,具体说明如下:

耕地面积以国土局数据为准。统计局32.63万亩为当年水稻耕地面积。

标准农田面积以国土局数据为准。粮食局32.37万亩为省里下达指标,农综办11.95万亩为该部门所负责项目的农田面积。

粮食种植面积以粮食局数据为准。统计局32.63万亩为水稻种植面积。粮食产量以粮食局数据为准。统计局18.42万亩是水稻产量。

种粮农户总数应为69509户。农技推广中心878户为当年大户数。

种粮大户数实为农技推广中心的878户。粮食局865户是2012年的数据。粮食局从收购粮食的角度统计,农技推广中心从提供农机服务的角度统计。

订单农户数以粮食局数据为准,104个订单农户包含在878个大户中。

农民专业合作社数中粮食局 50 户为涉及水稻订单合作社，农经总站 279 户为工商登记合作社数，农技推广中心 641 户为内部摸底数据。

农业人口数粮食局 23.84 万人是户籍人口数，统计局 34.37 万人为农村常住人口，包括外来人口(迁来本地一年以上)。

其他存在冲突的数据各有关部门并未进行详细解释，多为该部门管辖范围或涉及项目的相关数据体现，因口径或年份不明存在一定偏差。数据的混乱也在一定程度上反映了管理的混乱与统计口径的杂乱。

与 A 县类似，我们在 B 县与 C 县也进行了水稻种植相关数据的统计，数据如表 4.2 和表 4.3 所示，此处不再对统计口径一一赘述。

表 4.2　B 县水稻生产部分统计数据

水稻种植	粮食局	统计局	农综办	国土局	农业局	供销社
耕地面积(万亩)				28.0673		
耕地面积增减数量(亩)				4657		
标准农田面积(万亩)				11.3033		
种植面积(万亩)			16.2			
水稻种植面积(万亩)	6.2	6.2	6.2		6.5	
粮食产量(万吨)	5.4922	5.4922	5.49		5.3	
水稻产量(万吨)	2.8502	2.8502	2.85			
复垦土地面积				2011—2013 年共 128.9 亩		
种粮农户总数						
种粮大户数	104				3	
订单农户数	104					
农民专业合作社数						101
粮食/粮油合作社数	19					
农业人口数量		90500				

注：无特殊标注的均为 2013 年数据。

表 4.3 C 县水稻生产部分统计数据

水稻种植	粮食局	统计局	农综办	国土局	农业局	供销社
耕地面积(万亩)		37.5541 (2010 年)		49.088 (2010 年是 49.046)	46.09 (2011 年)	
耕地面积增减数量(亩)				0		
标准农田面积(万亩)				29.314		
种植面积(万亩)	71.4993	71.4483			71.4483	
水稻种植面积(万亩)	36.5349	36.5349			36.5349	
粮食产量(万吨)	17.9905	17.9935			17.9905	
水稻产量(万吨)	16.0423	16.0426			16.0423	
复垦土地面积(亩)				1336.845		
种粮农户总数						
种粮大户数					700	
订单农户数	3913					
农民专业合作社数		547 (2010 年)				
粮食/粮油合作社数						
农业人口数量		328400			3284000	

注:C 县的供销社、农综办表示不掌握上述任一项数据;无特殊标注的均为 2013 年数据。

从 A 县县级部门提供的数据看,各项数据在不同部门之间存在出入较大。耕地面积、农田面积动辄就是上万亩的差异,粮食局与统计局所统计的农业人口数量也有着近 10 万人的差距。据 A 县农经局工作人员反映,每年需要统计 6 次数据才能完成水稻方面的全部补贴发放,有些是按照种植面积(如中央两项直补、农业政策性保险),有些是按照作业面积(机械作业环节补贴,集中育秧补贴),有些是按照产量(订单补贴)进行补贴。由表 4.1 可见,人口数与土地面积此类相对稳定的数据在不同的部门间尚存如此大的差异,对于相对动态的数据(如作业面积)的准确性更加令人存疑。相比之下,B 县的数据大多只由单一部门掌握,部分由多部门掌握的数据之间相符性较高。但在水稻种植面积上不同部门间也有着 3 万亩的差异,水稻产量有近 2000 吨的差异。种粮大户的数字在农业局(3 户)与发改局(104 户)之间甚至相差两个数量级!C 县不同部门之间对耕地面积情况的掌握更是五花八门，不得不让人怀疑，管理部门是否真正清楚自己的辖区内究竟有多少耕地。

在浙江省农业厅访谈时提及关于粮食产量的统计问题，农业厅工作人员表示农业厅自己有一套统计方法，浙江省统计厅有一套统计方法，两边数字是不一样的，但是以省统计厅为准。这或许可以在一定程度上解释差异的存在原因。

统计的混乱源于统计口径的模糊、统计方法的差异和管理的混乱。"各执一词"的统计数据也给为我们的研究带来了很大的困扰。统计数字之间的差异从表面上说明了统计的随意性，但统计数据扮演的角色远比数字本身更重要，这些统计数据是各项农业补贴的计数基础，基础尚如此混乱，补贴是否能够准确到位、有针对性，财政支出是否能够发挥应有的作用就很值得商榷。

4.1.2 农业财政支出情况

A 县、B 县和 C 县在各项补贴政策上的财政支出情况如表 4.4 至表 4.6 所示。

表 4.4 2013 年 A 县水稻相关补贴

资金/政策名称	政策落实	上级下拨资金（万元）	县里配套资金（万元）
土地复垦条例	√	6000 元/亩宅基地	20
农业综合开发土地治理项目	√	1680	672
农作物良种补贴	√	659	
省水稻集中育秧补贴	√	174	
农业机械化作业环节补贴	√	219	153
农机购置补贴政策	√	104	18
高耗能农业机械报废补偿	√	3	4.5
农资综合补贴	√	3130	
省级农药储备补贴资金	√	30 元/亩	
省商品有机肥推广应用补贴	√	45	90
省级储备晚稻订单奖励	√	74	96

续表

资金/政策名称	政策落实	上级下拨资金（万元）	县里配套资金（万元）
水稻最低收购价政策[a]			
稻麦种植大户直补	√	362	70
粮食政策性保险	√	213	82
省外粮食生产基地补贴	√	无	5
水稻生态补贴	√	100	
耕地保护补偿	√	无	50 元/亩
种粮大户信用贷款贴息[b]			

注：a. 近年来市场价均高于最低收购价，故该政策近年未实施，B 县、C 县同。

b. 2014 年的新政策尚未落地实施，B 县、C 县同。

表 4.5　2013 年 B 县水稻相关补贴

资金/政策名称	政策落实	上级下拨资金（万元）	县里配套资金（万元）
土地复垦条例	√	200	
农业综合开发土地治理项目	√	1260	105
农作物良种补贴	√	120	
省水稻集中育秧补贴	√	8	
农业机械化作业环节补贴（机插）	√	2	
农机购置补贴政策	√	1455	
高耗能农业机械报废补偿	√	13	5.6
农资综合补贴	√	845	
农业机械化作业环节补贴（统防统治）	√	205	
省级农药储备补贴资金	√		
省商品有机肥推广应用补贴	√		
省级储备早稻订单奖励	√	300	
水稻最低收购价政策			
稻麦种植大户直补	√	158	
粮食政策性保险	√	1127.05	226.94
省外粮食生产基地补贴			
水稻生态补贴	√		
耕地保护补偿	√	350	128
种粮大户信用贷款贴息			

表 4.6　2013 年 C 县水稻相关补贴

资金/政策名称	政策落实	上级下拨资金（万元）	县里配套资金（万元）	补贴农户数	补贴面积（亩）
土地复垦条例	√				
农业综合开发土地治理项目	√	9868	4570		107500
农作物良种补贴	√	725.62	0	130855	484780.93
省水稻集中育秧补贴	√	125	0		
农业机械化作业环节补贴（机插）	√	115.09	72	333	47964.50
农机购置补贴政策	√	743.55	70	632	
高耗能农业机械报废补偿	√	3.28	4		
农资综合补贴	√	2332	0		
农业机械化作业环节补贴（统防统治）	√	250.13	144	1059	239027
省级农药储备补贴资金	√	0	0		
省商品有机肥推广应用补贴（C 县应用于标准农田建设项目）	√	264	0		
省级储备早稻订单奖励	√	105.48	0	41	17286.40
水稻最低收购价政策	√	0	0		
稻麦种植大户直补	√	310.25	50	701	119697.58
粮食政策性保险	√	293.55	60.12		
省外粮食生产基地补贴					
水稻生态补贴	√	97	0		
耕地保护补偿	√				
种粮大户信用贷款贴息					

从上面的财政数据中，我们可以发现以下两点问题：

（1）乡镇财政压力重。根据 A 县政府对 2013 年 A 县粮食生产的情况总结，A 县 2013 年本级财政为粮食生产安排资金为 366 万元左右，总结中的粮食包括了春粮、晚稻和杂粮。水稻生产只是其中的一部分,但从上表可以看到,2013 年单就省级水稻良种补贴,农业机械化作业环节补贴、晚稻订单奖励和稻麦种植大户直补四项,A 县需要承担的支出就超过了 366 万元,这还只是水稻部分。说明在粮食生产补贴方面,有相当重的支出任务压在了乡镇一级的财政上。

(2)不配套是公开的秘密。欠发达的 B 县除了对农机和保险等有限的几个政策进行了配套以外,大多数的政策都未按要求配套。在对规模种植组织和农户的调研中发现,A 县和 B 县两地的农业补贴执行过程中都存在着地方配套不到位的情况。说明无论对于发达地区还是不发达地区,不管是出于主观故意还是客观财力不足,地方配套都是一个很大的问题。在对省农业厅工作人员进行访谈时,该工作人员认为:“大多数地区都不配套,就好像很多中央下来的政策我们浙江省也不配套一样。”

4.2 来自水稻种植者的数据

4.2.1 合作社、种粮大户、家庭农场

本次调研深入访谈水稻规模种植及相关服务组织负责人 28 位,其中粮油/粮食/谷物专业合作社负责人 18 位,家庭农场负责人 9 位,种粮大户 10 位,其他类型合作社/服务组织负责人 5 位。上述几种类型负责人数量加总不等于 28 的原因是 B 县的规模种植或服务组织常常“身兼数职”,挂有多块牌子,详情如表 4.7 所示。在调研过程中,以合作社为代表的水稻规模种植主体在多数水稻相关补贴的落实过程中作为重要的领取补贴的主体出现,且存在诸多与政府当初设立合作社、家庭农场、种粮大户本意有悖的有趣现象,故本研究也将合作社一类规模种植主体纳入研究范畴。

表 4.7　合作社、种粮大户、家庭农场基本情况

序号	名称	类型	成立时间	股东数	社员数	收益分配方式	注册资金（万元）	主要农作物	土地面积（亩）	平均每亩租金（2013 年）（元）	亩均补贴（元）	亩均成本（元）	亩均产量（千克）	亩均利润（元）	是否提供机械化服务
1	1 号（粮油）合作社	合作社	2008	9			225	水稻、大小麦	3000	165 千克大米或 250 千克水稻			580	200	是
2	2 号（供销）专业合作社	合作社	2008	3	100		108	水稻、芦笋、葡萄、鱼塘	500	550	270	723	590	699	是
3	3 号（粮油）合作社	合作社	2011	8 家公司	168	按入股份额	100	水稻、大小麦	1439						是
4	4 号（粮油）专业合作社	合作社		151	151	按入股份额	100	水稻、大小麦	1600	100	95（仅水稻）				是
5	5 号（粮油）专业合作社	合作社	2007	9	100	9 个股东平分		水稻、大小麦、大棚	1276	275 千克稻谷	191	700（不含土地成本）	500～550	100	是
6	6 号（粮油）专业合作社	合作社	2008	9	163	按照股份进行分红	225	水稻和大小麦	2300	250 千克干稻谷或者 165 千克大米	192	350（不包括 250 千克稻谷和机械折旧，人工）	580	200	是
7	7 号（粮油）专业合作社	合作社	2009	7	51	收益 60％拿来分配，40％投入运营	80	水稻、大小麦、桃园	1370	600～650	192	850～900，不含土地成本	550	300～400	是
8	8 号（粮油）合作社	合作社		5	8		30	水稻、小麦、梨	水稻 278 亩，梨 30 亩	250 千克稻谷（杂交稻）	100 多	常规稻 500 多，杂交稻 600（不含机械作业成本）	常规稻 600 杂交稻 800	常规稻 100 杂交稻 500	是
9	9 号（果蔬）专业合作社	合作社	2007	7		按股份分配收益		西瓜、水稻	水稻 520 亩，果树、西瓜 70 亩	375 千克（合作社拿补贴），250 千克（农民自己拿补贴）	约 200	900	550	最多 200（不算补贴）	是

续表

序号	名称	类型	成立时间	股东数	社员数	收益分配方式	注册资金(万元)	主要农作物	土地面积(亩)	平均每亩租金(2013年)(元)	亩均补贴(元)	亩均成本(元)	亩均产量(千克)	亩均利润(元)	是否提供机械化服务
10	10号(粮食)专业合作社	合作社	2013	5			8	水稻,一小块蔬菜	200～300	500	小于100(仅水稻)	700+地租	850	500	是
11	11号(统防统治)合作社	合作社	2010	6							25				是
12	12号(粮油)专业合作社	合作社	2012	2	150	10～20千克大米,或每亩500元	60～70	水稻和大小麦	700亩	600～700	189	1300～1400	550	350	否
13	13号(植保)专业合作社	合作社种粮大户	2009		18	按股份,不过至今还没分过	120	水稻	65	300	15	3150	400	1000	是
14	14号(农产品)专业合作社	合作社种粮大户家庭农场	1999	10	10	按股份	100	水稻、茶叶	150	200	40	1700	700	290	是
15	15号(谷物)专业合作社	合作社种粮大户家庭农场	2011	12	12	按股份	100	水稻	303	300	40	1500	400～450	−20	是
16	16号(种粮)专业合作社	种粮大户家庭农场合作社	2008		9	不分配,其他8个是挂名的	480	水稻	4000	500～800	155元/季	953.75	450	早稻686.25 晚稻461.25	是
17	17号专业合作社	种粮大户家庭农场合作社	2012	1	5	股东自负盈亏	50	水稻、小麦、油菜	1200	600	155元/季	1172	早晚稻500 单季稻950	375	否
18	18号合作社	种粮大户家庭农场合作社	2007	1	4	股东自负盈亏	8	水稻	600	600	155元/季	1335	早稻400 晚稻500	400	是

续表

序号	名称	类型	成立时间	股东数	社员数	收益分配方式	注册资金（万元）	主要农作物	土地面积（亩）	平均每亩租金(2013年)（元）	亩均补贴(元)	亩均成本(元)	亩均产量(千克)	亩均利润(元)	是否提供机械化服务
19	19号（种粮）专业合作社	种粮大户家庭农场合作社	2010	1	5	股东自负盈亏	50	水稻	1320	630	155元/季	1500		380	是
20	20号（种粮）合作社	种粮大户家庭农场合作社	2010	4	4	按入股数额	10	水稻	1200	650	155元/季	1400	早稻400 晚稻475 中稻450	370	否
21	21号（粮油）专业合作社	种粮大户家庭农场合作社	2007	5	15	按股份分配收益	68	水稻	300	300	15	1600	650	50	是
22	22号（植保）专业合作社	种粮大户家庭农场合作社	2006	8	20	按股份分配收益	80	水稻	503	310	15	1500	500	0	是
23	23号（蜂业）专业合作社	种粮大户家庭农场合作社	2009	4	12	按股份分配收益	50	水稻	350	320	15	1450	550	100	是
24	1号种粮大户	种粮大户	2012					水稻和大小麦	310亩	500	上一年共3万多	1200	550	300	否
25	2号种粮大户	种粮大户						水稻、果园	600亩水稻，50亩果园		麦子加水稻的补贴200元/亩	700～800（包括土地成本）	575～600	200～300	否
26	1号家庭农场	家庭农场	2014	1	1			水稻、大小麦	125	500	196	800	800	300	否
27	2号家庭农场	家庭农场		1				水稻、大小麦	2200	1000	90(仅水稻)	650	550	230	否
28	3号家庭农场	家庭农场	2014					小麦和晚稻轮作、西瓜	上一年300多亩常规稻		不清楚	900	550～600		否

调查结果显示，96%的合作社成立于2007年以后，也就是中共浙江省委办公厅、浙江省人民政府办公厅发布《关于进一步加快发展农民专业合作社的意见》[①]之后。2013年的中央一号文件中，首次提到了“家庭农场”，提出鼓励和支持发展联户经营、专业大户、家庭农场和多种形式的新型农民合作组织专业合作社。本次调研中，只挂牌为家庭农场的组织均为2014年成立的。

调研发现，在A县，合作社、种粮大户、家庭农场普遍对普惠制补贴政策较为熟悉，16个有水稻种植的组织都可以拿到水稻100元/(亩·年)左右，水稻和麦子共200元/(亩·年)左右的补贴[②]。这包括良种补贴(水稻15元/(亩·年)+小麦10元/(亩·年))[③]，农资综合补贴(53.02元/(亩·年))和稻麦种植大户综合直补(30元/(亩·年))。政策安排与规模种植主体实际反馈基本相符，说明这三项直补在A县落实很到位。然而在B县[④]，三个合作社也都有补贴，但只有良种补贴与种粮大户补贴两项比较确定，农资综合直补有的合作社说是农民拿去了。在C县，农资综合补贴是按耕地面积发放而不是按照种植情况发放，只要有地，哪怕荒着都可以照拿补贴，说明不同地区间政策落实差异性很大。

在A县，17个合作社、种粮大户、家庭农场中有11个提供机械化作业服务，均反映可以拿到机械化作业环节的补贴，但是其中两个合作社表示补贴并没有像政策中规定的一样足额发放，说明地方政府的配套存在不到位的情况。在B县，3个合作社均提供机械化作业服务，但其中一个从未申请过补贴，另外两个拿到补贴但并未达到政策规定的额度，B县农业部门与财政部门表示地方没有配套。在C县，5个合作社中3个提供机械化作业服务，机械作业环节的补贴，农业局工作人员介绍是补给购买服务的农民，合作社却说是补在了自己账户上，不论是从农业局还是从合作社方面均未发现配套不足的情况。

根据收益情况，在A县，每亩水稻收益中，补贴占据了一半以上，甚至在有些合作社，收益基本来自于补贴。B县的情况则比较特殊，一家合作社种植高端大米，收益很高(1000元/亩)，与补贴无关；另一家合作社

---

① 该意见发布时间为2005年10月8日。

② A县的农作物种植习惯为每年种一季大小麦再种一季水稻，因此部分负责人分不清楚单独水稻的补贴有多少，故此处调研数据部分未单独标注的均为“水稻+麦子”的补贴。

③ 括号中为按照政策，A县种植水稻应发补贴。

④ B县的补贴数都是按照一季水稻来计算的。

由于亩产(700千克)远高于当地平均水平(425千克),而补贴又太少(40元/亩),因此补贴在收益中作用不大;还有一家合作社即便将补贴算进去也是赔钱的(-20元/亩)。在C县,每亩水稻的收益中常规性补贴占了利润的40%左右,这还不包括份额较大的早稻订单奖励,如果将这一部分也算进去,补贴占净利润的比重将达到80%以上。总的来讲,直补政策的资金在水稻种植的收益中扮演了较为重要的角色。

合作社、种粮大户、家庭农场在种植水稻回报率不高的情况下维持运营的方法中,一种是提供机械化作业服务盈利,另一种便是以合作社的身份申请各种项目。然而,在调研过程中,调研组成员发现合作社的大批成立在形式上回应了相关政策,但在实质上并未实现政府鼓励建立合作社的初衷,现实中的"合作社"并不是政策设计中的"合作社"。调研中的合作社多由10个左右股东,百余位社员构成,采用公司化的管理运作模式。合作社的经营主要由股东负责,而社员主要提供土地和小额资金入股,不负责日常经营管理生产,多外出打工或从事其他产业。根据浙江省《关于进一步加快发展农民专业合作社的意见》中的表述:"坚持以'民办、民管、民受益'为办社原则;充分尊重农民的主体地位,尊重农民意愿,坚持入社、退社自由;合作社实行民主选举、民主决策、民主管理和民主监督;合作社实行独立核算、自负盈亏,社员之间利益共享、风险共担"、"坚持以增加农民收入为办社宗旨,始终把增加农民收入作为兴办合作社的出发点和落脚点,把统一为社员提供产前、产中、产后服务作为增强合作社凝聚力和向心力的重要手段"。相比之下,现实中的合作社并未做到"社员之间利益共享、风险共担",也没有做到"统一为社员提供产前、产中、产后服务",与政策目标连"貌合神离"都谈不上。虽然当前合作社的形式合理与否并不是本次调研关注的重点,但由于合作社是许多项目性支出的政策目标群体,许多合作社得到财政资金的途径主要是依靠申请项目。因此,大量以项目形式支出的农业资金是否应流向已走样了的合作社就成为值得探讨的问题。换言之,当前一环节的政策产出出现了扭曲,后一环节的政策基于前一环节政策目标进行设置,并未考虑到政策目标群体已经发生了变化的现实,这样的政策还有可能实现政策目标吗?

此外,在所调研的三地均发现"一个组织,三块牌子"的现象,这一现象在欠发达的C县和B县更为明显。根据浙江省工商行政局发布的《浙江省家庭农场登记暂行办法》,家庭农场是指以家庭成员为主要劳动力,从事农业规模化、集约化、商品化生产经营,并以农业收入为家庭主要收入来源的新型农业经营主体;根据浙江省人民政府《关于进一步加快发展农民专业合作社的意见》,农民专业合作社是由从事同类或者相关农产品的生产经营者,依据加入自愿、退出自由、民主管理、盈余返还的原则进行共同生产、经营、服务活动的互助性经济组织。根据上述定义,家庭农场与种粮大户之间有着明显的同质性,与合作社又有着本质上的差异,但这三种"身份"在现实中却得到了高度且和谐的统一。以C县为例,在2008年前后合作社数量出现了惊人的增长(见图4.1),2009年较上年增长了240%,此后的年份每年增加的数量也都在150家。而在家庭农场政策颁布的第一年就成立了617家。C县农业局承认,这么多家合作社完全管不过来,只能挑200多家规范性合作社进行管理。家庭农场、种粮大户和合作社的管理由不同科室不同人员负责,家庭农场和合作社这两种互斥的身份是否被同一个农业生产组织获得是没有人关心的事情。实质上,C县农业局也承认"2008年前后成立合作社有各种政策优惠,大家就都去成立合作社了;到2012年时候家庭农场的时候,政策上比合作社还要优惠,就都去注册家庭农场了。"反观对家庭农场和合作社林林总总的扶持政策,均不外乎税费优惠、财政倾斜、项目扶持、用地用电优惠等手段,并未根据不同的组织特点有不同的扶持手段,究其本质都是对土地流转规模经营的鼓励与扶持。这自然提出了一个问题:这些与合作社、家庭农场相关的财政政策,究竟是在鼓励扶持一种生产经营方式?还是在补贴一种概念?补其名抑或是补其实?

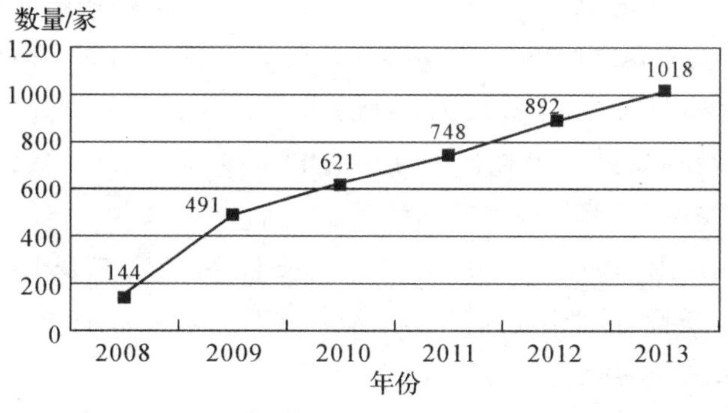

图4.1 2008—2013年C县合作社数量

4.2.2 小规模水稻种植农户

本次调研通过结构式访谈的方式共访问农户144位,其中A县42

位，B县45位，C县57位。三地的情况在个别问题上存在差异，大体情况较为类似。

A县的受访农民都知道有补贴，但是不知道有什么补贴，更不清楚有多少补贴，种粮政策明白纸也是很陌生的东西。知道补贴信息的途径大多数人表示“钱到了卡里就知道了”，调研数据如表4.8所示。

在B县，知道种粮有补贴的比例低于A县，8.89%的农户认为自己种粮没有领过补贴，13.33%的农户不清楚有没有领过补贴。见过种粮明白纸也是极个别人。但B县知道有补贴的人当中，对所领补贴种类很清楚的比例很高，在31位知道有补贴的被访者中，知道买种子有补贴的人有21位，占67.77%。这是由B县与A县发放良种补贴的方式不同所导致的差异。调研数据如表4.9所示。

C县的粮农对种粮补贴了解的情况最好，这主要是归功于当地的行政村会成立合作社，把散户组织起来统一申请早稻订单，粮农在出售早稻给粮食公司的时候会比收购价每千克多得到0.6元钱的省级早稻订单奖励，这项奖励还是让粮农非常有感受的。因此，这里知道有种粮补贴的人高达87.72%。在知道种粮有补贴的粮农中有22%的人明确知道这是早稻订单奖励。由于C县的农资综合补贴是按照每户的耕地面积发放的(即只要有地就发这项补贴)，因此C县很多粮农不认为该项补贴与种植粮食作物相关。

关于省农业厅印发的“粮食生产扶持政策明白卡”，根据调查结果显示，绝大多数的粮农既没听说过也没有见过这样一份材料。如果说普通老百姓没看到还只是宣传落实不到位，但是连A县农经局的工作人员也表示没看到过这种明白卡，让我们感到十分诧异。在我们调研结束后的一个月，A县农经局的网站上挂出了除中央和省级政策之外，结合了A县本地政策的“2014年A县种粮补贴政策明白纸”①。

三地农户用于领取补贴的均只有一张卡，种粮农户普遍觉得领补贴很方便，但是问及是否满意的时候，大多数农户表示没有感觉，而且不太关心别人拿的是多是少。如表4.11至表4.13所示。

在有限的样本中，三地普通农户对于机械作业服务的使用率均是极低的。基本上都是人工打药、育秧、插秧与烘干。如表4.14至表4.16所示。

① 我们于2014年3月27—29日期间在A县调研，4月30日，A县的网站上挂出了适用于A县的种粮政策明白纸。

表 4.8　A 县农户对水稻种植补贴知晓度

调查项目	选　项	人数（人）	占比（%）	选　项	人数（人）	占比（%）	选　项	人数（人）	占比（%）	选　项	人数（人）	占比（%）
种粮领过补贴吗？	领过并了解每亩补贴	19	45.24	领过但不清楚金额	23	54.76	没领过	0	0.00	不清楚	0	0.00
怎么知道领补贴的信息的？	村里宣传	10	23.81	钱到了卡里	23	54.76	口口相传	4	9.52	其他	5	11.91
见过种粮明白纸吗？	见过	1	2.38	听说过没见过	2	4.76	完全没见过	39	92.86			
都领过哪些种粮相关的补贴？	农作物良种补贴	1	2.38	农资综合补贴	1	2.38	其他	0	0.00	说不清楚	40	95.24

表 4.9　B 县农户对水稻种植补贴知晓度

调查项目	选　项	人数（人）	占比（%）	选　项	人数（人）	占比（%）	选　项	人数（人）	占比（%）	选　项	人数（人）	占比（%）
种粮领过补贴吗？	领过并了解每亩补贴	9	20.00	领过但不清楚金额	23	51.11	没领过	4	8.89	不清楚	6	13.33
怎么知道领补贴的信息的？	村里宣传	8	17.78	钱到了卡里	11	24.44	口口相传	8	17.78	其他	18	40.00
见过种粮明白纸吗？	见过	2	4.44	听说过没见过	0	0.00	完全没见过	41	91.11			
都领过哪些种粮相关的补贴？	农作物良种补贴	21	46.67	农资综合补贴	5	11.11	其他	0	0.00	说不清楚	14	31.11

表 4.10　C 县农户对水稻种植补贴知晓度

调查项目	选　项	人数（人）	占比（%）	选　项	人数（人）	占比（%）	选　项	人数（人）	占比（%）	选　项	人数（人）	占比（%）
种粮领过补贴吗？	领过并了解每亩补贴	32	56.14	领过但不清楚金额	18	31.58	没领过	6	10.53	不清楚	1	1.75
怎么知道领补贴的信息的？	村里宣传	1	1.75	钱到了卡里	29	50.88	口口相传	13	22.81	其他	14	24.56
见过种粮明白纸吗？	见过	0	0.00	听说过没见过	2	3.51	完全没见过	51	89.47			
都领过哪些种粮相关的补贴？	农作物良种补贴	6	10.53	农资综合补贴	4	7.02	其他	11	19.30	说不清楚	35	61.40

表 4.11　A 县农户对于种粮补贴感受

调查项目	选　项	人数（人）	占比（%）	选　项	人数（人）	占比（%）	选　项	人数（人）	占比（%）	选　项	人数（人）	占比（%）
领取补贴方便吗？	方便	39	92.86	不方便	0	0.00	还行吧	2	4.76			
村里别人种粮一般领到的补贴比你多还是少呢？	比我多	7	16.67	比我少	2	4.76	差不多	8	19.05	不清楚	25	59.52
您对这些补贴满意吗？	满意	14	33.33	不满意	2	4.76	没感觉	26	61.91			

表 4.12　B 县农户对于种粮补贴感受

调查项目	选　项	人数（人）	占比（%）	选　项	人数（人）	占比（%）	选　项	人数（人）	占比（%）	选　项	人数（人）	占比（%）
领取补贴方便吗？	方便	29	64.44	不方便	2	4.44	还行吧	4	8.89			
村里别人种粮一般领到的补贴比你多还是少呢？	比我多	1	2.22	比我少	0	0.00	差不多	13	28.89	不清楚	21	46.67
您对这些补贴满意吗？	满意	8	17.78	不满意	3	6.67	没感觉	26	57.78			

表 4.13　C 县农户对于种粮补贴感受

调查项目	选　项	人数（人）	占比（%）	选　项	人数（人）	占比（%）	选　项	人数（人）	占比（%）	选　项	人数（人）	占比（%）
领取补贴方便吗？	方便	47	82.46	不方便	2	3.51	还行吧	2	3.51			
村里别人种粮一般领到的补贴比你多还是少呢？	比我多	7	12.28	比我少	0	0.00	差不多	32	56.14	不清楚	15	26.32
您对这些补贴满意吗？	满意	18	31.58	不满意	8	14.04	没感觉	31	54.38			

表 4.14　A 县农户机械化作业服务购买情况

调查项目	选　项	人数（人）	占比（%）	选　项	人数（人）	占比（%）	选　项	人数（人）	占比（%）
您怎么给水稻打农药？	统防统治并知道价格	4	9.52	统防统治但不清楚价格	1	2.38	自己做	37	88.10
您购买过集中育秧服务吗？	集中育秧并知道价格	1	2.38	集中育秧但不清楚价格	1	2.38	自己做	29	69.05
您购买过机械插秧服务吗？	机插并知道价格	1	2.38	机插但不清楚价格	1	2.38	自己做	30	71.43
您购买过粮食烘干服务吗？	烘干并知道价格	0	0.00	烘干但不清楚价格	0	0.00	自己做	33	78.57

表 4.15　B 县农户机械化作业服务购买情况

调查项目	选　项	人数（人）	占比（%）	选　项	人数（人）	占比（%）	选　项	人数（人）	占比（%）
您怎么给水稻打农药？	统防统治并知道价格	1	2.22	统防统治但不清楚价格	1	2.22	自己做	35	77.78
您购买过集中育秧服务吗？	集中育秧并知道价格	0	0.00	集中育秧但不清楚价格	0	0.00	自己做	39	86.67
您购买过机械插秧服务吗？	机插并知道价格	0	0.00	机插但不清楚价格	0	0.00	自己做	39	86.67
您购买过粮食烘干服务吗？	烘干并知道价格	0	0.00	烘干但不清楚价格	0	0.00	自己做	39	86.67

表 4.16　C 县农户机械化作业服务购买情况

调查项目	选　项	人数（人）	占比（%）	选　项	人数（人）	占比（%）	选　项	人数（人）	占比（%）
您怎么给水稻打农药？	统防统治并知道价格	6	10.53	统防统治但不清楚价格	1	1.75	自己做	44	77.19
您购买过集中育秧服务吗？	集中育秧并知道价格	2	3.51	集中育秧但不清楚价格	0	0.00	自己做	49	85.96
您购买过机械插秧服务吗？	机插并知道价格	1	1.75	机插但不清楚价格	0	0.00	自己做	50	87.72
您购买过粮食烘干服务吗？	烘干并知道价格	2	3.51	烘干但不清楚价格	2	3.51	自己做	46	80.70

综上，无论是经济发达地区还是欠发达地区，普通农民对水稻种植的直接补贴都不敏感，甚至不关心。对于机械作业环节一类的间接补贴，由于购买这一类服务的人数比例非常小，因此很少有散户享受到该类补贴。

4.3 水稻种植成本收益核算

4.3.1 中国粮食统计报告的核算

国家粮食局每年都会出版《中国粮食发展报告》，反映中国粮食生产状况，其中一项内容是根据国家发改委的统计资料计算每年的粮食成本收益变化情况，但仅给出测算结果，并未说明计算方式。最近的 2012 年版数据及趋势如表 4.17、图 4.2 和图 4.3 所示。

表 4.17 2001—2011 年水稻成本收益变化

年　份	2001	2002	2003	2004	2005	2006	2007	2008	2009	2010	2011
每亩总成本(元)	400.5	415.8	419.1	454.6	493.3	518.2	555.2	665.1	716.7	766.6	897.0
每亩净利润(元)	81.4	37.6	94.9	285.1	192.7	202.4	229.1	235.6	217.6	309.8	371.3
成本费用利润率(%)	20.32	9.04	22.64	62.71	39.06	39.06	41.26	35.42	30.36	40.41	41.39

数据来源：2012 中国粮食发展报告。

根据国家粮食局的数据显示，2004 年，水稻种植的收益有了一个较大的飞跃，但之后便下降并逐渐趋于平稳。这与 2004 年粮价上涨，各项扶持粮食生产政策的出台有着密切的关系。近年来，水稻的成本费用利润率稳定在 40%左右，2011 年水稻亩均收益为 371.3 元。《2012 中国粮食发展报告》显示，在粮食作物当中水稻的收益是最高的，其次是玉米，最低的是小麦。根据全国水稻单位面积平均产量进行推算，表 4.17 中所显示的每亩净利润已包含了补贴。以 2011 年为例，全国稻谷平均单位面积产量为 446 千克/亩，每千克平均出售价格为 2.69 元，每亩收益 1199.74 元。每亩总成本 897.0 元，则每亩出售所得减去成本为 320.74 元，而净利润为371.3元。我们认为，这其中68.56元为与粮食相关的各种补贴。也就是说，补贴在净利润中占比约为18.46%。

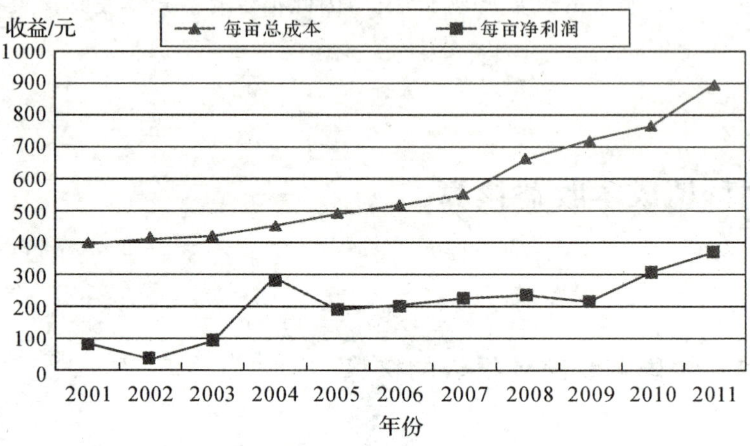

图4.2　2001—2011年水稻成本收益变化

图4.3　2001—2011年水稻成本费用利润率[①]变化

4.3.2　县级农业部门的核算

作为重要的粮食产区，三地农业部门均对水稻种植的成本、出售价格与净利润进行过核算。详细情况如表4.18所示。

① “成本费用利润率”为《中国粮食发展报告》中的概念。

表 4.18 2013 年度 A 县、B 县、C 县水稻种植效益比较

调查项目	A 县单季晚稻	A 县连作晚稻	B 县	C 县早稻	C 县连作晚稻	C 县单季晚稻
生产成本(元/亩)	**1130**	**1070**	**1250**	**1170**	**1120**	**1655**
物质成本(元/亩)	**270**	**240**	**300**	**180**	**280**	**300**
种子	20	20	50	20	40	40
化肥	120	110	150	110	130	140
农药	130	110	100	50	110	120
农膜	0	0	0	0	0	0
农家肥	0	0	0	0	0	0
其他	/	/	/	/	/	/
用工成本(元/亩)	**300**	**270**	**500**	**600**	**600**	**700**
每亩用工	5	4.5	5	6	6	7
每工工值(元)	60	60	100	100	100	100
灌溉成本(元/亩)	**45**	**45**	**0**	**0**	**0**	**0**
翻耕成本(元/亩)	**70**	**70**	**150**	**120**	**120**	**120**
收割成本(元/亩)	**95**	**95**	**150**	**120**	**120**	**120**
土地承包费(元/亩)	**350**	**350**	**150**	**200**	**200**	**400**
亩产值合计(元)	**1582**	**1489.6**	**1260**	**1296**	**1134**	**1566**
亩稻谷产值(元)	**1582**	**1489.6**	**1260**	**1296**	**1134**	**1566**
亩平均产量(千克)	565	532	450	400	420	580
平均出售价格(元/千克)	2.80	2.80	2.80	3.24	2.7	2.7
亩副产品产值(元)	**0**	**0**	**0**	**0**	**0**	**0**
亩净利润	**452**	**419.6**	**10**	**126**	**104**	**−89**

数据来源：各地农业局核算资料。

由于各地机械插秧比例均较低，因此三地农业部门计算的是直播的成本，没有计算集中育秧机械插秧的成本。各项补贴也没有计算在内。在净利润的计算上，如果是自家土地，则无须土地成本；如果是租种的土地，则需计算土地成本。根据调研结果，48.28%种植水稻面积 20 亩以下的农户并不出售种植的水稻，而是留作自家的口粮。由于多数小规模水

稻种植者(全部耕种自有土地)的稻谷未进入市场流通环节,因此此处选用租用土地即生产水稻用于盈利者的数据,即计算土地亩净利润来进行进一步计算。据浙江省物价局 2011 年调查测算,种植业行业每亩年平均利润 3000 元左右,而根据表 4.18,A 县 2013 年种植水稻的平均利润仅为 2011 年行业平均利润的 15.1%;B 县仅为 0.3%,C 县早稻和连作晚稻为 3.8%,单季晚稻处于亏本的状态。

4.3.3 根据访谈结果的核算

根据对 A 县、B 县和 C 县的合作社、种粮大户、家庭农场的访谈,我们对其中三个具有代表性的合作社进行了成本收益核算。

1. B 县 14 号(农产品)专业合作社

该合作社成立于 1999 年,由 10 个股东,每人出资 10 万元组成。合作社共有土地 150 亩,种植水稻 40 亩,茶叶 110 亩。合作社以 200～300 元/亩的价格向村里租借了流转土地。具体情况如表 4.19 所示。

表 4.19 B 县 14 号(农产品)专业合作社均亩收益核算 单位:元

营业收入	亩均(元)	备 注
粮食收入	1848.00	每亩地产粮:700 千克 粮食出售价格 2.64 元/千克
订单奖励	0.00	无订单奖励
政策补贴收入	238.12	农资综合补:53.12 元/亩 种粮大户补贴:30 元/亩 粮种补贴:15 元/亩 集中插秧:40 元/亩 集中育秧:30 元/亩 统防统治:40 元/亩 政策性保险:30 元/亩
成本		以下费用都包含人工费用与燃油费
种子(杂交水稻)	85.00	种子价格:100 元/亩,良种补贴 15 元/亩
集中育秧	120.00	成本 150 元/亩,集中育秧补贴 30 元/亩
机器插秧	100.00	成本 140 元/亩,机插补贴 40 元/亩
肥料	200.00	成本 200 元/亩

续表

农药(统防)	140.00	成本180元/亩,统防统治补贴40元/亩
机器耕地	150.00	成本150元/亩
收割	150.00	成本150元/亩
设备维修	42.00	一年42元/亩
设备折旧	350.00	收割机2台25万元,农机购置补贴5万元/台 拖拉机2台6万元,农机购置补贴1.5万元/台 插秧机2台15万元,农机购置补贴3万元/台 机器折旧按5年计算,折旧提10% 报废补偿补贴已记入
管理费用及水电	200.00	成本200元/亩
土地租金	200.00	流动土地200/亩
政策性保险	30.00	B县地区农业政策保险全额补贴
营业收入总计	2086.12	
成本总计	1767.00	
净利润	319.12	

注:该合作社一年只种植一季水稻。

根据B县14号(农产品)专业合作社的财务计算,种水稻的盈利很低,基本依靠政府补贴生产,净利润319.12元/亩,其中政府补贴238.12元,占净利润的74.62%。

2. A县4号(粮油)专业合作社

该合作社以种水稻为主,共1500亩土地,租金1000元/亩。土地都来自流转,都是自己的股东,1000元的租金高于市场价,具有分红性质。合作社一年种一季水稻一季大小麦,水稻平均亩产500千克。具体情况如表4.20所示。

表4.20 A县4号(粮油)专业合作社亩均收益核算

营业收入	亩均(元)	备 注
粮食收入	1450.00	每亩地平均产粮:500千克 粮食出售价格2.90元/千克

续表

储备粮订单奖励	0.40	1000千克订单奖励,价格3.24元/千克
政策补贴收入	122.44	农资综合补:53.02元/亩 种粮大户补贴:25元/亩 粮种补贴:15元/亩 集中插秧:40元/亩 集中育秧:30元/亩 统防统治:40元/亩 政策性保险:41.85元/亩 单季计算,政策补贴收入取半
成本		以下费用都包含人工费用与燃油费
种子(普通水稻)	15.00	种子价格:30元/亩,良种补贴15元/亩
集中育秧	90.00	成本120元/亩,集中育秧补贴30元/亩
机器插秧	80.00	成本120元/亩,机插补贴40元/亩
肥料	120.00	成本120元/亩
农药(统防)	140.00	成本180元/亩,统防统治补贴40元/亩
机器耕地	150.00	成本150元/亩
收割	150.00	成本150元/亩
设备维修	21.00	一年42元/亩,单季费用取半
设备折旧	56.00	烘干机2台18万元,农机购置补贴3万元/台 拖拉机6台21万元 插秧机2台14万元,农机购置补贴3万元/台 收割机3台8万元 机器折旧按5年计算,折旧提10% 报废补偿已记入 按单季计算,折旧费用取半
管理水电	100.00	成本每年200元/亩,单季费用取半
土地租金	500.00	成本每年1000元/亩,单季费用取半
政策性保险	22.50	费用45元/(亩·年),政府补贴41.85元/(亩·年) 单季费用取半
营业收入	1572.44	
成本总计	1425.50	
净利润	147.94	

由于A县地区种植常规水稻，种子价格相较B县地区一亩地能省近100元。较高的土地租金（1000元/亩）由较高的亩产和粮食价格弥补。从收益核算中可以看到，4号粮油合作社的1500亩水稻赚的仅仅是补贴的钱。净利润147.94元/亩，其中政府补贴122.44元，占净利润的82.76%。

3.C县16号（种粮）专业合作社

该合作社的负责人是全国种粮大户，衢州市人大代表，该合作社的水稻种植面积在浙江省内也是数一数二的，是规模经营很成功的案例。在早稻每亩686元的利润中，补贴为155（种子、种粮大户、机械作业）+240（早稻订单）=395（元），占净利润的57.56%，连作晚稻没有订单奖励，补贴占净利润比重的33.6%。从该合作社的成本收益分析中可以清晰看出，合理的规模化、高度的机械化可以有效地降低水稻种植成本。如表4.21所示。

表4.21　C县16号（种粮）专业合作社亩均收益核算

营业收入	亩均(元)	备　注
出售粮食	早稻:1485	每亩地平均产粮:400～450千克 共4000亩地 平均出售价格 3.24元/千克
	连晚:1260	
政策补贴	155	农资综合直补:0元/亩(补给地的所有者了) 种粮大户补贴+良种补贴:35元/亩 育秧、机插、统防统治:120元/亩
成本		
种子	20	5千克/亩 种子价格:4元/千克
肥料	200	纯物质成本
农药	50	
油费	25	只有种子、化肥、农药是需额外购买的，其他与机械相关的都可以算在油费、电费、折旧费、人工费上。4000亩地，种两季，每年工资费用200万元，不请临时短工，平均到每季亩地上为200000÷4000÷2=250(元)，机械折旧每年35万元，平均到每季每亩地为350000÷4000÷2=43.75(元)
电费	40	
人工成本	250	
设备折旧	43.75	
土地租金	325	500～800元/亩，平摊到两季

续表

成本总计	953.75	
净利润	早稻:686.25	
	连晚:461.25	

注:"连晚"是连作晚稻的简称。

由B县和A县合作社的例子可以看到,B县和A县规模种植水稻的利润实际上要比国家粮食局测算要低,补贴在利润当中占据了极高的比重。按照补贴后的利润,14号农产品专业合作社的每个社员若想取得与一个农民外出务工相当的收入,按2000元/月、12个月计算的话,每人需要种植水稻24000÷319.12=75.2(亩);根据国家统计局浙江调查总队对浙江城乡居民家庭的抽样调查,2013年浙江农村居民人均纯收入16106元,如果想达到这个标准,则每人需种植水稻16106÷319.2=50.5(亩)。对于4号粮油专业合作社来说,想达到这两个标准分别需要每人种植162.2亩和108.8亩水稻。

从上述计算不难发现,即便存在补贴,种植水稻的回报依然是非常低的,也就不难解释土地抛荒和粮田"非粮化"的情况出现。在农民具有经营生产自主权的今天,补贴在浙江并没有起到有效地促进农民生产粮食的作用。

4.3.4 补贴损耗计算

那么,农民的积极性不高,是不是因为补贴不够多呢?

我国的粮食价格在市场化的前提下,主要受托市收购和临储收购两项政策的影响。随着托市收购价格的持续提高,我国粮食价格远远高于国际粮食价格[①],使我国成为全球粮食市场的价格高地。国内外粮价倒挂,刺激粮食大量进口。统计显示,近3年,我国粮食进口量持续攀升,净进口常态化趋势已经形成。根据农业部市场司的资料,2013年1—11月,3大主粮净进口1192.1万吨。这一局面的形成,除了刚性需求迅猛增长带来的供应不足这个基本因素外,一个很重要的原因就是国内外谷

① 2013年12月,泰国大米(含碎5%)出口价格为423美元/吨,约合2.62元/千克,低于当年中国稻谷最低收购价2.70元/千克。

物价格的巨大差距。粮食加工企业为了降低成本，宁愿选择国外优质廉价的粮食。[①] 与此同时，我国粮食生产的成本也大幅度提升。根据全国农产品成本收益资料，从2003—2009年，我国生产的稻谷、小麦和玉米三种粮食生产投入要素中，种子和化肥代表的可变投入物单位价格以及雇工工价和土地租金价格等上涨幅度较大，最低涨幅接近90%，最高涨幅大约185%。[②] 2010年以后，虽然化学投入物涨幅较小，但是农业雇工工资上涨和农地租金上涨明显加快。以A县某合作社为例，2012年一亩地租金约为600元，2014年就涨到了1000元。

在国内粮价高于国际粮价，粮食生产成本不断上涨的情况下，国内市场的供需关系出现了如图4.4所示的变化。

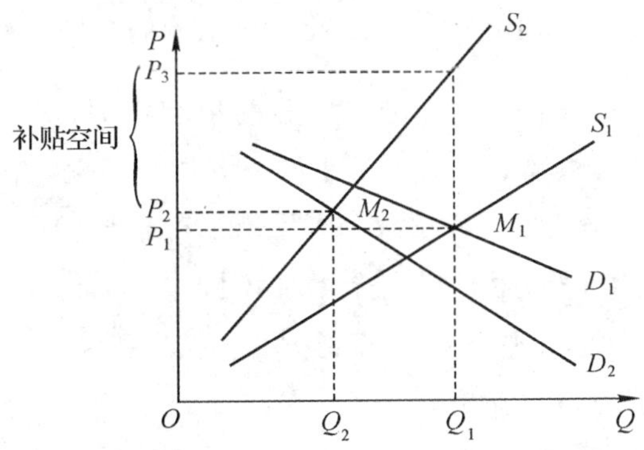

图4.4 国内粮食生产供需变化

在国内外粮价持平，粮食生产成本尚未出现大幅度上涨的初始情况下，供给曲线为S_1，需求曲线为D_1，平衡点出现在M_1，此时粮价为P_1，粮食供应数量为Q_1；当生产成本增加，供给曲线斜率增大，移动至S_2，国际粮价的下跌使得国内需求弹性增大，需求曲线移至S_2，平衡点出现在M_2，此时粮价为P_2，粮食供应数量为Q_2。然而粮食涉及国家安全，具有重要的战略意义，因此国家要保证粮食的产量不下降，甚至随着人口增长导致的需求增长，粮食产量还要上升。此时，需要在P_2的市场均衡价格

① 中国农业科学院. 我国已成全球粮食价格高地 越储越多越进口. 经济日报，http://www.caas.cn/nykjxxnycj234737.shtml 2014-02-13/2014-05-05.

② 农业部新闻办公室. 为什么我国粮食连续多年增产而粮价持续上涨？中华人民共和国农业部，http://www.moa.gov.cnztzllswdzcxdgzdt201110/t20111013_2356407.htm 2011-10-13/2014-05-05.

上，提供 Q_1 的产量，由于农民对于种植内容具有自主权，因此政府需要采取补贴的方式，提高粮农的比较效益，从而鼓励粮食的生产。

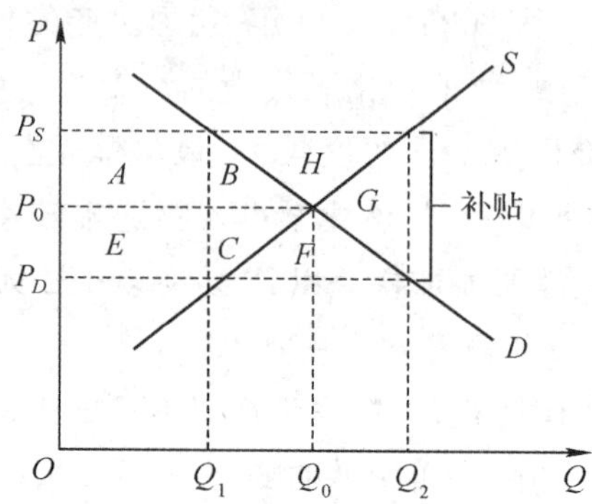

图 4.5　补贴带来的社会福利损失

但补贴行为本身就必然会带来社会的福利损失，图 4.5 说明了补贴政策给消费者、农民、政府三方面带来的福利增减情况。在市场均衡情况下，粮价为 P_0，产量为 Q_0，补贴激励农民增加产出至 Q_2，农民获得的补贴后的价格为 P_S，农民的生产者剩余增加了图中 A,B,H 三部分；由于粮食供给量增加至 Q_2，市场价格下降到 P_D，消费者剩余增加了图中 E,C,F 三部分。政府总的补贴支出就是 $Q_2(P_S-P_D)$ 的面积，由图可见福利损失为 G。消费者剩余和生产者剩余之间的分配则取决于供给和需求的弹性大小。弹性大的一方剩余较多。

根据表 4.4A 县的财政数据，2013 年，我们梳理的与粮食相关的政策性补贴类支出，A 县为 5601.5 万元（包括上级下拨和本级配套，但是此处无法把完全用于水稻的剥离出来，许多政策的对象包括各种粮食作物，所以无法计算每亩水稻上应该有多少补贴，项目同理），这还不包括各种各样的项目支出（土地复垦，耕地保护补偿一类均不包括）。同年，A 县的水稻播种面积为 32.63 万亩。其中规模经营的面积为 7.92 万亩，散户耕种面积 24.71 万亩。假设上面的 5601.5 万元全部用于支持水稻生产，每亩的补贴也只有 171 元，实际上，由于还有大小麦等粮食作物，亩均补贴远达不到这个数字。而在上面的例子中，作为一个能够被政策的阳光普照到的粮油专业合作社，4 号合作社的亩均净利润只有 55.33 元，也就是说，政策性补贴并没有给 4 号粮油专业合作社的比较收益锦上添花，而只是提供了一个不至于赔钱的保障。

同样的计算方式用于B县，根据表4.5，2013年，B县与粮食（主要是水稻）相关的政策性补贴支出共4465.6万元，而B县的水稻种植面积只有6.2万亩，根据水稻产量估算，规模经营的面积为1479.2亩左右，由散户耕种的面积为60520.8亩。B县2013年水稻产量占总的粮食产量的一半左右，且粮食作物补贴中水稻的额度最高。保守估计4465.6万元中的一半，也就是2232.8万元用于水稻，平均到每亩土地上的补贴不低于360元。

对C县来说，根据表4.6，2013年C县与粮食（主要是水稻）相关的政策性补贴支出共5404.07万元，粮食播种面积44.69万亩，其中稻谷播种面积36.53万亩，其中规模化经营的面积达到32.8%，即11.97万亩。由于水稻的补助种类最多，且在粮食播种面积中占比最高，达到81.74%，假设这5404.07万元全部用于水稻，每亩水稻得到的补贴也不过147元。

1.粮农感受

在A县，合作社、种粮大户、家庭农场所能感受到的是直补项目（良种、农资、稻麦种植大户），共98元/亩，印象较深的是农机购置补贴、机械作业环节的补贴要在提醒之下才想起来有。而耕种了24.71万亩的普通农户只知道拿了补贴，绝大多数（97.62%）的粮农根本不知道拿的是什么补贴（实际上应为15元/亩的良种补贴和53.02元/亩的农资综合补贴，共计65.02元/亩）。也就是说，在A县，75.7%的水稻面积的种植者根本不知道种水稻究竟有着怎样的政策激励！就算知道，65.02元/亩的额度也实在无法构成激励。在B县，合作社、种粮大户、家庭农场所能感受到的也是直补项目（良种、农资、稻麦种植大户），共93元/亩，对农机购置补贴、机械作业环节补贴感受同A县相仿，但由于B县没有配套，作业环节补贴只能拿到政策规定的60%。普通粮农中，22.2%的粮农不认为自己种粮领过补贴，46.67%的粮农认为自己只拿到过良种补贴，只有11.11%的粮农认为自己拿到过良种和农资综合直补两项补贴，剩下的31.11%不知道自己拿的是什么补贴。也就是说，在B县6.2万亩水稻中，约有1.8万亩水稻处于无政策激励状态，还有2.8万亩水稻只感受到了良种政策每亩15元的激励。在C县，合作社、种粮大户、家庭农场所能感受到的是良种补贴与稻麦种植大户直补，农资综合补贴由于按耕地补给土地的所有者，租种土地的规模经营者是没有感受的。但由于C县的早稻订单奖励执行得较好，以及村里会组织农民统一交早稻，领取相当于大户额度的早稻订单奖励，因此C县的农民种植早稻积极性很高，仅有12.28%的人不知道种植水稻有补贴。但良种补贴与农资综合直补的政策效果较差，分别只有10.53%和7.02%的人知道。总的来看，政策性补贴平均到每亩水稻上的钱不多，能够真正让粮农感受到切实提高了他们的收益的部分更是微乎其微。

2. 落实过程

政策性补贴落实的方式一般分为四类：按种植面积，按作业面积，按农业生产资料，按粮食产量。项目类型的补贴则是要某农业组织、某行政村、某功能区符合某些特定的条件后设置项目进行补贴。我们的研究中所关注的补贴的分类如表4.22所示。

表4.22 补贴项目按补贴方式分类

补贴方式	补贴名称
按种植面积	农作物良种补贴
	农资综合补贴
	稻麦种植大户直补
	粮食政策性保险
按作业面积	浙江省水稻集中育秧补贴
	农业机械化作业环节补贴
按生产资料	农机购置补贴
	高耗能农业机械报废补偿
	浙江省级农药储备补贴资金
	浙江省商品有机肥推广应用补贴
按粮食产量	浙江省级储备早稻订单奖励
	浙江省外粮食生产基地补贴
	水稻最低收购价政策
符合系列条件	土地复垦条例
	农业综合开发土地治理项目
	水稻生态补贴
	耕地保护补偿
其　他	种粮大户贷款贴息

以按种植面积的补贴为例，现有的管理办法多采用由村级开始层层上报，汇总到县市一级，按上报面积发放补贴的办法。村一级上报的数据上级往往不会去核实，也核实不了。只能要求村一级公示，有问题向上级反映，但调研结果显示，无论发达地区还是欠发达地区，农民对于这微薄的补贴都不在意，向上级反映的可能性就微乎其微。因此，农业部门和财政部门明明知道存在农民谎报种植品种、面积，村里会计一直使用几年前的数据上报等情况，但是没有核查的能力与办法，导致补贴投放人群和政策目标群体之间的错位。

此外，部门之间严重的职能重叠错位、缺乏沟通，政策之间的目标重复也导致了补贴的效率损耗。以C县的水稻生态补贴为例，该项资金的使用由农业局的农业技术推广中心负责，该项补贴的主要内容为农村水渠堤坝的修建。而水渠堤坝的修建本应是水利部门的职责范围与专长。水稻生态补贴的负责人也很无奈地说："我们本来应该是搞种植技术的，结果现在都成了修水坝的了。"农业部门的技术人员负责修水渠堤坝，既非本职又非专长，自然难以将资金的效益最大化。另外，由农综办负责的农业土地综合治理项目中，也有"为不低于5万亩、不超过30万亩的灌溉面积提供水利灌排保障"的政策要求。政策的重叠与部门间的缺乏沟通，使得有限的资金无法合理统筹规划，降低了其使用效率。

综上所述，现行的对水稻的补贴存在着较大的损耗，其主要来自以下几点：一是补贴自身难以避免的社会总福利的损失；二是政策执行过程缺乏合理有效的监管手段带来的损耗；三是由于政策目标群体对政策的不知情造成的损耗；四是政策目标重复、部门职能交错重叠并缺乏沟通带来的效率损失；五是补贴力度较低，对大多数粮农起不到提高收入激励生产的作用。总体而言，效率损失是很高的。

5 第五章 调研项目政策绩效评价

5.1 政策性补贴政策绩效

从上面的调研结果与子报告的详细分析来看，四项中央政策性补贴在浙江都得到了执行，但政策绩效较差。省级补贴政策相比中央补贴政策而言更具有针对性，政策绩效也更好。本章从政策绩效评估体系的四个维度出发，对所调研的政策加以归纳总结。如表 5.1 所示。

表 5.1 调研项目绩效评价

<table>
<tr><th rowspan="2">补贴名称</th><th colspan="2">效率</th><th colspan="2">公平</th><th colspan="3">效果</th><th colspan="2">可持续性</th></tr>
<tr><th>目标完成程度</th><th>受益面</th><th>差异性公平</th><th>公共责任</th><th>回应性</th><th>满意度</th><th>资金</th><th>使用意愿</th><th>可替代性</th></tr>
<tr><td>农作物良种补贴</td><td>低</td><td>高</td><td>低</td><td>低</td><td>低</td><td>低</td><td>高</td><td>高</td><td>高</td></tr>
<tr><td>农资综合补贴</td><td>低</td><td>高</td><td>低</td><td>低</td><td>低</td><td>低</td><td>高</td><td>高</td><td>高</td></tr>
<tr><td>稻麦种植大户直补</td><td>高</td><td>高</td><td>高</td><td>低</td><td>低</td><td>高</td><td>高</td><td>高</td><td>高</td></tr>
<tr><td>政策性水稻保险</td><td>/</td><td>低</td><td>低</td><td>低</td><td>低</td><td>低</td><td>高</td><td>低</td><td>低</td></tr>
<tr><td>省水稻集中育秧补贴</td><td colspan="2">低</td><td>低</td><td>低</td><td colspan="2">低</td><td colspan="3">高</td></tr>
<tr><td>农业机械化作业环节补贴</td><td colspan="2">低</td><td>低</td><td>低</td><td colspan="2">低</td><td colspan="3">高</td></tr>
</table>

续表

补贴名称	效率		公平		效果			可持续性	
	目标完成程度	受益面	差异性公平	公共责任	回应性	满意度	资金	使用意愿	可替代性
农机购置补贴	中	低	低	低	/	低	高	低	/
高耗能农业机械报废补偿	低	低	低	低	低	低	高	低	低
省级农药储备补贴资金	/	/	/	/	/	/	/	/	/
省商品有机肥推广应用补贴	中	低	低	低	低	低	低	低	低
省级储备早稻订单奖励	高	低	低	低	低	低	高	高	高
省外粮食生产基地补贴	/	/	/	/	/	/	/	/	/
水稻最低收购价政策	低	高	低	高	低	低	低	高	高

注:标注为“/”的为难以评价或无法评价的指标。

需要说明的是,浙江省级农药储备补贴资金和浙江省外粮食生产基地补贴两项补贴在我们调研的三个县中未施行过,因此在调研结果中没有出现。

5.1.1 效率:补“两端”优于补“中间”

纵观调研的各项目,在测量效率的两个方面(目标完成程度和受益面)均表现良好的政策仅有稻麦种植大户直补。而单是受益面高的政策为中央良种补贴和农资综合补贴。单是目标完成程度高的为省级储备早稻订单奖励。其余补贴政策在效率两个方面均表现较差。这些政策之所以会表现出效率上的差异,与其自身的本质特征和政策设计是密不可分的。

至少在一方面表现效率高的政策均为典型“黄箱”政策。在一定程度上证明了“黄箱”政策在促进既定生产目标完成的有效性。

1.政策目标完成程度

部分政策的目标不清晰,从而难以衡量政策目标完成程度。如中央农机报废更新补贴政策目标为“为进一步优化农机装备结构,推动农机节能减排,减少农机事故隐患”,此类含糊的表述并没有清晰定位农机报废更新补贴的政策目标。再如 2009 年中央水稻良种补贴落实的时候浙江的农田里早已尽是中央规定的水稻良种。因此，该政策无法起到良种推广、土地增收的作用。

补贴额度影响了补贴的政策目标完成程度。大户补贴由于至少20亩开始补贴，总量较大，以访谈中遇到的一位流转了4000亩土地的合作社为例，每年可获得该笔补贴高达12万元。该项政策在一定程度上促进了土地的流通。订单补贴单位面积上补贴高，最高每亩可拿到240元补贴。订单奖励是很多粮农种植早稻的重要原因，C县一位大户说："早稻不赚钱，那么中晚稻就更不要想了，订单补贴对种粮大户是重要的收入来源。"说明早稻订单奖励充分起到了激励粮食种植的作用，也说明补贴额度对补贴效率的影响很高。

除补贴对象和补贴总量两项之外，补贴环节和资金配套也是影响目标完成程度的两项重要因素。政策设计不合理是影响政策目标完成程度因素之一。在农资综合补贴的执行中，调研各地均未遵循补贴基本原则，而是简化操作，根据地方情况按粮食作物种植面积补贴。在A县，农资综合补贴变成了对种植水稻，大、小麦的补贴，并按种植面积直补。在与A县、C县两地合作社访谈过程中，调研组均听到了关于补贴发放太慢的抱怨。一般情况下，C县的水稻机插补贴从每年的4月开始申报，农户在当年的12月拿到补贴，历时8～9个月。上述两个例子的本质原因是政策设计不具有可操作性。经过和农户的访谈了解到，种植水稻是不需要施有机肥的，但是大多数的有机肥推广应用补贴都进入了粮食生产功能区中，导致该政策起不到带动性的作用。另一影响政策目标完成程度的因素为配套不到位的现象。如A县一级财政虽然能够保证资金到位，但其下面一些比较贫困的乡镇却难以保证。B县因县级财政比较困难，对农机作业环节补贴并没有按照规定予以配套。C县统防统治补贴仅对晚稻和单季稻配套，对早稻无配套。访谈中B县接受访谈的合作社（14号农产品专业合作社、15号谷物专业合作社）反映，合作社提供统防统治服务能够拿到补贴24元/亩，提供机插服务补贴24元/亩（省里的规定是40元/亩）。

2. 受益面

受益面不同的两类政策的差异主要体现在政策作用环节不同上。受益面高的政策（稻麦种植大户直补、良种补贴和农资综合补贴）的作用环节均在投入或产出，即种植过程的"两端"，良种补贴在规定15元/亩补贴的政策要求下,浙江省平均每亩稻谷每年都拿到了近 14 元的补贴,客观上受益面是非常高的。农资综合补贴的覆盖情况与良种补贴相仿。而补在农业种植过程环节的资金受益面均较低。以某平原县的农机化促进政策为例,2013 年水稻种植面积为 59.85 万亩,其中 7.6 万亩使用机械插秧,占比 12.7%;5 万亩使用机耕,占比 8.35%;7 万亩统防统治,占比 11.7%;5 万亩实现机械收割,占比 8.35%,最高的统防统治比例也仅为 11.7%。由此可见,补贴政策的着力点对效率影响很大,补"两端"的效率要好过补"中间"。

5.1.2 公平性:财政公共性缺失

从调研的各个项目看,无论从区域间的差异性公平来看,还是从人群间的公共责任来看,公平性都不高。其主要原因是政策制定均未考虑到地区间与人群间的差异性。

1. 差异性公平

差异性公平欠佳,即资金分配在全省平均着力,没有考虑到地区间的差异。农业的生产结果与农业资源禀赋具有密不可分的关系,但投入形式的补贴未考虑到土地较为贫瘠地区的高投入,促进机械化的补贴也未考虑到山区机械化和规模化的实际困难。如政策性水稻保险,浙江省实行的是共保体的制度安排,实行全省统筹机制,期望以低风险区域的盈利来弥补高风险区域的亏损,这一制度的实施虽然在整体上降低了风险,但对风险较小区域,如杭嘉湖平原县市没有做到因地制宜的公平。调研中的 B 县处于山区,属于三类风险区域,水稻受灾的概率较低,B 县工作人员认为没有必要硬性要求 B 县投保率达到 80%。再如中央农作物良种补贴,使用不同品种的种子(如杂交稻和常规稻)的农民得到的支持力度相差较大,没有很好体现差异性公平。在平原地区,农户多种植常规稻,种子成本每亩 20 元左右,良种补贴标准 15 元/亩,基本上补贴了种子支出的 3/4。但是在山区,由于土地条件不如平原地区,农户多使用杂交稻,种子成本每亩 60 元左右,良种补贴额仅占 1/4。相比之下,山区在购种方面的补贴力度偏低。补贴额度没有跟随种植情况因地制宜,造成了相对的不公平。全省统一标准的省级储备早稻订单奖励对种粮大县来说是重要的收入来源,但对以其他经济作物为主要农业收入的地区来说,并没有很强的激励作用。

2. 公共责任

公共责任体现较差，即补贴向规模经营户严重倾斜，小农户的利益得不到保障。如集中育秧补贴仅针对粮食生产功能区和水稻高产创建重点示范片内的农户，普惠性不高；合作社、种粮大户是补贴的主要直接受益者，广大小农户基本享受不到相关补贴。再如政策性水稻保险的对象为符合水稻种植规范标准和技术管理要求，种植面积在20亩（含）以上的正常生长的水稻。散户及20亩以下的农户就不能参保，不能享受该项补贴政策。省级储备早稻订单奖励的补贴对象是按订单合同交售粮食的订单户，理论上来说，大户和散户都在补贴对象的范围里。但实地调研发现，种粮大户比散户更容易拿到订单奖励。大户获得的订单奖励为0.6元/千克，而散户仅为0.4元/千克。商品有机肥的推广工作无论是在平原A县还是在山区B县，都是小面积群体受益，只有部分合作社可以拿到有补贴的有机肥。如何分配指标都是村里说了算，并没有一个详细公平的分配方案，从而导致人群间的分配不均。

在规模化尚低的今天，小规模种植主体仍然占农村人口主要比重。而本研究所涉及的全部财政资金都没有体现出对小农户的倾斜，更多的是对盈利能力本就较强的规模经营组织的锦上添花，如种粮大户直补，有机肥推广应用补贴，以及多种多样的针对合作社、家庭农场等合作组织的项目类支出。2014年100亿元的“浙江省农业农村发展重点领域、重点项目扶持导向目录”中的48个项目均针对规模种植主体，并没有针对普通小农户的项目设计。财政支出本应具有促进社会公平的作用，但在我们的调研范围中，所涉及的政策没有体现出财政资金应有的公共性。

5.1.3 效果——回应性和满意度均不佳

1. 回应性

回应性低的根本原因在于，多数补贴性政策的制定都是自上而下的。如农业机械化的推动就是一种从中央开始的推动，进而衍生出农机购置补贴、水稻育秧补贴、农机作业环节补贴等多种补贴。相应的，这些自上而下的补贴的满意度均是极低的。

回应性低还体现在政策的透明度较差上——效果不佳的政策往往政

策目标群体的认知度也很低。除了个别政策如中央的两项普惠制直补外，大户以外的粮农很少知道还有育秧的补贴、机插的补贴、统防统治的补贴。在政策性水稻保险的执行中，B县和C县政府帮农户交了农户部分的保费，但是农户却不知道自己的水稻被保险了，更加不知道水稻政策性保险的具体内容，遇灾后自然也不会去要求赔付。而林林总总的项目（如有机肥推广补贴、农业综合开发土地治理项目等）对普通农民来说更是闻所未闻的，受访者恨不得调研组成员变身政策宣传员给他们详说每一项政策，告诉他们怎么得到政策好处。

虽然政策性补贴回应性普遍很低，但额度较高的补贴还是能够引起政策目标群体的重视，从而自发进行监督以保证政策实施效果；如省级早稻订单奖励，由于补贴额度较大，政策目标群体也存在着较强的监管动力。以C县为例，如果有种早稻计划的普通粮农得不到早稻订单，他们会组织起来到粮食局去争取订单[①]。较高额度的补贴不但能够直接对农民增收产生效用，还能起到调动政策目标群体对政策执行的监管意愿的作用。

2. 满意度

除针对大户的补贴和额度较高的补贴满意度较高之外，其余补贴的满意度都不高。政策执行主体多对政策烦琐的流程不满。如农机购置补贴，三地农机购置政策实施主体都表示，农机购置补贴工作烦琐，补贴细则、补贴目录程序等每年变化，每年都要为适应购机补贴的各项变化而耗费大量的时间。除此之外，基层农机工作部门在对购机补贴申请的核查方面工作量大，困难突出。农资综合补贴的政策执行者同样存在着操作流程烦琐的抱怨。以A县为例，农民申请农资综合补贴至少经过12个程序，6个部门参与（包括村委会，镇、街道人民政府，财政局，粮油种子公司，农机水利服务中心，银行），7次公示（其中村委会2次，粮油种子公司2次，镇、街道人民政府2次，农机水利服务中心1次），5次审核（其中镇、街道人民政府1次，粮油种子公司1次，财政局2次，农经局1次），4次上报（其中村上报镇、街道人民政府1次，镇、街道人民政府上报县粮油站1次，镇、街道水利服务中心上报县粮油站1次，种子粮油站上报县财政局1次）。

---

① C县的一个种粮大户反映，在订单总量减少的情况下，小农户如果订单被取消会集体到粮食局闹事，因此作为大户要放弃些订单量来做贡献。

同政策执行主体类似，政策目标群体也会对烦琐的补贴流程表示不满。除此之外，政策目标群体更多的是对政策内容的不满意。农机购置补贴中，购机主体表示大型农机购置补贴少，购置大型农机经济压力大。一位受访者抱怨购机目录里的产品质量差、价格高，他说："现在想买好的进口机器（主要是进口的收割机），但是购机目录里面没有，只有质量较差的国产机。购机目录中的产品与同等性能和质量的市场产品相比，价格高10%。"再如政策性水稻保险，部分大户被迫交保费，并非自愿保险，更重要的是受灾了得不到赔偿，赔付标准不合理，损失鉴定不及时，赔款时间周期长……种种问题使得被保农户非常不满。

从对效果的分析可以看出，政策的制定逻辑、政策目标群体的认知程度、行政成本、补贴额度等都是影响政策效果的重大因素。

5.1.4 可持续性：农业补贴呼唤法律保障

1. 资金

由于有法律保障或重要文件做支撑，中央政策性补贴（农作物良种补贴、农机购置补贴、农资综合补贴和农业政策性保险）的可持续性都是很高的。以农资综合补贴为例，从2007年开始，中央高度重视农资综合补贴，每年的中央一号文件都明确指出要持续加大农资综合补贴的力度，浙江省2007年总共补贴金额为32508万元，2013年上升为120232万元。农作物政策性保险在2004—2013年的10年里均出现在了中央一号文件中，浙江省水稻政策性保险投入的财政资金从2009年的2902万元上升到了2014年的21781万元，年均增幅近50%。2004年11月1日《中华人民共和国农业机械化促进法》明确规定，中央、省、县（市、区）政府把农机购置补贴资金纳入预算，对资金的可持续性进行了充分的保障。

省级政策尤其是要求省以下财政进行配套的政策更容易在资金的可持续性上出问题。如商品有机肥推广政策，省里给平原A县每年下达了有机肥推广指标，要求按1∶2资金的配套，给地方带来巨大的财政压力。再如农业机械作业环节补贴和水稻集中育秧补贴，不发达地区通常难以完成省里所要求的比例为40%的配套任务。

2. 使用意愿

除了高耗能农业机械报废补偿、商品有机肥推广补贴和政策性水稻保险以外，其余补贴政策的使用意愿都是高的，通常农民对补贴的态度都是“有钱发总比没钱发好”。但上述三个政策却是例外。商品有机肥推广补贴不受欢迎是因为施用有机肥的人工成本很高，高于使用复合肥的物料成本、人工成本与机械成本之和，也就是说，不对人工进行补贴的前提下，就算免费送有机肥，对粮农来说成本也要高于使用复合肥。高耗能农业机械报废补偿则是由于补贴力度太低，农民不愿意去为了这一点点补贴按照流程报废农机。以小型手扶拖拉机为例，报废补贴 1500 元，回收解体公司对机具解体收费 600～800 元/台，报废机器运输到解体公司运输费 300～500 元，报废最后能获得 200～600 元不等的补贴。政策性水稻保险由于理赔标准高、效果差、时间长等缺陷降低了粮农的使用意愿，但值得注意的是，无论从农业易受自然条件影响的特征来看还是粮农实际需求来看，农业政策性保险都有着充分的存在理由。不合理的政策设计导致了即便是发钱农民都不买账的情况出现。

3. 可替代性

直补类政策均有着很强的可替代性。如良种补贴和农资综合补贴均已偏离了政策当初设计的意图，而两者实际运行中的趋同表现说明了它们可以被一种统一的、补贴力度更大的普惠制直补来取代。与其说可替代性较强，不如说政策优化空间较大。

有趣的是，本次所调研的政策的可持续性的二级指标都是可以判断的，但是综合起来，除一些有法律保障的政策外（农业机械化促进类补贴，如农机购置补贴、农机作业环节补贴），很多政策的可持续性却难以判断。这反映出一个问题——我国大多农业补贴并无法律保障，其可持续性也难以保障。部分直补（农资综合补贴、种粮大户直补）可替代性很高，进而说明了这些补贴可以整合取消。因此也出现了很多即便资金可持续性高，使用意愿高（农资综合补贴、中央良种补贴）也难以判断可持续性的问题。

5.2 耕地保护相关政策绩效

耕地保护相关政策与水稻相关政策性补贴无论从政策目标、政策设计还是政策执行上来看均与政策性补贴有较大差异，此处单独对其绩效进行评价。尽管垦造耕地、农业综合开发土地治理、耕地保护补偿、水稻生态补贴政策出台的时间、管理的部门、操作过程有所不同，但是从以上各个政策目标来看，都与耕地保护密切相关。如表 5.2 所示。

表 5.2 耕地保护相关政策绩效评价

耕地保护相关政策	效率		公平		效果			可持续性	
	目标完成程度	受益面	差异性公平	公共责任	回应性	满意度	资金	使用意愿	可替代性
土地复垦条例	高	中	高	中	高	高	中	高	高
农业综合开发土地治理项目	高	高	中	中	高	高	中	高	高
水稻生态补贴	高	低	低	低	低	低	低	高	高
耕地保护补偿	高	中	中	低	高	中	高	高	中

5.2.1 效率差

部分政策目标未达到。如“水稻生态补贴项目”，该政策设立的初衷是通过改善粮食生产功能区的农田基础设施和粮食生产条件，以提高农民的种粮积极性和农民收入，然而在大规模的投入后，却出现了非粮化倾向，违背了政策设立的初衷。

部分项目程序烦琐，运行成本高。如 B 县地方政府上项目，往往选择多渠道筹集资金，而各支农资金主管部门对投资的前期准备工作要求各不相同，地方政府往往就一个项目准备多套申请立项的方案，耗费了大量的人力、财力到各部门跑项目争资金，增加了诸多不必要的行政运行成本。

多数项目受益面小。如“水稻生态补贴项目”仅仅针对粮食生产功能区，多数稻田享受不到该补贴。在有限面积的粮食生产功能区内，能最终申请到项目的是少数合作社或种粮大户，广大小农户并没有直接享受到这些项目的“雨露”，甚至有些功能区外围的农户存在较强不满情绪。

5.2.2 公平性低

地区间存在不公平。地方政府偏好于短期见效的项目，倾向于将较多的农业项目投向经济相对发达地区，不断地强化单个地区的投资建设示范农业区域。此外，地方政府有吸引更多财政资金的偏好，形成涉农项目在资金分配上偏向经济相对发达地区的状况，导致经济欠发达县（市）、基础社会条件较差的乡镇申请不到项目，拿不到补贴。

地区内存在不公平。项目的申请多以村为单位，而在同一个县（市），不同的乡镇（村）的农业基础设施条件不同，那些需要改善农业基础设施的村在申请项目的时候处于劣势。近年情况表明，往往是那些农业基础设施条件好的地方优先获得项目，而且是一个部门接一个部门对基础条件好的地方投项目。C县某副乡长告诉调研人员说，他所在的村已经9年没有享受过农业局的项目了，戏称这一现象为“肥料都放在牛粪上了”。

项目的普惠性低，没有较好体现公共责任。如前所述，由于多数项目的申请条件高，门槛苛刻，导致多数项目向经济较发达地区及少数合作社、种粮大户倾斜，而欠发达地区及广大小农户在一定程度上被忽视，未能较好地体现公共责任。

5.2.3 效果差

项目类别多、投入分散。耕地保护类别项目多，如有农业部“国家现代农业示范区旱涝保收标准农田示范项目”①、“粮油高产创建项目”②，财

① 《农业部关于下达2011年国家现代农业示范区旱涝保收标准农田示范项目中央预算内投资计划的通知》（农计发〔2011〕30号）。

② 《2009年全国粮棉油高产创建工作方案》（农办农〔2008〕146号）；《2010年全国粮棉油高产创建项目实施指导意见》（农办财〔2010〕52号）。

政部农业综合开发办公室“高标准农田示范工程项目”[①]，国土资源部“高标准基本农田建设示范县项目”[②]、“农村土地综合整治项目”，水利部“小流域综合治理项目”，环保部“生态示范区建设项目”；省级的项目“粮食生产功能区农田基础设施建设项目”[③]、“粮食生产功能区生态补贴项目”[④]、“水稻产业提升项目”[⑤]、“标准农田质量提升项目”[⑥]等。众多内容相近的项目（都对农业基础设施进行大比例投资建设）缺乏统一整合和集中实施，造成资金分散，影响了项目的投资效果。

项目交叉重叠，重复建设多。一些类似的项目及政策虽然产生的时代、背景和意义各不相同，但存在一定共性，且政策目标、内容皆有所重叠，使得在地方行政机关会发生同一部门或不同部门以不同的政策形式实施多项类似政策的现象而且较为普遍。如国土部门同时进行着相互重叠的四个“任务”，包括“垦造耕地”、“耕地保护”、“基本农田建设”和“高标准农田建设”，而“农村土地综合整治”作为一个综合性农村土地开发治理项目，也与这四个“任务”存在一定的包含关系。

部门间协调不力。各部门在实施耕地保护类项目建设工作中并没有很好地分工协作，而出现断裂。项目资金基本上都是以“条条”为主管理，主管部门在安排专项资金投入时多从本部门利益出发，加之缺少沟通，不仅在项目的建设内容上缺乏配合，在计划下达和管理要求上也不一致。在项目资金管理方式上，不同部门都有各自的管理办法和要求，甚至同一类型的项目，不同部门也有不同的管理办法和要求。

项目知晓度低。村民作为耕地保护政策的目标群体，是耕地保护的实施者和受益方，政策的执行及其效果在很大程度上取决于公众的认知程度及其参与意愿。实地调研发现，几乎所有受访村民都不知道当地正

---

① 《关于发布实施〈国家农业综合开发高标准农田建设规划〉的通知》（财发〔2013〕4 号）。

② 《国土资源部关于加快推进 500 个高标准基本农田示范县建设的意见》（国土资发〔2012〕147 号）。

③ 《关于下达 2009 年中央新增农资综合补贴资金浙江省粮食生产功能区农田基础设施建设项目实施方案的通知》（浙农计发〔2010〕25 号）。

④ 《关于开展浙江省粮食生产功能区水稻生态补贴试点的实施意见》（浙农计发〔2012〕25 号）。

⑤ 《关于组织申报 2012 年中央立项财政支持现代农业生产发展资金项目的通知》（浙财农〔2012〕152 号）；《关于下达 2012 年第一批现代农业生产发展资金水稻产业提升项目建设计划的通知》（浙农计发〔2012〕46 号）。

⑥ 《浙江省人民政府办公厅关于开展标准农田质量提升试点工作的通知》（浙政办发〔2009〕93 号）。

在实施哪些耕地保护政策，甚至连政府管理部门的工作人员对耕地保护政策的认知度也不高，对耕地保护政策了解较少。耕地保护政策在实施过程中出现了偏离轨道的现象，导致实施效果不佳并引发农民不满，部分农民甚至表示不愿意继续耕种现有的土地。

政策回应性低。一些项目政策在地方政府的回应差，调研人员在C县访问"水稻生态补贴项目"时，其负责人递给调研人员一本水稻生态补贴项目的验收材料，并以略带嘲讽的语气说："这个项目呀，就这么点钱(18万元)，你自己随便看看这些材料就好了。"基层干部及工作人员对那些资金投入小的项目的推动积极性不高，回应性较差。

5.2.4 可持续性有待改进

地方配套难，资金可持续性较差。部分项目的实施要求地方配套。调查发现，各县(市)虽然整合了一部分资金，但仍较难满足项目建设的资金需求，尤其对经济欠发达地区。无论是经济较发达的A县，还是经济欠发达的B县和C县，都提出"耕地保护类项目资金应该100%由上级政府，不要地方配套。"可见，项目资金的可持续性较低。

耕地保护需求强烈。目前耕地保护工作形势严峻，耕地保护工作任重道远；民众也大多数认为耕地保护很重要，保护耕地意愿强烈，有持续性的需求。

耕地保护政策可替代性低。耕地保护政策是我国一项基本国策，在相当长的一段时期将持续存在。资金可持续性较差，但可替代性低，使用意愿强烈，因此该政策的可持续性较难判断。

从单个政策来看，一些项目取得了较好的成效，从政策集合来看，整体政策绩效很差。因为该类政策存在两个突出的问题，一是多个项目交叉重叠现象严重，资金重复投入，人力、时间及政策执行成本高，事倍功半；二是多个项目涉及多个部门的执行、管理、审核及监督等工作，其职权分工模糊，部门之间利益不同而相互制约，协调合作难，项目的分散集中化严重，直接导致耕地保护类政策总体效率低下。

5.3

合作社政策绩效

农民专业合作社是一个复杂的综合体。这里的"复杂"是指汇集到农民专业合作社上的补贴政策繁多,我们难以从某个单项的政策出发,去考察合作社的绩效。说它"综合",是指我们所调研的28家农民专业合作社中,没有一家是单纯提供某项服务或者经营某一类农作物的,都是既是农作物的经营生产主体,提供服务的主体,也是各种项目承建的主体。因此,如果从项目或者某个作用于农民专业合作社的政策去考察其绩效的话,不具有可操作性、系统性和全面性。

基于此,我们根据《中华人民共和国农民专业合作社法》(简称《农民专业合作社法》)所规定的农民专业合作社的目标、原则和宗旨,从合作社的效率、效果、公平性与可持续性四个维度,由四个维度进一步分解二级指标来考察其绩效(见表5.3)。

表5.3 农民专业合作社绩效评价指标及结果

一级指标		二级指标	
效率	低	目标完成	低
		受益程度	低
公平	低	社员间公平	低
		公共责任	低
效果	低	经营能力	低
可持续性	难以判断	政策支持	高

5.3.1 效率低

目标完成度低主要表现在以下四个方面。

第一,农民专业合作社并非为全体成员谋利。我国《农民专业合作法》规定，农民专业合作社“以服务成员为宗旨，谋求全体成员的共同利益”。28 家合作社盈利收入均为按入股份额分红，而其中 24 家是“大股东＋农户”的组织方式，大股东的资本占合作社资本的 95％以上，也就是说大部分的利润为大股东所占有，普通社员难以从合作社的发展中获利。

第二，农民专业合作社的服务对象变异。《农民专业合作社法》规定“农民专业合作社的服务对象是合作社的成员，为其提供农业生产资料的购买，农产品的销售、加工、运输、贮藏以及与农业生产经营有关的技术、信息等服务”。但在访谈的合作社中，多数提供的服务均为有偿服务，而且主要服务于非社员。

第三，农民专业合作社并非是专业的服务组织。从农民专业合作社的定义可以知道，农民专业合作社是同类农产品的生产经营者或者同类农业生产经营服务的提供者、利用者，自愿联合、民主管理的互助性经济组织。实际调研中发现，农民专业合作社并不是某一类农产品经营、生产或者某一类农业生产经营服务的提供者，而是不同类别农作物经营生产与提供服务的复合体，是多种类经营、多方式盈利的主体，是合作社真正的股东获取利润的载体。

第四，种粮大户、家庭农场与农民专业合作社的目标不清晰。从专业大户、家庭农场与农民专业合作社的概念区分中可以看出，三者间并没有清晰的边界。种粮大户、家庭农场与农民专业合作社在发展过程中乱用概念，根据政策形势变换名称，套取政策补贴资金。受访的很多合作社与大户表示，如果政策对家庭农场的扶持力度大，就会在合作社和专业大户的基础上挂上家庭农场的牌子，以获得更多的政策优惠。

受益面较窄主要体现在以下两个方面：

第一，合作社的大部分利润被少部分人拿走。在 28 家合作社中，24 家都是采取“股东＋农户”的组织形式，而合作社的资本主要来源于大股东，在 24 家合作社中，其利润分红方式都是根据入股的份额分配，而大股东的股份占整个合作社的 90％以上。也就是说，合作社的盈利收入主要分配给大股东，而普通的会员分到的红利微乎其微。有 8 家合作社通过租用农户的土地吸纳会员，把每年的地租租金视为是一种利润分红的方式。大部分社员并没有从合作社的发展中受益。

第二，补贴力度较大的家庭农场政策受益面较小。大多数家庭农场政策与项目都与家庭农场的规模、经营情况和星级挂钩，多数家庭农场只能申请到1万元左右的补贴，高额的政策补贴和项目补贴都被当地龙头企业领取。C县地区618家合作社中，能拿到补贴金额超过5万元的不到100家。补贴金额最多的设施建设项目（150万元）的受益面更小，只有当地的5家示范性家庭农场可以领取，均是当地销售过亿元的龙头企业。

5.3.2 公平性低

在公平方面，我们从社员之间的公平性和合作社的公共责任来考察。从调研的情况来看，社员之间的公平性较低，主要体现在两个方面，一是社员之间信息的不对称；二是社员间地位的不公平。《农民专业合作社法》规定合作社社员之间应当共同决定合作社的发展，共同分享信息。但实际调研中，合作社大股东与一般社员之间的信息是不对等的。一般情况，大股东比较了解国家政策对合作社的支持，而普通的会员则不清楚。大股东为了"壮大"合作社的规模，通过不同的方式吸纳会员，而吸纳的其他会员对国家扶持合作社发展的各种政策不了解，大股东也不会告知普通会员，造成社员之间信息的不对称和不公平现象。

农民专业合作社的公共责任并不强，这主要体现在其提供农机作业化补贴方面，调研中发现，只有1家合作社为其社员和村民（合作社所在的村）提供免费的统防统治服务，其他20家提供服务的合作社均是有偿提供服务，而且向农户收取的服务费用都与政府最高指导价相同，不仅没有减轻散户种植水稻的成本，反而增加了散户的生产成本。

5.3.3 效果差

经营能力弱。从对四家较为典型的合作社经营能力分析来看，合作社每年每亩平均盈利300元，主要来自政策补贴收入（平均240元），补贴收入占总收入的80%。农民专业合作社自身的发展能力较弱，没有政府政策的支持就难以维持其发展。我们认为，政府政策支持仅仅只是合作社发展的外生刺激变量，在合作社发展初期，政策起到鼓励与支持的导向性作用。但经过政策的不断刺激，合作社的发展动力与能力应当由外而内转换，从靠外在政策支持发展到提升自身发展和经营能力。从目前农民专业合作社的发展来看，并没有实现在政策的刺激下产生壮大自身内在发展的动力，反而靠政府补贴维持现状。

管理混乱。这主要体现在以下两个方面：一是管理主体混乱；二是与家庭农场界限不清管理不明造成的混乱。农民专业合作社作为一种特殊的经济组织，我国《农民专业合作社法》规定，成立的农民专业合作社必须在工商部门登记注册，应当接受工商部门的管理。而实际的管理主体则在农业部门，造成工商部门"登记不管理"，农业部门"管理不登记"的错乱现象。

"家庭农场"的概念在2013年首次出现在中央一号文件中，但并未给出清晰准确的定义，成立家庭农场的前置条件也没有统一的规定，如家庭农场的成员数量、家庭经营的农作物种类、家庭农场的面积、注册资本等。使得现有的一些合作社冒充家庭农场，冠以"家庭农场"的牌子获取或者申请扶持"家庭农场"发展的政策支持。除此之外，尽管管理农民专业合作社与家庭农场的主体都在农业部门，但并不由农业部门下属的相同科室管理，这样就大大提高了合作社假报家庭农场的概率，出现资源重复利用的现象。

5.3.4 可持续性难以判断

在政府政策支持方面，其可持续性较强，我国2006年出台《农民专业合作社法》与2010年中央一号文件明确指出要大力扶持农民经济性组织的发展，给予更多的政策优惠。2013年中央一号文件也明确指出要加大力度对家庭农场的扶持。而上文的分析已经指出，农民专业合作社、家庭农场的经营能力较弱，没有政府政策扶持就难以持续经营。因此，如果政府政策对农民专业合作社、家庭农场的政策支持力度越大，其可持续性能力就越强。但是这里需要指出的是，农民专业合作社、家庭农场内在发展能力较差，离开了政府政策支持可持续性较差。

5.4

补贴政策与农民增收

5.4.1　补贴政策与粮农感受

税收的环节不同，纳税人的税负痛苦也不同，如个人所得税一类的直接税为公众带来的税负痛感是强烈的，而增值税、消费税、关税等间接税虽然也最终转嫁到了公众头上，但带来的税负痛感并不强烈。补贴道理相仿，补贴在不同的环节上，被补贴者的感受截然不同。对于水稻生产过程的补贴而言，不同类型的补贴，给粮农增加收入带来的影响和粮农本身的感受也是不同的。

调研中，A县75.7%、B县97.3%和C县67.2%的水稻种植面积尚未实现规模化经营，因此这些散户是粮农当中最为庞大的一个群体，对他们来说，与收入直接挂钩、感受最为强烈的种粮补贴就是农作物良种补贴和农资综合直补(86.1%的散户知道自己领过补贴)，由于散户极少使用机械作业环节的服务(购买过集中育秧、机插、统防统治的人数均不足3%)，因此对农机作业补贴没有感觉，即便购买服务，这种间接补贴也没有让粮农认为自己的生产成本降低了，甚至购买了服务不知道有补贴。散户只会去购置一些小型的农机，由于会有补贴款额直接打回"一折通"，因此购机补贴也是感受较为强烈的一种补贴。

对于规模种植主体而言，除对农作物良种补贴和农资综合直补有直接感受之外，稻麦种植大户直补和订单粮食奖励是另外两项与收入直接挂钩，感受强烈的补贴。政策性保险，机械作业环节补贴能够感受到，但感受不到与增加收入的直接关系。由于规模种植主体会购置大型农机，农机购置补贴、高耗能机械报废补贴对其而言是能够直接降低成本的环节。提供机械作业环节服务的合作社对作业环节补贴较为敏感，因为这是获得利润的一部分。但是能够带来最大收益的，是各种项目的申请。

综上，各类补贴带给粮农与收益相关的感受如表5.4所示。在我们的研究范围之内，约有 17.84 亿元的资金的支出让粮农既无增加收入的感受，也无降低成本的感受，当然也没有提高生产积极性的激励。

表 5.4 各项种粮补贴政策支出与粮农增收感受

补贴项目	散户感受	种粮大户、合作社、家庭农场等感受	2013 年安排资金(万元)
农作物良种补贴	增加收入	增加收入	22693
农机购置补贴政策	降低成本	降低成本	45450
农资综合补贴	增加收入	增加收入	120232
稻麦种植大户直补	无感	增加收入	10831
浙江省级储备早稻订单奖励	无感	增加收入	8964
高耗能农业机械报废补偿	无感	降低成本	870
浙江省水稻集中育秧补贴	无感	提供者增加收入	6000
农业机械化作业环节补贴	无感	提供者增加收入	8268
种粮大户信用贷款贴息	无感	申请者降低成本	/
粮食政策性保险	无感	无感	47154
浙江省级农药储备补贴资金	无感	无感	234
浙江省商品有机肥推广应用补贴	无感	无感	2650
水稻最低收购价政策	无感	无感	/
浙江省外粮食生产基地补贴	无感	无感	600
土地复垦	无感	无感	5119
农业综合开发土地治理项目	无感	无感	113506
水稻生态补贴	无感	无感	4000
耕地保护补偿	无感	无感	5089

5.4.2 增收效果与支出规模

从 5.4.1 中的分析不难看出，中央的三项普惠制的种粮补贴政策对普通粮农来说是最能够直接感受到的收入增加的补贴，而浙江省的种粮政策倾向于对规模化经营、机械化作业进行扶持，因此受惠者主要是种粮大户、合作社与家庭农场。浙江省 2012 年全省的农林水事务支出为

408.2亿元[①]，而2013年浙江省用于粮食生产的扶持资金仅为7.45亿元[②]，粮食播种面积为1877.3万亩[③]，平均到每亩粮食上的补贴不足40元。加上中央政策性补贴部分20.53亿元[④]，平均到每亩粮食上为109.37元，浙江户均耕地面积不足两亩，则在粮食种植上的户均扶持力度不足300元，浙江省2012年户均人口3.22人，人均补贴约为93元。由于粮食的特殊地位，在省级层面，粮农是种植业中得到扶持力度最大的群体，补贴力度尚且如此，使我们不禁追问，浙江省人均高达1245.36元(2012年数据)的农林水事务支出都流向哪里了呢？

表5.4显示，政策性补贴是给粮农带来增收感受最强烈的补贴类型，这其中又以直补为最优。但是上面的计算显示政策性补贴在力度上并没有给农民增收带来明显效果。根据2012年浙江省农业农村发展重点领域、重点项目扶持导向目录，以项目形式的农业支出为97亿元，2013年为104亿元，人均有317.29元，从人均来看，项目型支出的比重约为政策性补贴的3.4倍。那么项目型支出是否起到了增加农民收入的作用？我们以2013年农机化促进工程为例，该工程2013年总投资2281.6万元，受惠主体共30个，其中各级农机站(院)14个，合作社10个，公司6个。其中合作社共获得资金802万元，公司共获得500.6万元，两者占到该专项资金的57.1%。公共财政应以增进绝大多数社会成员的公共利益为宗旨，并以提供公共产品、公共服务，满足社会公共需要为目标。从这一点上来讲，农机化促进工程的财政资金流向了私人企业已背离了公共财政的内涵，对农业相关企业进行补贴对增加大多数农民收入的影响微乎其微。上面分析过，当前的农业合作社已与政策设想的合作社“貌合神离”，大多数社员与合作社之间不再是“利益共享、风险共担”的关系，而是简单的土地租赁关系，合作社的大多数利润和风险都由主要股东承担。此时的合作社领取财政补贴的意义与企业领取非常相似，都无法起到提高大多数农民的收益作用。

---

① 2013年浙江省财政决算报告尚未发布，因此2013年该数据暂时未知。

② 谢盼盼. 浙江今年安排10.9亿元扶持粮食生产. 中国新闻网，http://www.ce.cncyscspinfo201402/14/t20140214_2306510.shtml 2014-02-14/2014-05-10.

③ 由于2013年数据尚未发布，此处为2012年粮食播种面积。根据历年数据可知，相邻两年间粮食种植面积不会发生很大的变化，数据来源：2013浙江统计年鉴。

④ 包括农作物良种补贴、农资综合补贴、农作物政策性保险、农机购置补贴。

从农机化促进工程这一专项资金的例子中不难看到，以项目形式的涉农资金很多流向了私人企业和类似于私人企业的合作社，而涉农资金中以项目形式对农业各环节进行扶持的比重要远高于政策性补贴。

5.4.3 农民收入增长与农业支出不相称原因

综上所述，我们可以得到如下几点结论：

（1）普通农户对政策性补贴，尤其是直补带来的收入增加感受最为强烈；

（2）以项目形式扶持农业生产的支出比重远高于政策性补贴支出；

（3）项目形式支出的受益者中，公司和已“类公司化”的合作社占了很高比重；

（4）流向企业类组织的补贴资金对增进大多数农民收入的作用十分有限。

以上四点结论显示了当前的农业支出中，政策性补贴的总量不高，而这其中能够直接增加农民收益、增进粮食生产动力的支出比重过低。而大量的支出以项目形式流向了难以带动大多数农民收入增加的企业类组织，并背离了公共财政的内涵。这是导致庞大的农业支出未能有效带动农民收入增长的一个重要因素。

5.5 典型案例

前面我们从政策的全过程即目标、执行、效果、目标群体等角度分析了补贴的效率损耗以及农民收入增长与农业支出不相称的原因。以下案例能够从另一个侧面来诠释上述两个问题。

（1）某村种粮农民甲，因为得知种粮大户有种粮直补，早稻订单奖励额度较多等优惠条件，把亲戚邻居不种的地租过来，凑够了 20 亩（种粮大户指稻麦复种 20 亩及以上的农户），上报到镇政府。结果镇政府看了之后说：“你这么点儿地，补贴连吃顿饭都不够，回去想想办法再来吧！”老实的农民甲回去又东挪西租凑了10亩地，一共30亩，又报到镇里。没想到镇里还是嫌少，让他多报点儿再过来。这次可难住了农民甲，因为他实在不知道再去哪里弄地，怎么才能“多报点儿”了。后来农民甲的朋友给他出了主意，说地也别再凑了，直接报成50亩吧！农民甲很忐忑地把申请材料上的数据直接改成了50亩，再次来到镇里提交，这一次，工作人员说终于勉强能吃顿饭了，才接收了他的材料。

(2)调研组成员将案例(1)讲给另外一个地方对涉农补贴相对了解的人听，听罢他表示，这算什么，简直小菜一碟。当地的20亩地，在上报的时候就变成了2000亩，也一直太平无事。

上面两个例子在基层农业工作中并非罕事。那些补向了虚无的补贴，犹如被除数为零的除法，这种情况下再谈补贴的绩效，又有何意义呢？

(3)杜尚昂镇丰达村一种粮大户种了600亩地，其中尝试种植了50亩桃树。当被问及如果桃子收益不错的话会不会考虑扩大桃树种植面积，或者改种其他经济作物的时候。该大户表示不会，说这50亩就要累死我了，哪能再扩大。之所以种水稻就是因为管理起来比较简单，风险比较小，而且是自己擅长的。B县四都乡的种粮大户给出了另外一个原因：水稻好储存，一时间卖不出去放个一年半载都没问题，但是西瓜一类的经济作物就不行，一旦不能及时卖出去，就面临巨大的损失。

(4)在田间遇到一个不种水稻已十来年的农民，他没有直接回答我为什么不种水稻，只是说：“种茶叶去年有个最好的一亩卖了57000元，我们这种一般的也能卖1万多元，其中净利润大概有60%。”之前B县农业局计算过，如果将土地费用、人工费用全部计算进去，在B县种水稻是不赚钱的。相比之下，昔日素有“处州粮仓”之称的“全国粮食生产先进县”变作今日的“全国重点产茶县”就非常容易理解了。

(5)根据B县发改局粮食科的描述，B县很难完成每年的省级粮食收储任务。但是即便是从外地买粮，也要完成每年的指标。为什么不跟省级粮食单位说明无法完成收储任务的情况呢？发改局体改科梁科长说：虽然不产这么多粮，但还是要说有这么多，因为如果说收不来那么多粮食，就不让收储了，那么B县的粮食收储部门、粮食企业怎么办呢？那些人就是靠帮省里代储粮食的管理费活的，不收储了这些人就业怎么办？

上面三个例子说明了在是否种植水稻、收储水稻的过程中，补贴没有被粮农或政府纳入主要的考虑范围之中。也从侧面说明了种粮相关补贴并未起到明显的激励作用。

(6)通过与县相关部门座谈,负责人表示中央农资综合补贴根据农户种粮食作物的播种面积核算补贴金额,通过邮政储蓄“一折通”直接发放给农户。与合作社的负责人座谈,他们也表示尽管租用农户的土地,也拿不到农资综合补贴,因为该项政策补贴是直接发放给农户的。但是,在随机问卷访谈过程中遇到的一位种粮大户却表示自己辛辛苦苦种了 40 亩水稻,但没能拿到一分钱的补贴(详见子报告一)。

6 第六章 当前涉农补贴存在的问题

6.1 政策目标含糊,内容有待商榷

从2010—2014年5年来的中央一号文件上来看,除2011年全篇以水利建设为主外,其余年份均有提及农民增收的问题。如2014年中央一号文件提到要切实保证农民收益;2012年提出要合力促成农民较快增收;2010年提出要把粮食生产、农民增收等纳入地方党政领导班子绩效考核。然而细观具体的政策,却多以保证粮食产量、提高农民种粮积极性为出发点,鲜有以提高农民收入作为目标的政策制定。

具体到水稻生产相关的政策,除并未将农民增收纳入政策目标外,多个政策的目标设置本身也存在问题,如省外粮食生产基地补贴的补贴对象、种粮大户信用贷款贴息的补贴对象等补贴或奖励并没有对评定标准做量化的规定,也没有具体的说明。评定标准的不明晰,容易导致政策执行过程中"寻租"现象的发生,偏离政策制定的目标。再如水稻良种补贴在浙江完全没有起到"加快农作物良种推广,提高农作物产品品质和产量"的政策目标。A县、B县和C县三地早在20世纪90年代良种覆盖率就非常之高,时间早到农业部门的工作人员都难以追溯清楚,2009年中央水稻良种补贴落实的时候,A县、B县和C县的农田里早已尽是中央规

定的水稻良种。政策目标的模糊与不合理，是很多补贴资金政策绩效低的源头。

部分政策的内容难以落实。如县级财政不配套已成为公开的秘密，以机械作业环节补贴、省级水稻集中育秧补贴为例，三地均存在地方配套不足或没有配套的情况。省级农业部门认为该现象很正常。如果是因为地方财力不足而不能配套，那么在政策制定环节是否应该考虑到该问题而不要求其配套；如果是对农业投入意愿不足，省级部门是否应该有相应的监管措施。该问题在目前的政策设置和执行中是较为普遍的。再如农业土地综合治理，浙江省农业综合开发政策[①]规定，土地治理项目自筹资金（含乡村集体自筹资金和农民筹资投劳）需占省财政资金的比例为10％。而实际情况是，到家家户户去收钱、去分配投工投劳任务时阻力重重，为了完成上级规定，不得不加大县（市）财政资金配套来抵村群自筹资金，调研发现，A县土地治理项目的自筹资金由市财政抵交，而B县由于地方财政困难，根本无法完成村群自筹资金任务。省级出台的补贴政策中不乏类似“配套”、“自筹”条款，其可操作性值得讨论。

6.2 专项用途模糊，分配权责不清

财政专项以项目的名称为命名原则，从部门角度看很清晰，也许也是“专”的，但跳出部门看，情况就完全不一样了。我们在研究过程中涉及部分涉农专项，农业厅与财政专项直接相关的职权事项表述为“政策性补贴资金”、“产业发展扶持资金”和“体系建设扶持资金”；而海洋与渔业局与财政专项直接相关的职权事项表述为“专项资金监督管理”，而在财政厅专项资金中出现的“水产种子种苗资金”到底是应划拨给农业厅还是海洋与渔业局？即使两边能共用这笔专项资金，那么两边的配比又是多少？依据是什么？在追责时，两边的责任界线又如何划清？又例如，专项资金

① 《2013年省级农业综合开发土地治理项目省财政资金投资指标及编报项目实施计划》（浙农综办〔2013〕25号文件）。

中的“省级财政扶持集体经济薄弱村发展村级物业经济补助资金管理”这个项目，究竟是属于农业厅、农办还是民政对于扶贫的权力？抑或大家一起分钱？再如土地治理项目，国土、发改、农发、农业、财政等均有此项目，各自的边界不清，重复安排。除了涉农项目外，科技厅、经信委、环保厅、发改委的职权清单中关于科技和能源的项目也有相同的状况。

6.3 投入力度偏低，资金损耗严重

各级政府在支持粮食生产方面的财政支出看似庞大，但平均到每亩粮田上则显得微不足道。即便加上现有的各种补贴，粮食生产的收益与浙江省种植业的平均收入相比也要低很多。也就是说，与种植业的平均利润这一标准相比，现行各种粮食种植相关的补贴力度是很弱的。据省物价局 2011 年的数据，蔬菜平均亩净收入为 4534.61 元，葡萄、花卉的亩收入达到上万元。而根据 4.3 中的核算，在浙江省，种植水稻的收益非常低，三家合作社调研内容反映出每亩土地种植一季水稻的利润包括补贴在内也只有 200 元左右，仅为 2011 年蔬菜亩净收入的 1/20。A 县每年平均在每亩稻田上的政策性补贴为 171 元，B 县为 360 元，C 县为 132 元。虽然补贴在利润中的占比很高，但与种植业平均利润比起来粮农的收益非常低。在 A 县，75.7% 的水稻面积尚未实现规模化经营，C 县为 62.4%，B 县这个数字则高达 97.6%，未实现规模化经营的粮农一般只能拿到每亩 15 元的良种补贴和 50 元左右的农资综合直补，浙江户均耕地 2 亩左右，在发放补贴不出现问题的情况下，平均每户种一季水稻只能拿到 130 元的补贴，与种植经济作物的利润比起来，显然是没有激励作用的。单项政策的激励作用也不足，以浙江省农机报废更新的补贴为例，该补贴标准为 14.7 千瓦以下拖拉机 1500 元/台，14.7 千瓦（含）以上拖拉机 3500 元/台。农机具分布于广大农村，机手从乡村拉到报废点，扣除装运的租车费、回收解体费、路费等，所剩不多甚至亏本。

根据上面对补贴损耗的分析，补贴手段首先具有难以避免的社会总福利的损失；然后是政策执行过程缺乏合理有效的监管手段带来的损耗，

最为典型的即为农资综合补贴中种植种类、种植面积数据的出入；最后是由于政策目标群体对政策的不知情，使得资金投入之后得不到回应造成的损耗。总体而言，水稻种植相关的补贴效率损失是很高的。

6.4 资金过于分散，行政成本较高

据A县农经局工作人员反映，每年需要统计6次数据才能完成水稻方面的全部补贴发放，有些是按照种植面积（如中央两项直补、农业政策性保险），有些是按照作业面积（机械作业环节补贴、集中育秧补贴），有些是按照产量（订单补贴）进行补贴。由于补贴政策实施面广量大，涉及千家万户，各项补贴政策的标准、对象、范围和发放方式不统一，每项补贴都有相应的操作程序和步骤，资金发放还需兑付、建档立册等环节。因操作过程烦琐复杂，通常每个乡镇都会有专人负责面积和金额核实。程序复杂，行政运作成本高，加大了政策落实的难度。有些政策落实难度较大，如高耗能农机报废补贴：一是报废机具核查困难。报废的旧机具与新机具有较大差异，新机有完整的产品说明书、机具铭牌、发动机号、机架号等标识，补贴分类可以细化，而旧机往往缺少上述资料，实地核查难度大，其残值相对也小。二是农机管理部门下乡开展回收解体监督检查成本较高，发动乡镇基层单位开展排查工作困难，影响工作积极性。

资金的分散也体现在部门内部、部门间政策的交叉重叠上。在我们对三个地区的调研过程中，发现尤其是专项资金交错复杂，缺乏沟通。现实中执行情形确实如图1.8与图1.9所示。该问题不仅发生在农业方面，在各项工作中均普遍存在。在我们对各大部门管理财政专项的职权与财政部门的专项资金明细表进行的梳理分析后发现，专项资金的监管工作几乎涉及了所有职能部门，而且交叉重复严重。专项资金的管理主体混乱，各部门没有明确的监管界限。以发改委为例，发改委第一次“权力清单”上报材料中发改委上报的权力事项共378项，其中直接涉及专项资金的职权事项为17项，但对应的专项资金权力数达130项左右，其中还未包括职权清单中某些无法用专项资金表达的权力项目。而在这近

130 项专项中，除“省发改委切块基本建设资金”外，其他的专项资金均与其他职能部门重合，重合率高达 99.23%。在发改委第二次“权力清单”上报材料中，涉及专项资金 29 项权利与财政对应的 131 个专项资金中，与其他部门所监管的专项资金的重复率依然高达 99.24%。这些相互重合的部门既包含了与农相关的农林水牧渔，又包括了与科技、经济直接相关的工业、商业、科技、信息等部门，也有与社会保障直接相关的民政、医疗部门。

政策执行者对于一些政策的处理方式说明了资金有整合的必要性与可行性：以 A 县为例，A 县地区的有机肥除了在“有机肥推广政策中”可以获得补贴，还可以在“地力提升计划”项目中拿到补贴。此外，“土地复耕”后，规定了每亩土地必须使用 1.5 千克有机肥，也有补贴。一种考核方式、三份钱、三种补贴形式，导致出现了县里以“项目组装”的形式应付省里检查。同样，省里也以同样的方式应付中央的检查。特别是一些以项目形式下发的补贴，有着相仿的政策目标，如“水稻生态补贴”、“地力提升计划”、“耕地保护补偿”等。资金的分散提高了行政的成本，也削弱了政策应有的推动力。

上述情况表现的是一种“分散集中化”的现象。这个相互矛盾的概念描述的是水稻生产过程中，“从种子到餐桌”都有补贴，而且这个过程的补贴是分散化的。而“集中”指的是这么多不同部门分散的资金最后都集中到了少数的个人或组织中。

6.5 政策宣传不足，粮农缺乏了解

在对水稻相关的补贴政策的收集过程中，以省级层面为例，通过公开在网络上的资料很难找全所有跟水稻相关的补贴政策，或是根本无法确认是否搜集完整水稻相关的政策。造成这样的原因有如下几点：①水稻相关政策散落在各个部门中：农业部门、财政部门、国土部门甚至是发改委都出台过水稻生产补贴相关政策，有许多政策还是多部门联合出台的，如《土地复垦条例》，涉及国土、国税、财政等多部门。②很多曾经存在过

的政策不知从哪一年起开始取消了，如浙江省的“早稻普惠制政策”。③部分政策的表述含糊其辞，以实施长达10年之久的“0406”计划为例，每年在浙江省政府关于抓好粮食产销工作的通知中，都只有“继续实施‘0406’计划，省财政安排专项资金重点支持优质、高产、多抗的水稻新品种育种攻关，并对引进、选育、推广品种面积10万亩以上的育种单位和推广部门按一定标准给予奖励”这样较为含糊的表述；再如农业政策性保险，浙江省一级找不到公开发布的文件。再加上农业政策在农民中宣传的不到位，农民想要全面了解政策几乎是不可能的事情。在调研中，合作社、家庭农场、种粮大户等在接受完我们的访问后多用手机将“2014年浙江省种粮政策明白纸”拍照留存。规模种植的粮农尚且如此，散户对补贴就更加不了解了。大多数散户对享受到的补贴并不清楚，只知道“一折通”里打进了钱却不知道补贴的名称和标准是什么，有的甚至连补贴的金额也记不清楚。政策目标群体不知道有什么政策，甚至享受到了都不知道是什么，政策如何能起到应有的作用？

6.6 忽略地区差异，公平问题凸显

农业是一种地方差异很大的产业。浙江省的面积在全国各省份中排在倒数几位，就算在浙江，浙南、浙北水稻种植情况尚存在着巨大的差异。在A县这样的平原地区，农户多使用常规稻，种子成本每亩20元左右，按照良种补贴标准15元/亩，基本上补贴了种子支出的3/4。但是在B县这样的山区，由于土地条件不如平原地区，农户多使用杂交稻，每亩的种子成本在60元左右，良种补贴额仅占1/4。相比之下，B县在购种方面的补贴力度偏低。补贴额度没有跟随种植情况因地制宜，造成了相对的不公平。再如农业政策性保险，共保体制度的实施在整体上降低了风险，但是农业保险的风险差异性没有得到有效体现，湖州、嘉兴等风险较小区域与温州、台州、舟山等高风险区域采取同样的投保方式和理赔标准，其合理性有待考证。经济发达乡镇的农民除了获得中央和省里的直接补贴外，还受益于当地的经济发展。经济发达地区地方财政对农业的补贴支

持力度相当大，农户获得的补贴标准也相当高，相比较而言，经济欠发达地区农业直接补贴政策的实施受条件限制，即使中央和省里规定的直接补贴，也因条件不具备而无法享受（如农机具购置补贴、农机作业补贴等），再加上地方财政资金短缺，地方政府对农业的补贴几乎为零。

除了地区间的不公平，人群间的不公平问题也很严重。如根据政策规定，农业政策性保险的参保对象是 20 亩以上的水稻，只有大户、合作社、家庭农场主等可以享受到政府的补贴，规避种植水稻的风险，而 20 亩以下的种植户，不仅享受不了补贴，还无法全额自费投保。

6.7 基础信息缺乏，监管手段落后

从 A 县县级部门的数据来看，各项数据之间存在较大出入，以耕地面积、农田面积为例，动辄就是上万亩的差异，粮食局与统计局所统计的农业人口数量也有着近 10 万人的差距。这些统计数据是各项农业补贴的计数基础，基础尚如此混乱，补贴能够准确地发放给既定的政策目标群体并发挥应有的作用更难以保证了。

由于监管手段的落后，很多政策出台之后面临着混乱的执行。在高耗能农机报废补贴执行过程中，农机管理部门缺少详细的农业机械基础数据，加上报废的旧农具缺乏相应的铭牌、型号、机架号等基本信息，基层农机部门与乡镇政府没有详细排查与核实，难以避免盲目申报、虚假申报的情况。再如商品有机肥推广政策的验收，省农业厅都会派专业人士到 A 县考核政策执行情况，主要从土地的肥力进行检查。县、市为了应付省里的考察，会先准备好检验地点，省农业厅的专家在检验点抽样即完成任务。在省农业厅调研时，我们了解到，省里也是这样应付中央检查的。再如机械环节作业收费问题，虽然三地对各项机械作业服务给出了指导价，但在访谈中发现这一类服务收费仍然混乱，其中一项重要原因是合作社将机械作业环节合并收费，如某合作社"机插＋翻耕＋育秧"共收费 170 元（扣除补贴之前），而另一家合作社则将集中育秧和机插放在一起共收费 130 元，再如统防统治收费，最高的收费为 200 元/（亩·年），最低的仅

为 90 元/(亩·年)。问及是否签订合同时则大多数含糊其词。在普通农户问卷调查中则发现合作社报出的价格与农户报出的价格不相匹配的情况。

由于补贴的名目繁多,部门林立,管理体制不顺,于是就出现了很多灰色和不透明,就给权力寻租提供了空间和条件,一些部门借助补贴获取部门利益,并与大户、合作社勾结,以各种名目获取补贴资金,而在资金获取后,并没有完全用于农业生产。这样的现象造成了从表面上看,资金似乎“到位”了,而从实际效果上看,这笔补贴对农业生产没有起到应有的促进作用。这是问题的一个方面。与此相对应的另一方面,就是监管薄弱的问题。例如 5.2.3 中提到的 A 县有机肥推广补贴政策的验收方式,走过场式的验收造成了一团和气的结果,却丧失了监管的意义。

6.8 概念界定不清,统计口径模糊

概念界定的问题与我们的研究主题似乎无直接关联,但又无处不在,是研究的基础建设问题,非常重要。从本研究最初对“农业支出”的概念界定开始,我们就遇到了指标众多而无所适从的现象,众多的指标中又难以找到称心如意的那一款。正如我们在开始时所反映的情形:在各级政府对农业大力投入的今天,农业支出却无一个符合《新编财政大辞典》中概念的统计口径,现存统计口径不是过宽就是过窄,更重要的是我们无法得知这些口径背后的详目是什么,无法进行精准的分析比较。如“三农”支出,无公开资料介绍这样庞大的一个统计口径背后究竟涵盖了哪些支出科目。甚至连财政厅的工作人员也解释不清楚。随着研究的推进,类似的问题越来越多。如 4.1 中对县级各部门一些基础数据的采集,不同的部门对同一个概念有着不同的理解,采用不同的统计办法,于是便出现了表 4.1、表 4.2 和表 4.3 中自相矛盾的情况。其根源在于:一是对概念的界定不清楚;二是统计口径和统计方法的不统一。

这种概念界定不清、统计口径模糊的现象遍布于政府行为的各个方面,带来的后果是非常严重的。对政府来说,模糊的统计使政府无法准确

地判断自己的财政支出流向了哪里，而财政支出是政府行为的反映，进而政府也无法精准判断自己的行为进而预测后果。以本研究为例，农业在各级政府的工作中均具有十分重要的地位，但是又有哪一级政府可以说清楚今年到底在农业上花了多少钱呢？对研究者来说，统计概念的模糊随意，统计口径与方法的各执一词使研究很难开展，难以拨开数据的迷雾，发现真正的问题。对公众来说，泛化的概念、神秘的统计使纳税人很难了解自己的钱到底花到了哪里，更不要说起到监管的作用——都不知道这些似是而非的概念背后都包括了些什么，又谈何监管？因此，解决公共资金用于农业的政策问题的第一步便应是从理论上解决概念问题与统计问题，才能够使政策设计有章可循，学术研究有据可依。

总结上述八大类问题，可以归纳出优化项目结果的几点内在要求。分散的农业资金、较高的行政成本要求政策的简化，以减少名目，简化程序；模糊的专项用途，含糊的政策目标、权责不清的管理要求政策的集中，以集中政策的管理部门；而严重的资金损耗、分散于中间环节的资金作用点要求政策的落地，以减少中间环节，直接将补贴落实到农民头上；信息的缺失、落后的监管、模糊的统计数据要求政策的透明，以公开信息，加强监管。政策设计需要从上述几个方向改进，才能更好地发挥农业支出的重要作用。

7 第七章 国外经验借鉴

农业作为弱势产业，对农业尤其是粮食产物实行补贴是发达国家的通行做法。美国、欧盟、日本等发达国家及组织多年来实行农业补贴政策，已取得了显著的成效，对现阶段我国建立完善农业补贴制度的完善具有重要启示和借鉴意义。

7.1 粮食补贴政策目标

由于各国国情不同，对于粮食补贴的政策目标也各不相同。美国粮食补贴政策的基本目标是：为全体国民生产并提供数量充足、价格合理的健康粮食食品；为提供这些食物的商业性农场维持一个丰产、繁荣的经济环境；保护中小家庭农场的生存。① 在这样的目标之下，美国的粮食补贴政策从过去的价格支持、直接补贴与反周期支付到现在的农业风险保障计划，均体现了对农业的生产环境商业环境的保护，以及对粮农收入的保障。

欧盟与美国强调本国的农业生产环境不同，其基本目标：一是保障和提高欧盟粮食产品日益增长的出口竞争能力；二是确保农民增收，通过促

① 王丹. 美国对粮食市场的调控及其借鉴. 世界农业，2005(7)：10—13.

进农村经济全面发展来确保农民的合理收入与生活水平。[①] 在此目标之下，欧盟的粮食补贴支出主要用于直接补贴和扶持产业区域发展两个方面。高额的直接补贴一方面保障了粮农的收入，另一方面降低了粮农的生产成本，增强了欧洲粮食在国际粮食市场上的竞争力，扶持产业区域的支出起到了促进农村经济全面发展的作用。和欧盟强调出口能力的政策目标相比，我国粮食补贴政策目标更加着意的是国家安全意义上的粮食供给，保证粮食产量的重要性。

而日本的粮食补贴政策目标与欧盟美国均不同，根据日本1999年通过的《食物、农业、农村基本法》规定，日本粮食补贴政策以保证食品安全、农业可持续发展和振兴农村作为基本目标。[②] 该政策目标的制定背景是因为日本受国内稻米生产过剩和稻农收入减少的影响，日本追求的是稻米出口竞争力的提高，以及国内稻米供需平衡目标的实现。基于上述背景与目标，日本主要推行的是具有保险意味的稻作安定经营政策，从而保障粮食生产的积极性与产量。与日本相比，我国庞大的人口总量对粮食供给提出的是非常严峻的要求，因此更加强调粮食的生产能力与自给能力。

7.2 粮食补贴政策补贴方式

2012年之前，美国的粮食补贴主要由价格支持、直接补贴与反周期支付构成，其施行了很久并取得了良好的成效。在价格支持方面，美国曾经的价格支持措施为"目标价格与反周期支付"政策，该政策整合了无追索权贷款制度和直接支付制度，价格补贴取决于市场价、固定直接支付额、贷款价格和目标价格之间的差价。当市场价格低于贷款价格时，政府会给予贷款价差补贴，而当市场价格、贷款价差补贴和固定直接支付金额的总和低于目标价格时，政府还会给予反周期补贴来弥

① 陈明健.欧盟农业政策的调适历程与方向.http://www.coa.gov.tw/htmlarea-file/,2008-05-04.

② 韩喜平，李二柱.日本农业保护政策的演变及启示.现代日本经济，2005(4):55—59.

补差额；当市场价格高于贷款价格，但市场价格与固定直接支付金额的总和低于目标价格时，政府给予反周期补贴；当市场价格与固定直接支付金额的总和高于目标价格水平时，所产生的余额给农民。从曾经的价格支持政策上来看，美国的农业补贴最大限度地保障了农民的利益，保障了农民在波动的市场行情中获得稳定的收益。在收入支持方面，美国在 2013 年之前采取的是只与农户基期产量挂钩的直接补贴政策，属于世界贸易组织《农业协定》中的“绿箱”政策，补贴标准各州统一且固定。

美国目前的粮食补贴政策主要由 2012 年开始的农业风险保障计划覆盖，取代了曾经的价格支持、直接补贴与反周期支付以及相关的多项政策。该计划的核心思想是，当农户种植的作物收入低于最近 5 年平均收入水平的 89%时，农业收入风险保障计划即启动，为农民提供相应补贴，但总额不超过近五年平均水平的 10%。[①] 在要素补贴方面，美国主要用税收减免的手段来促进农业机械化与现代化，出台了农业机械销售和使用减免税政策，并对农业柴油实行免税。美国的粮食补贴政策多是立法来推行的，具有极强的强制性。

欧盟的农业政策是第一个以欧盟为主体的针对各成员国的政策。《欧盟共同农业政策》是欧盟成立以来第一个制定者与执行者均是以欧盟为主体的政策，可见农业是各国关心，且最易取得共识的一个领域。欧盟在收入支持方面，采取的核算标准与美国类似，以农户基期拥有的种植面积为核算基础，属于“绿箱”政策。同时欧盟的直接补贴有面积限制，由于欧盟并不是单一的国家，因此根据各国情况，限制标准各国不一。而且欧盟大部分作物的补贴率是固定的，每年仅对少数粮食作物的补贴标准作微调。欧盟也采取直接收入补贴方式，作为一个整体，欧盟各国采用了统一的补贴方式，但受经济发展农业发展等实际差异所限，补贴标准不尽相同。欧盟的价格支持与我国的最低收购价较为类似，包括目标价格和干预价格等价格支持方式。其中，干预价格是农民出售粮食的最低限价，目标价格是最高限价；当市场价格低于干预价格时，农民可获得政府补贴以达到正常利润，当市场价格高于目标价格

① Agriculture reform food and jobs act of 2013. US Department of Agriculture. http://www.stabenow.senate.gov/linkeddocuments/farm_bill - fb_summary.pdf.

时，政府会采取行动来平抑粮价。与美国相同，欧盟的粮食补贴政策是以立法形式来推动的。

日本在价格支持方面主要推行的是稻作安定经营政策，该补贴与过去 3 年的市场价格挂钩，补贴方式取决于农户前年确定的合同销售数量，与欧盟美国以基期面积确定补贴标准的方法不同，日本的粮食补贴政策属于“蓝箱”政策范围。在收入支持方面，日本的直接支付制度只对土地条件资源条件较差的农民进行直接收入支付，最为典型的就是土地处于山区或半山区的农民，使山区农民得到与平原农民相仿的生产收益，从而增强各地区农民生产粮食的积极性。日本的农业补贴政策也是通过立法来推行的。

7.3 粮食补贴政策补贴额度与范围

美国的农业风险保障计划补贴力度非常之大，从 2013 年起，美国政府为平均每个农民提供 50000 美元的保险支持。该计划主要内容为：当农户种植的作物收入低于最近 5 年平均水平的 89%时，农业收入风险保障计划启动，但补贴的上限总额不超过近 5 年平均水平的 10%。[①] 该计划同时规定，年收入超过 75 万美元的农场不能够申请该项保险计划，充分体现了美国农业补贴雪中送炭而非锦上添花的属性。[②] 农业风险保障计划覆盖的作物范围主要有小麦、玉米、大麦、高粱、燕麦、棉花、稻谷、花生、大豆和油料作物。

欧盟为了保证农业补贴政策能够有效地实施，建立了欧洲农业指导保证基金（European Agricultural Guidance and Guarantee Fund，EAGGF），农业补贴相关的资金均由此提供。2000—2006 年间，欧盟平均每年花费在农业生产方面的支出为 405 亿欧元，约合欧盟这 6 年间平均每

① Agriculture reform food and jobs act of 2013. US Department of Agriculture. http://www.stabenow.senate.gov/linkeddocuments/farm_bill - fb_summary.pdf.

② 刘慧，李宁辉.基于直接和反周期支付能美国粮食调控政策探讨.世界农业，2014(2)：73—75.

年预算的一半左右。2010 年，欧盟用于支持农业的支出占总支出的 42%，其中直接补贴的份额为 31%，另外 11%是扶持产业区域的发展。[①] 在欧盟有限的预算空间中，农业补贴政策是非常巨额的一笔支出，在 2010 年约占农业总产值的 1/5 左右。

日本用于农业补贴的财政支出也十分可观，据经济合作与发展组织 OECD 在 2010 年的统计，日本农业补贴占据了农业总产值的 1/2。而安倍政权上台后，农林水产业的投入力度继续加大，2013 年单就农林水产省的预算额便达到了 22976 亿日元，比 2012 年增长了 5.7%，2014 年的预算在 2013 年的基础上又增加了 13.6%。[②] 与粮食密切相关的稻作经营安定制度的资金即来源于农林水产省的预算。稻作经营安定制度提供了三种可供农民选择的缴费补贴方式：一是农民缴纳费率为当年稻谷基准价格的 2.00%，政府补贴 6.00%，则可以拿到的差额补贴为当年当地市场价格与稻谷基准价之间价差的 80.00%；二是农民缴纳费率为当年稻谷基准价格的 2.25%，政府相应补贴提高到 6.75%，差额补贴水准为当地市场价格与稻谷基准价之间价差的 90.00%；三是针对计划外流通米农民的补贴方式，农民所需缴纳费率为当年稻谷基准价的 2.00%，政府提供补贴 4.00%，则可以拿到的差额补贴为当年当地市场价格与稻谷基准价之间价差的 60.00%。[③] 如表 7.1 所示。

表 7.1　稻作经营安定制度的不同方案(以基准价格计算)　　单位：%

	农民缴费率	政府缴费率	差额补贴标准
方案一	2.00	6.00	80.00
方案二	2.25	6.75	90.00
方案三	2.00	4.00	60.00

① 李白海. 欧盟农业补贴政策的分析及探究. 农村经济与科技，2013，24(2)：123—125.

② 黄波，李欣. 日本型直接补贴政策的构建及启示. 世界农业，2014(1)：7—12.

③ 叶慧. 国内外粮食补贴政策比较研究及其启示. 安徽农业科学，2008(19)：8331—8333.

7.4

粮食补贴政策的启示

虽然我国国情和农业发展阶段与发达国家存在较大差异，但发达国家农业补贴经验较为成熟并经过了实践的检验，且政策手段具有内在的相通性，因此从各国的补贴经验中我们可以获得一些重要启示。

7.4.1 农业补贴的法制化

美国、欧盟和日本的例子说明了虽然发达国家在具体的粮食补贴政策实施方面各不相同，各有特色。但其农业补贴政策均是由立法推动的，保证了农业补贴的稳定性、严肃性与可持续性，有力地保证了农民的利益。

7.4.2 补贴种类的简化与优化

发达国家实行农业补贴历史较久，其补贴种类也出现了“易增难减”的倾向，但该问题已得到了充分的重视。以美国为例，从 2013 年的《农业改革、食物与就业法案》中可以看出，美国的农业部近期在致力于减少并优化补贴种类(拟逐步减少超过 100 个补贴项目与授权事项)，并填补政策漏洞以使财政资金用于真正从事农业的人身上，相比曾经的价格支持和反周期补贴，农业风险保障计划更是化繁为简，从收入的总量上进行保障。这两点同样是国内的粮食补贴政策所需要注意的。

7.4.3 重视补贴效率，保护弱势群体

根据 OECD 统计数据，日本农业补贴占据了农业总产值的 1/2，欧盟的约占 1/5。而浙江省的“三农”支出却高达农业总产值的 83%。由此可见，浙江省农业支出的效率存在着很大的提升空间。同时，农业补贴应向

在农业生产中盈利能力较弱的群体倾斜，如日本重视对山区或半山区土地较为贫瘠的农民的补贴，保障生产资源处于劣势的农民的利益，从而提高全体农民耕种的积极性。美国的农业风险保障计划也仅针对年收入75万美元以下的农场。可见，发达国家的农业补贴政策深刻反映了财政支出的保障作用。

7.4.4 保险类工具的使用

美国和日本均十分重视保险型政策的使用。美国将与粮食相关的价格补贴、收入补贴等多种政策全部整合到农业风险保障计划下面，根据近五年的平均利润来确定理赔门槛，帮助农民应对市场和气候所带来的风险，从而获取稳定的收入。日本的稻作经营安定制度实质上也是一种保险政策，同时农民可以根据自身情况及对风险的预计选择适合自己的方案，从而获得较为稳定的收益。此类政策不但提高了农民应对风险的能力，而且保障了农民从事农业生产的获利能力，既避免了世界贸易组织《农业协定》中对“黄箱”政策的限制，也克服了发达国家早期所采用的与产量不挂钩补贴政策对农业生产激励不足的缺点。

8 第八章 政策建议

涉农资金的问题很多源自政策设计。党的十八大明确提出，坚持和完善农村基本经营制度，发展多种形式规模经营，构建集约化、专业化、组织化、社会化相结合的新型农业经营体系。从世界各国农业发展经验以及农业自身特征来看，农业的规模化以及规模化带动的机械化、产业化、现代化是我国农业发展的方向，这样的发展方向也将使更多的农民从土地中解放出来。在政策设计推动农业规模化发展的大前提下，我们认为，应该增加对农民个人的补贴以提高农民的收入。做出上述判断主要的一个约束条件是中国加入世界贸易组织时关于“黄箱”政策的承诺：中国在《农业协定》第 6.4 条下的、针对特定产品和非特定产品国内支持的微量支持水平均为 8.5%，即有关支持分别不能超过相关年度基本农产品生产总值或中国农业生产总值的 8.5%。这也就意味着，那些对农产品国际贸易具有扭曲作用的补贴，如与种植面积挂钩的补贴、与生产资料投入相关的补贴、价格支持等手段的使用受到了严格的限制。这也正是我国大多数支持农业的资金是以类似“农业综合开发”的项目形式进行支出的重要原因之一。而上面的分析表明，项目形式的支出在促进农民收入增长方面收效甚微。

政策的基本框架应该是：推动农业生产的规模经营，提高其机械化、现代化、产业化程度，在适量使用“黄箱”政策的基础上，采取更多不受世界贸易组织《农业协定》所限制的、可以直接增加农民收入的政策措施。结合调研中所发现的农业公共资金存在的问题，具体政策的设计应遵循简化、集中、落地、透明等几个原则。农业公共资金政策必须围绕两个目标展开:一是提高农民收入;二是推进农业规模化和现代化的发展。以此为目标,涉农资金可以简化为两大类:一是提高农民收入类资金;二是推进农业生产规模化和现代化类项目。

8.1 提高农民收入

8.1.1 调整支出结构,增加直补份额

调研清楚显示,直补政策的效果明显优于专项政策,因此应增加直补份额。而且现行"黄箱"类型粮食补贴政策种类繁多且分散,因此,比较可行的方法是,对各种补贴进行整合,简化补贴种类,减少以项目形式支出的专项资金,减下来的项目资金用于增加直补,使农民真正感受到政策的优惠。如农作物良种补贴、农资综合补贴等以普惠性为目的的直补资金可以整合;将一系列与生产资料有关的具有普惠性质的补贴合并,并提高补贴额度,简化工作流程,降低行政成本。如我们在A县的调研中发现,2013年13种农作物的补贴,发放资金4500万元,工作流程异常复杂,光核实一项工作县一级需要专人专职,还有乡镇的工作量,最终有50元查核不实退回国库。户均约630元,但相关部门告诉我们,不能算户均,因为根据政策规定,绝大多数都被少数大户或合作社拿走了。再以扶贫资金为例,作为改善贫困地区生产和生活条件,提高贫困人口生活质量和综合素质,支持贫困地区发展经济和社会事业而设立的财政专项资金,如今的扶贫资金更多流向了生产环节,与其他专项资金效能重叠,应将其变成农民的最低收入保障,直接进入经常性预算支出,不再以项目形式存在。

8.1.2 调整直补方向,对农户或土地直接补贴

调研发现,大量的直接补贴资金并未落脚到土地和农户,根源在于政策目标的偏离和基础信息不全。因此,应该在全省进行土地确权,并查清

农户数量的前提下，加大对农户直接补贴的力度，保障这些补贴转化为直接的农民收入。对直补来说，需要明确如下几方面的信息：一是要明确土地数量；二是要明确土地的使用权所有者；三是要明确户籍人数。在此基础上，将土地或户籍作为补贴依据，即按照户籍或土地所有权直接对农民发放补贴。即使土地所有者或户籍所有者加入农民合作组织，补贴资金依然遵循直补原则发放到个人账户而非农民合作组织。同时将该项支出纳入经常性预算，而不再作为专项资金，一旦定下来可以3～5年不变，根据经济发展情况适时调整，使其成为农民收入的一项稳定来源。以户籍与土地为补贴基础的政策设计不但克服了当前补贴难以直接促进农民收入增长的缺陷，而且跳出了与产量和投入挂钩的补贴总量受限的束缚。

8.1.3 粮食补贴法制化，逐步实现按目标利润补贴

发达国家农业政策的国际经验表明，粮食补贴的广泛、平等享有离不开法律的保障。当前粮食补贴政策大多以政府文件来规定，大量扶持粮食生产的专项资金通过不系统、不稳定、不持续，难以形成强制性约束的项目形式发放。面对当前粮食补贴政策已难以发挥保障粮食生产，增进农民收入的现状，更需要对农业补贴政策通过立法加以规范，推动农业补贴法制化管理，使政府能够依法履行对农民利益的保护责任。

2014年中央一号文件明确提出："坚持市场定价原则，探索推进农产品价格形成机制与政府补贴脱钩的改革，逐步建立农产品目标价格制度。"农产品中收益最低，意义最为重大的当属粮食作物。对于粮食生产来说，目标价格的意义不仅在于解决市场价格与目标价格间差距的问题，更在于解决种粮利润与行业平均利润之间差距的问题。应根据国际经验，根据国际粮价和国内供求制定合理的粮食目标利润，推进粮食价格形成机制与政府补贴脱钩，更好地发挥市场机制的作用，提高粮农收入，保障粮农利益。提高粮农收入到种植业平均水平甚至高于种植业平均水平，从而强化政策对种粮行为的激励。

8.1.4 借鉴国际经验，完善农业收入保障体系建设

粮食生产具有天然的高风险特质，目标利润机制只能解决粮食生产

中的市场风险问题，而无法解决粮食生产中可能遇到的自然灾害问题。建议借鉴国际经验，整合资金投向政策性保险领域。加大对粮食政策性保险补贴的力度，降低赔付门槛，提高粮食生产抵抗风险的能力，保证粮食生产能力的可持续发展，结合目标利润补贴手段，使粮食种植能够获得应对自然灾害和市场波动的双重保险，保障粮农取得应有的收益。

8.1.5 政策因地制宜，保护弱势群体

补贴政策制定应充分考虑不同地区种植习惯，避免政策的“一刀切”。充分考虑早稻与中晚稻、常规稻与杂交稻、高风险与低风险等种植差异的政策效应。结合国际经验，应强化对不发达地区农业科技、良种工程以及农村基础设施建设的投入，充分考虑农业直补政策向不发达地区倾斜，弱化地区间粮农受惠差异，最大限度地调动不发达地区农民的生产积极性。

8.2 推进农业规模化和现代化

8.2.1 归并生产过程中的项目，并由单一部门集中管理

由于项目类资金使用的不规范问题普遍存在，而且这部分项目数额巨大、种类繁多，是部门利益纠结的节点，也是腐败滋生的温床。钱花得越来越多，农民却似乎没什么感觉，收入提高不明显，现代化与规模化进程也不快。2014 年 100 亿元的“浙江省农业农村发展重点领域、重点项目扶持导向目录”中的 48 个项目几乎都发生在中间环节，水稻生产过程的 17 个政策也基本上集中在中间环节，而且许多项目分割太细，生产环节被补贴种类人为分割，并且由于多部门的管理而重复设立。如地力提升计划、耕地保护补偿、水稻生态补贴等目的相近，却分散在不同部门的专项资金应合并，由单一部门管理，提高资金使用效率，加强政策性补贴

的激励作用，也就是说，针对这些现象和问题，政府需要在分类归并项目的基础上，改变多头介入的状态，由农业部门集中管理。

根据对已经掌握的涉农补贴项目的了解，绝大部分项目都分散在生产过程中，作为起点的农户和作为终端的进入市场前的产品环节反而受关注较少。众多的受访者都认为补贴政策五花八门记不清，政府其实不需要这么多种类的补贴，如果能把这些补贴倾斜到价格上，大家都省事。因此这部分项目需要加强立项前研究，真正达到政策设定的目标，而归并项目的重点则要尽量减少中间环节的补贴，集中生产两端的投入。

8.2.2 简化农机相关补贴，降低机械作业门槛

在我们调研的政策中，与农机相关的政策多达 5 项，从农机的购买到使用再到报废各个环节均有补贴，执行成本极高。建议除了合并农机相关同类项，增强政策性补贴激励作用外，还需降低补贴门槛，体现财政资金的公共性，尽量避免人为设立众多标准，使应该被使用者享受的补贴变成少数人的禁脔。推动现有农机站尽快成为专业化的市场主体，使其发挥农机服务中心的作用，农民不再需要负责农机具的保有维护等事项，同时取消机械作业环节补贴，普及农机具使用技术，降低机械作业门槛，减少发放补贴的次数，意味着降低行政成本，让粮农便利地得到机械作业服务，降低规模种植粮食作物的成本，提升种粮的收益，提高种粮积极性。

8.2.3 鼓励规模经营，提高规模种植者抗风险能力

虽然浙江省农业现代化规模化水平不断提高，但同国际上发达国家的数据相比，还是存在相当的距离。从支出重点上来看，应鼓励规模经营。将稻麦种植大户直补、早稻订单奖励等针对种粮大户的补贴合并，按照种植规模、粮食质量等因素分档奖励。根据调研结果来看，大户普遍对种植风险问题较为担忧。应完善政策性保险赔付、种粮大户贴息贷款等制度，提高规模种植者的抗风险能力。

8.3 加强政策执行保障

8.3.1 优化政策设计，理顺政策流程

政策执行的高行政成本是本次调研设计的农业政策具有共性的问题之一，子报告二中农机相关补贴发放多达12个环节的流程图充分说明了这一点。因此在政策整合的基础上，应优化政策设计方式。改进原有政策中难操作，难落实，或执行成本过高的部分。放松地方配套要求，避免造成种得越多配套资金越多的政策设计影响县(市)种粮积极性。重视对保险类政策的使用，保障粮农得到较为稳定的利润。科学设计执行方式，统一各项政策的操作方式，尽可能做到同类补贴一起部署、操作、审核。同时，要重视发挥基层农技推广机构的作用，做好面积核实、登记等。降低行政成本，提高执行效率，避免执行上的偏差带来的资金损耗。

8.3.2 建全基础信息管理系统，提高监管水平

根据我们前面对补贴低绩效成因的分析，农业补贴基础数据的缺乏是导致补贴发放的错误混乱重要原因之一，补贴绩效的提高需要建立在农业农村基础信息的健全上。由前面分析可知，基础信息缺乏、监管手段落后是降低农业补贴绩效的重要因素。因此，要结合农户承包地登记、确权及农业普查等工作，抓紧建立以农户为单位的土地承包与种植面积的地理信息基础性数据，解决由于信息不对称、操作不规范、权力寻租等所导致的政策漏损和溢出效应，为开展各类政策性补贴、农业保险等工作奠定技术基础，努力提高监管水平，改进监管方式，增加监管环节投入，避免骗补漏补等情况的发生，确保资金流向政策目标，保障种粮农民收益切实增长，提高政策的严肃性，降低资金的损耗。应通过设立考核指标来监督

农业资金的使用是否达到政策设立之初的目标，以保障农业支出实现应有的政策效果。

8.3.3 提高政策透明度，发挥政策导向作用

调研结果显示，多数农业补贴项目并不被政策目标群体所了解。这也是造成政策绩效低的一项重要原因。前面已描述过粮农对相关政策缺乏了解的现状。针对这一问题，应完善政策公开制度，农业部门有责任通过多种途径公示种粮可享受的优惠政策。加大政策宣传力度，保证种粮农民了解到种粮收益。改变补贴发放途径，使农民从只知道"钱到卡里了"到知道"为什么有钱到卡里了"。落实公开公示工作，细化"一折通"补贴发放明细，建立村级补贴资金信息系统，在补贴标准提升的基础上借助现代化手段提高粮农主动了解政策、参与监督的积极性。让粮农意识到种粮补贴的稳定性及收益的直观增加，从而提高种粮积极性，发挥政策导向作用。

总而言之，正如基层涉农工作人员所总结的："补贴政策太多、补贴金额太小、工作量太大、行政成本太高"的农业补贴方式亟须进行根本性的改变，而规范部门权限、大幅度减少专项数、优化行政流程是技术层面上必须要进行的步骤。从政策绩效的四个维度来评价，有些政策单独来看在某一维度上表现是好的；但从整体上来看，政策的总体绩效并不尽如人意——这是分散集中化的必然结果。个体的理性可能导致集体的非理性，那么个体的非理性会产生怎样的后果就更无法预测了。

子报告篇

子报告一：普惠性直补普惠几何

在众多的补贴政策当中，中央出台的两项政策——农作物良种补贴和农资综合补贴无疑是覆盖面最广，受益人数最多，粮农感受最为直接的。其政策目标群体皆为粮农，政策核心都在于降低农民的粮食生产成本，从而提高粮农的生产积极性。本报告对这两项政策的起源、发展、现状、成效逐一进行了梳理，并提出了具有针对性的政策建议。

1 中央农作物良种补贴调研报告

——以水稻良种补贴为例

1.1 农作物良种补贴的起源、发展与现状

按照补贴的性质，中央农作物良种补贴（简称良种补贴）是一种专项直补，是世界贸易组织《农业协定》中“政府直接或间接鼓励农业和农村发展的援助措施属发展中国家发展计划的组成部分，对于发展中国家成员中农业可普遍获得的投资补贴和发展中国家成员中低收入或资源贫乏生

产者可普遍获得的农业投入补贴"的一种①，即俗称的"黄箱"政策中的特定产品 AMS② 措施③。良种补贴始于 2002 年，是我国重要的农业补贴政策之一。

1.1.1 良种补贴政策出台背景

1998—2000 年，中国粮食产量连续 3 年下降。同期，农民从农业生产得到的收入也连续 3 年出现负增长。④ 2001 年，中国加入世界贸易组织，受到《农业协定》的约束，中国把"黄箱"政策的重心放到了四大补贴政策上。全国性的农作物良种补贴始于 2002 年，当时大豆产量严重下滑，中国已由过去的大豆出口大国变成了进口国，为扭转这样的趋势，我国推出了"大豆振兴计划"来鼓励高油大豆的生产，主要采取的手段就是对大豆良种进行补贴。在东北大豆主产区，中央财政安排每亩补贴 10 元，面积为 1000 万亩，补贴资金共 1 亿元，这项补贴标志着我国全国性农作物良种补贴的开端。⑤

1.1.2 良种补贴发展历程(见表 1.1)

表 1.1 中央农作物良种补贴发展历程

年份	覆盖品种	覆盖地区	水稻补贴标准(元/亩)	财政补贴(亿元)
2002	大豆	黑龙江、辽宁、吉林、内蒙古	/	1.00
2003	大豆 小麦	黑龙江、辽宁、吉林、内蒙古(大豆) 河北、河南、山东、江苏、安徽、黑龙江(小麦)	/	3.00

① 世界贸易组织. Agreement on Agriculture. http://www.wto.org/english/docs_e/legal_e/14-ag_01_e.htm.

② 世界贸易组织的《农业协定》中用"综合支持量(AMS)"来计算和衡量一国农业"黄箱"政策补贴的大小，"综合支持量(AMS)"是指以货币形式表示的、有利于基本农产品生产者的对一农产品提供的年度支持水平，或指有利于一般农业生产者的非特定产品支持。世界贸易组织允许发展中国家政府对农业的"黄箱"政策补贴规模占农业产值 10%以内。我国承诺的"黄箱"政策补贴占农业总产值的 8.5%。

③ 倪洪兴. 中国农业支持政策研究. http://www.ictsd.org.

④ 国家统计局. 中国统计年鉴. 1999,2000,2001.

⑤ 朱明超. 江苏省良种补贴的现状及效果分析. 南京农业大学硕士学位论文,2007.

续表

年份	覆盖品种	覆盖地区	水稻补贴标准（元/亩）	财政补贴（亿元）
2004	大豆、小麦、玉米、水稻	河北、内蒙古、*辽宁*、*吉林*、*黑龙江*、江苏、*安徽*、*江西*、山东、河南、*湖北*、*湖南*、*四川*	早稻 10，中稻、粳稻 15，晚稻 7	28.50
2005	大豆、小麦、玉米、水稻	河北、内蒙古、*辽宁*、*吉林*、*黑龙江*、江苏、*安徽*、*江西*、山东、河南、*湖北*、*湖南*、四川、陕西、甘肃、新疆以及新疆建设兵团	同上年	38.70
2006	大豆、小麦、玉米、水稻	同上年	同上年	40.70
2007	大豆、小麦、玉米、水稻、棉花	河北、内蒙古、*辽宁*、*吉林*、*黑龙江*、江苏、*安徽*、*江西*、山东、河南、*湖北*、*湖南*、*四川*、陕西、甘肃、新疆、浙江、贵州、云南、*广西*、*重庆*以及新疆建设兵团	同上年	65.70
2008	大豆、小麦、玉米、水稻、棉花	全国(水稻全覆盖)； 大豆良种补贴在辽宁、吉林、黑龙江、内蒙古实行全覆盖	早稻 10，中稻、粳稻、晚稻 15	120.70
2009	大豆、小麦、玉米、水稻、棉花	全国(水稻、玉米、小麦、棉花全覆盖)； 大豆良种补贴在辽宁、吉林、黑龙江、内蒙古实行全覆盖； 在内蒙古、黑龙江、重庆、四川、贵州、云南、甘肃、宁夏、青海启动了马铃薯原种生产补贴试点	同上年	198.00
2010	大豆、小麦、玉米、水稻、棉花、青稞	水稻、小麦、玉米、棉花良种补贴在全国 31 个省区市实行全覆盖； 大豆良种补贴在辽宁、吉林、黑龙江、内蒙古实行全覆盖； 油菜良种补贴在江苏、浙江、安徽、江西、湖南、湖北、重庆、贵州、四川、云南及河南信阳、陕西汉中和安康地区实行冬油菜全覆盖； 青稞良种补贴在四川、云南、西藏、甘肃、青海的藏民居住区实行全覆盖	同上年	204.00

续表

年份	覆盖品种	覆盖地区	水稻补贴标准（元/亩）	财政补贴（亿元）
2011	大豆、小麦、玉米、水稻、棉花、青稞	同上年	水稻均为15	220.00
2012	水稻、小麦、玉米、棉花、大豆、青稞、花生	水稻、小麦、玉米、棉花良种补贴在全国31个省区市实行全覆盖； 大豆良种补贴在辽宁、吉林、黑龙江、内蒙古实行全覆盖； 油菜良种补贴在江苏、浙江、安徽、江西、湖北、湖南、重庆、四川、贵州、云南及河南信阳、陕西汉中和安康地区实行冬油菜全覆盖； 青稞良种补贴在四川、云南、西藏、甘肃、青海的藏民居住区实行全覆盖； 花生良种补贴在河北、辽宁、吉林、江苏、安徽、江西、山东、河南、湖北、广东、广西、四川实施	同上年	/
2013	水稻、小麦、玉米、棉花、大豆、青稞、花生、马铃薯	同上年	同上年	/

注：“/”表明未能从公开途径获得相关数据，下同；斜体表示水稻良种补贴覆盖的身份。

由表1.1可见，中央农作物良种补贴的覆盖种类、覆盖地区都在不断扩大，补贴资金总量与补贴标准也在逐年提高。浙江省于2007年将油菜良种纳入补贴的范围，2008年起水稻良种被纳入补贴的范围，2009年小麦良种也被纳入补贴范围。

1.2 良种补贴政策的执行现状与成效

1.2.1 浙江省良种补贴执行方法及成效

良种补贴自2008年在浙江落实以来，实施办法基本稳定，除2011年提高了早稻的补贴标准以外，其余细则没有显著变化。实施办法参照《浙江省中央财政农作物良种补贴资金管理实施细则》。根据该细则，中央农作物良种补贴的目标、分配原则、补贴对象均做出了如下的详细规定：

中央农作物良种补贴在浙江省的政策目标为：加强中央财政农作物良种补贴资金（简称良种补贴资金）管理，支持农民（含农场职工）使用良种和调动农民生产积极性，加快农作物良种推广，提高农作物产品品质和产量，提高资金使用效益。[①] 其分配原则坚持如下四点：①坚持整体推进的原则；②坚持品种择优的原则；③坚持公开推介的原则；④坚持农民自愿的原则。补贴对象限定为在农业生产中使用农作物良种的农民（含农场职工）。补贴方式根据作物品种稍有差异，水稻、玉米、油菜采用现金直接补贴方式，具体发放形式由各省区市按照简单便民的原则自行确定。

中央农作物良种补贴在浙江的补贴流程较为复杂。首先由乡镇农业、财政管理机构负责组织其补贴面积的村级登记、核实、公示，汇总审核后上报县级农业、财政部门。县级农业、财政部门对乡镇上报的补贴面积审核确认后，汇总上报市级农业、财政部门。市级农业、财政部门审查、汇总县级上报的补贴面积后上报省级农业、财政部门。省财政厅、农业厅根据财政部下达的补贴资金以及各市上报的补贴资金使用情况、农作物实际种植面积进行审核后拨付。财政部门应将补贴资金及时足额兑付到农民手中。形成的结余结转下年使用。如图 1.1 所示。

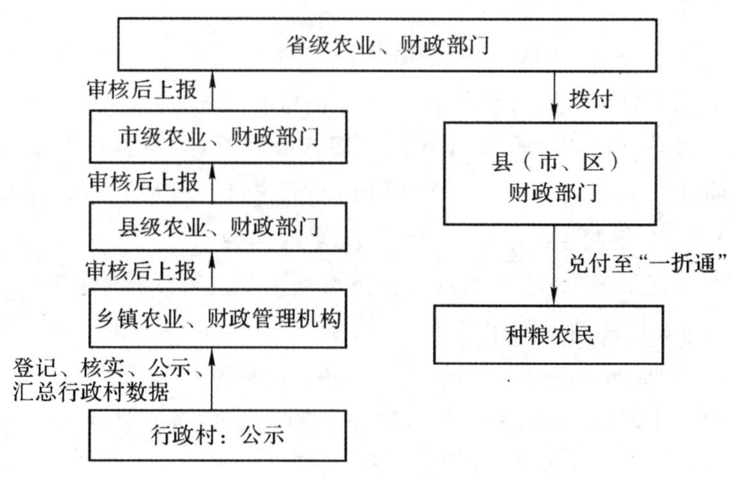

图 1.1　农作物良种补贴执行流程

① 《中央财政农作物良种补贴资金管理办法》的通知（财农〔2009〕440 号）。

中央水稻良种补贴在浙江历年资金安排情况如表1.2所示。

表1.2　2008—2013年浙江省中央农作物(水稻)良种补贴落实情况

	2008	2009	2010	2011	2012	2013
稻谷播种面积(万亩)	1406.25	1408.11	1384.74	1342.16	1248.89	/
农作物良种补贴(水稻:万元)	19617	19796	18771	18891	17922	16984
亩均补贴(元)	13.95	14.06	13.56	14.08	14.35	/

数据来源:稻谷播种面积来自历年浙江省统计年鉴;良种补贴数据来自浙江省农业厅。

由表1.2可以看出,由中央拨付到浙江省的水稻良种补贴的单位面积补贴金额呈逐年下降趋势。由于单位面积上的补贴标准较为固定,从补贴数额的减少上也可以看出水稻播种面积的下降。从亩均补贴上可以看出,浙江省用于水稻的良种补贴的覆盖率虽然没有达到理论上的100%,但也相当之高,2012年从数值上来看中央良种补贴在浙江省的实际覆盖率达到了95.67%。

浙江省2008年开始落实中央水稻良种补贴,早稻10元/亩,中稻、晚稻15元/亩,2011年早稻标准提高至15元/亩,中稻晚稻不变,该标准一直沿用至今。

浙江省的中央水稻良种补贴虽然到2008年才真正落实,但是在这之前浙江实施了更加有针对性的省级良种补贴。早在2004年,浙江省就开始对种植优质水稻的大户实行良种直接补贴政策,对全省各地全年累计种植优质水稻面积20亩以上(含20亩)的大户进行良种补贴,每亩补助5元;2005、2006年两年延续了2004年政策的内容;2007年省级良种补贴的内容不再仅限于大户,普通农户种植良种水稻也可以领取补贴,补贴标准不变;2008年补贴标准提高到10元/亩;2009年延续2008年的补贴标准。2010、2011年两年,省级水稻良种补贴的表述在《浙江省人民政府关于抓好粮食生产的通知》中不再出现,2012年,该项资金转为对水稻集中育秧的补助。

浙江省从2004年6月起开始"0406"水稻攻关育种计划,重点支持优质、高产、多抗并适合省工节本栽培的单季晚稻新品种育种攻关。对引进、选育、推广新品种面积大的育种单位和推广部门,按一定标准给予奖励,支持企业参与育种攻关。加大优质高产新品种的试种、示范和推广力度。该项计划在运行了10年后于2014年终止(见图1.2)。

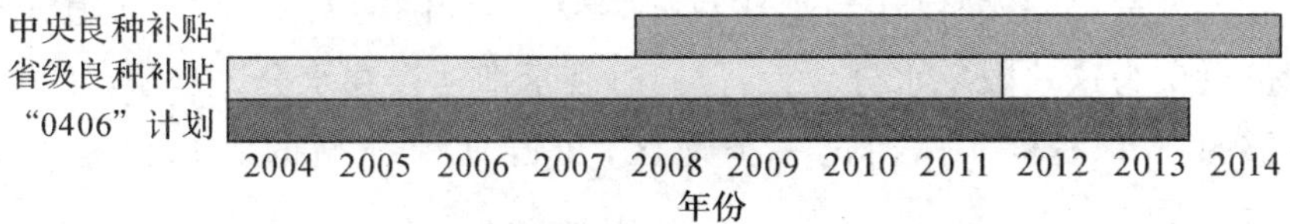

图1.2 浙江与水稻种子相关的补贴政策实施时间

1.2.2 良种补贴执行情况实地调研

虽然中央农作物良种补贴在浙江省以《浙江省中央财政农作物良种补贴资金管理实施细则》作为指导建议，但由于各地经济发展情况、农作物种植情况等不尽相同，各地在该政策的操作办法与政策效果上也存在差异。本节将从政策执行方式、负责部门、良种覆盖率结果以及各地的补充政策等几个方面来描述调研结果。

(1)水稻种子经营单位

良种补贴是典型的对生产资料的补贴，即对投入的补贴。从这一点上来看，种子的经营方式对良种补贴政策的执行存在着一定的影响。从我们深入调研的情况来看，水稻种子的经营可以分为两类：一类是由农业部门垄断的，另一类是市场化经营的。在A县，种子公司是与水稻种子息息相关并直接售种给农民的专业机构。该地经济作物种子完全市场化，但粮食种子的销售是完全垄断的。种子公司是归口国资委管理的国资公司，仅出售粮食种子。A县农业工作人员给出的理由是保障粮食安全，认为粮食种子的市场化经营会给粮食生产带来不可控的风险。而根据B县和C县农业部门的描述，农业部门不再办企业，种子公司已成为过去时，粮食种子处于完全市场化的状态，但在普通农户那里则没有这种概念，他们仍然倾向于去曾经的种子公司购买，认为比较放心。

(2)执行方式与管理部门

良种补贴在各地的执行方式各异，但大多数县、市都采取了《浙江省中央财政农作物良种补贴资金管理实施细则》中给出的参考办法，即由村级开始逐级上报当年的粮食种植面积，然后根据上报核实的种植面积进行补贴发放，如图1.3所示。这一类良种补贴的执行流程大致相同，区别在于行政村上报作物面积的数据来源，有些地方会让农民自己报数据，村会计整合起来报上去；有些地方村会计按照往年的数据直接上报。通过在村内调研得到的反馈情况来看，县级部门说的农作物种植面积公示极少有人见过，部分农民认为这些数据“是村会计随便写写的”。A县工作人员也认为这些数字水分较大，但同时表示即便存在水分，农经局也没有足够的人手去核实。在这一类地区，知道良种补贴的农户仅有10%左右。

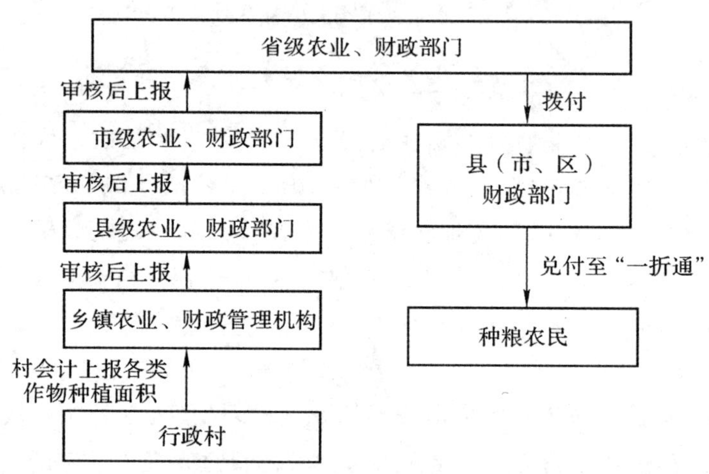

图1.3　以《浙江省中央财政农作物良种补贴资金管理实施细则》为标准的农作物良种补贴执行流程

除了这类“循规蹈矩”的县、市以外，有部分县、市的执行方式具有自己的特色。如B县的粮食种子是完全市场化的，任何合法的种子经营主体均可出售，监管主要靠种子站抽样、送检，然后执法单位配合执法。该县执行中央良种补贴的过程如下：①农民去合法的种子经营户那里购买种子，在那里登记购买的品种、数量、“一折通”账号、身份证、姓名、电话等信息。[①] ②种子站根据种子的购买情况折算成面积（如1千克杂交水稻的播种面积为一亩），将补贴发到“一折通”里面，如图1.4所示。如果第一年信息不全造成无法发放补贴，第二年可以补上，出错可以随时纠正。为防止合法经营户做账出现问题，种子站会抽样给购种农民打电话，以核实相关信息。这样的补贴方式使得从事水稻种植的农户对该项补贴的知晓率是较高的（46.67%的受访者知道该项补贴）。

从图1.4中可以看出，虽然B县的中央农作物良种补贴政策的执行

① 但据B县某合作社反映，B县只在种子公司买种子是有补贴的，其余的均没有。

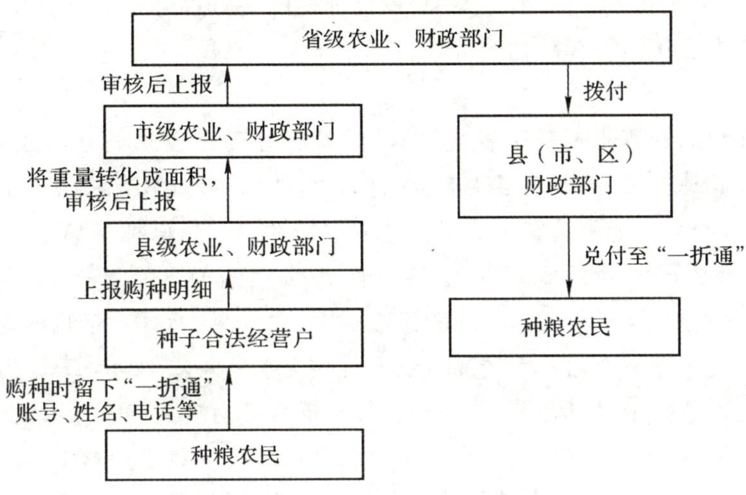

图 1.4　B 县农作物良种补贴执行流程

方式在促使粮农了解该项政策方面十分有效，但同样存在着监管问题——种子的合法经营户存在着虚报、多报的空间，而农业局除了电话抽查外没有更为有效的监管途径。

调研中，多数良种补贴的管理部门均为农业局下属的种子站，负责种子的推广。但一个制种大县的种子站负责制种管理，良种补贴的管理放到了农技推广中心。该农技推广中心同时负责种粮大户补贴、水稻育秧补贴等水稻相关补贴的发放。

(3)良种与良种覆盖率

中央的农作物良种补贴旨在提高良种的使用率，进而提高粮食产量。对于中央的良种补贴，各县负责良种补贴政策执行的工作人员都无法说出“良种”的准确定义或详细种类，普遍认为如今的农田里都是中央规定的“良种”，所谓的“良种覆盖率”是一个并不太重要的指标。在调研的地区里，几乎没有人能说出从哪一年起，良种就实现全覆盖了。A 县年轻的农经局公务人员都表示从工作开始就是这样，只有一个年纪较大的合作社负责人说最起码 20 世纪 90 年代，该县良种的普及率就高达 98%以上了。B 县农业局种子站的站长告诉调研组，现在官方报的良种普及率数据是 96%，但实际上接近 100%，之所以不报 100%的原因是为了在汇报工作的时候留有空间。C 县的农技推广中心负责人表示没有“良种覆盖率”这样一个统计数据，种子站有关于浙江省主导品种的覆盖率数据，

2013年达到80%。但是由于中央良种补贴的“良种”定义不明确，所以农技推广中心认为不存在这个统计指标。

(4)补充政策

在我们的调研过程中发现，补充政策仅在经济发达的地区出现过。除中央良种补贴之外，A县也有自己的良种购种补贴，只有购买种子才能享受，目的是为了调动农民购买良种的积极性。常规稻种子A县财政补贴为1元/千克，卖给农民时直接抵扣，即常规稻种子原售价5.6元/千克，农民买到手的价格为4.6元/千克，县财政按照1元/千克的额度将补贴直接拨给种子公司。农经局重点推广杂交水稻并按12元/千克的标准对杂交水稻种子进行补贴，杂交水稻种子价格波动较大，补贴后杂交水稻种子2013年售价为70元/千克，2014年为90元/千克。除这12元/千克的常规补贴外，该县还有其他形式的杂交水稻推广项目，如2013年通过设立项目免除了农民购买杂交水稻种子的费用，用农经局工作人员的话说就是“送一点种子，送一点化肥，鼓励他们种杂交水稻”。而在欠发达地区，只是在有些项目搞示范田的时候，把想推广的种子放到示范田里种。B县农业局种子站站长在被问及当地的推广政策时有点辛酸地说：“至于其他的，就只剩下宣传了。”

1.3 良种补贴政策绩效评价

1.3.1 效率低

中央农作物良种补贴政策目标完成程度很低，主要体现在以下两个方面：

一是政策目标完成程度差。首先是政策目标的设置不合理，在政策出台之际实际情况就已达到了政策目标，2009年中央水稻良种补贴落实的时候浙江的农田里早已尽是中央规定的水稻良种，该项政策在浙江落地的时候就政策目标已经达到。因此，该政策起不到良种推广、土地增收的作用。从表1.3可以明显看出，无论是从浙江省良种补贴开始实施的时间(2004年)看，还是从中央良种补贴开始实施的时间(2008年)看，浙江省稻谷播种的面积与产量都是呈逐年下降的趋势。

表 1.3 2004—2012 年浙江省稻谷播种面积与产量

年　份	2004	2005	2006	2007	2008	2009	2010	2011	2012
稻谷播种面积（千公顷）	1028.10	1028.54	994.51	954.30	937.50	938.74	923.16	894.77	832.59
稻谷产量（万吨）	686.94	644.80	682.40	636.90	660.43	666.70	648.20	649.03	608.30

二是由于生产水稻的利润和良种补贴额度低，该政策没有起到调动农民生产积极性的作用。虽然该政策具有普惠性质，客观受益面较高，从表 1.2 中可以看到，2011 年在规定 15 元/亩的补贴政策下，平均每亩稻谷每年可以拿到 14 元的补贴，说明客观上受益面是非常高的。但由于实际操作的问题，认知度很低。仅有 1/5 的水稻种植农户认为自己拿到了该项补贴。由于统计种植面积环节的随意性、“一折通”详单的模糊性以及宣传的不到位，许多农民无法直观地了解到底拿到了什么补贴，政策目标群体主观上受益面很低。

另外，在调研中发现，水稻良种补贴带来的驱动效应与农民的种植行为相关度较低。规模较小的种植者（20 亩以下）选择种水稻的原因主要是为自家种口粮，高达 1/3 的被访者所种植的水稻是完全不出售的，而规模较大的种植者（种粮大户、合作社）选择种水稻主要有三个原因：一是稻谷价格稳定，杭嘉湖平原发生使水稻严重减产的自然灾害不多，因此虽然收益不高，但风险较小；二是经济作物不但风险较大，而且机械化程度不高，需要大量人工成本；三是相对于水稻种植，经济作物的培育通常要求较高的种植技术，学习成本较高。上述三个原因均与水稻良种补贴无关，因此水稻良种补贴也没有起到“调动农民生产积极性”的作用。

1.3.2 公平性差

从公平角度来看，使用不同品种种子（如杂交稻和常规稻）的农民得到的支持力度相差较大，没有很好地体现差异性公平。在平原地区，多数农户使用常规稻（亩产 550 千克左右），常规稻种子成本每亩 20 元左右，按照良种补贴标准 15 元/亩，基本上补贴了种子支出的 3/4。但是在山区，由于土地条件不如平原地区，农户都使用杂交稻（亩产 600 千克左右），每亩的种子成本在 60 元左右，良种补贴额仅占 1/4。相比之下，山区在购种方面的补贴力度偏低。补贴额度没有跟随种植情况因地制宜，造成了相对的不公平。同时普惠政策的存在、地方财政的紧张以及基层政府对农业的不重视，导致经济较为落后地区的农业部门没有因地制宜地推广良种的自主空间。按照B县种子站站长的说法："普惠是好的，应该保留，但是也应该为地方的农业部门留一块经费来推广一点适合本地的良种。"

对于种植习惯相近的同一地区，在实际操作中由于村内上报种植面积的方式不规范，导致农民实际水稻种植面积与得到补贴的面积不匹配。从上面对三地良种补贴执行的流程也可以看出来，补贴面积的真实性非常值得质疑，反映出公共责任未能较好的体现。在对农户的访谈中，部分被访者认为"村里的补贴都被那几个跟村干部关系较好的人拿走了"，我们无从核实该抱怨的真实性，但该抱怨反映了部分政策目标群体认为政策不公的情况。

1.3.3 效果差

从效果角度来看，回应性较低。在调研过程中，86%的被访者都知道种水稻有补贴，但至于是什么补贴绝大多数人都说不出来，这恰好可以说明政策目标没有达成——粮农都不知道政府在发什么补贴，怎么可能达到该补贴调动生产积极性的目标。农业部门的工作人员也了解到这一点，但依然表示"这项补贴不能取消，不然普通农民就更加没有钱拿了"。值得注意的是，采取在合法经营户处登记的方式，农户对良种补贴的认知度就要高很多。在调研过程中，部分农民反映没有良种补贴，或是在土地流转过程中流入方与流出方对良种补贴的分配产生分歧，但总体上没有进一步向上级部门反映对良种补贴意见的案例。且农民并未因为有良种补贴的存在而增强了种植水稻的意愿，规模种植者出于水稻的低风险、高度机械化、低技术含量等考量而种植，小农户则为自留口粮而种植，这也从一定程度上解释了为什么随着近年各类补贴的增加，而水稻的种植面积与产量不增反减的原因。回应性差的另一点表现是产业链上游政策与下游政策相冲突却长期得不到解决。杭嘉湖平原杂交稻虽然产量高，但粮食部门不愿收购，农业生产部门在推广，粮食收购部门在拒绝，不同的导向，使得种粮农民尤其是种粮大户在选择品种时很"纠结"。农经局工作人员也为这一问题发过牢骚，但他们作为专业部门也说不清粮食部门为什么不收购杂交稻；农民更是摸不着头脑，不知道杂交稻哪里不好，只知道卖不上价钱。

满意度中等，对各类补贴满意的比重为27.78%，多达57.64%的被访者表示没感觉，只有极少的被访者表示不满意。没感觉占比很高的一个重要原因在于不知道有补贴的粮农很多——高达80%的粮农不知道种植水稻应该有良种补贴。

1.3.4 可持续性不明朗

从可持续性上来看，资金的保障方面中央良种补贴并不像农机购置补贴政策有法律保障，但该政策得到了中央一号文件的大力支持，如2014年中央一号文件明确指出"继续实行种粮农民直接补贴、良种补贴、农资综合补贴等政策"。从可替代性上来看，对于老百姓来说，似乎与农资综合补贴等直补政策并无本质性差异，很多地方的"一折通"上甚至将农资综合补贴与中央良种补贴合并为一笔叫作"粮补"的款项发放。与农资综合补贴一样，存在着合并到一项统一的直补项目的可能性。因此可替代性也较强。作为普惠制直补，虽然满意度不高，但是粮农还是愿意看到其存在的，就像调研中粮农常讲的一句话："有总比没有好。"综合资金、使用意愿和可替代性三个方面的因素，我们认为该项政策性补贴是否能够持续、是否要持续主要取决于政策制定者的判断，但该判断应遵从事物的客观发展规律，因此对可持续性此处较难给出一个确定的判断。

综合以上政策绩效评价结果和良种补贴的特点，我们可以得到如下结论：中央农作物良种补贴作为一种普惠制政策，本身就不具有促进农业规模化现代化的功能；作为直接补贴，补贴金额直接发入农民银行卡中，对农民的收入提升作用本应效果显著，但根据调研结果该补贴也没有为农民增收带来明显作用。结合上面四个维度的分析，可总结出中央农作物良种补贴未实现农民增收效果的几点原因：

(1)与水稻的亩产值相比，中央农作物良种补贴的额度实在微不足道。由表1.4中可以看出，良种补贴的金额在亩产值中的比重非常低且呈下降趋势，2012年在收购价最低的早稻中占比也仅为1.28%。如果不与其他直补政策形成政策合力，单凭良种补贴一项，就算足额精准发放，对农民收入的提高力度依然是微弱到可以忽略不计的。

表1.4 2008—2012年良种补贴在水稻亩产值中所占比重

年 份	2008	2009	2010	2011	2012
稻谷单位面积产量(千克/亩)	469.67	473.47	468.07	483.60	487.07
稻谷最低收购价(元/50千克)[a]	77	90	93	102	120

续表

年　份	2008	2009	2010	2011	2012
亩均产值(元)	723.28	852.24	870.604	986.544	1168.96
亩均良种补贴(元)[b]	15	15	15	15	15
良种补贴占比(%)	2.07	1.76	1.72	1.52	1.28

a. 稻谷最低收购价按照收购价最低的早稻计算(不含订单奖励补贴),如果按中晚稻收购价计算,则亩均产值会更高,良种补贴在产值中占比会更低。

b. 按最高补贴价计算。

(2)低效率将"有感"补贴变成了"无感"补贴。如总报告所述,不同税负"痛感"不同,不同的补贴对政策目标群体而言感受也不同。直接补贴本应是补贴对象感受强烈的一种补贴,但如前所述,出于统计种植面积环节的随意性、"一折通"详单的模糊性以及宣传的不到位等政策执行上的原因,许多农民无法直观了解到底拿到了什么补贴,政策目标群体主观上认知度很低。

(3)低公平性损害了部分补贴对象的利益。基础数据统计时的不严谨导致了错报、漏报情况时有发生,人群间的不公平使得部分种植水稻应拿到补贴的粮农拿不到或少拿到补贴。中国文化自古"不患寡而患不均",人群间的不公不仅降低了本就微弱的增收效果,也为农村社会的利益分配增加了矛盾。

(4)效果不佳是达不到增收效果的直接反应。政策的低回应性表明政策并未就农民的收入变化情况做出有针对性的调整,知晓度低是农民对该项补贴"无感"的直接体现。虽然资金的可持续性有中央财政保证,但平均到每一亩土地上,其增收作用十分有限。

综上,由于政策绩效效率低、公平性低、效果差,加之补贴额度十分有限,中央农作物良种补贴没有起到促进农民收入的作用。

1.4　政策建议

中央农作物良种补贴作为普惠制直补,如果不改变其定位的话,这一类补贴对于农业的机械化现代化推进作用较为有限,但在提高农民收入方面具有天生的优势。因此,本报告的政策建议主要围绕着提高农民收入这一目标展开,目的在于提高该项政策的效率,提升公平性以及保障政策的实施效果。

1.4.1 缩小良种范围，整合直补资金

缩小农作物良种补贴目录范围，根据各地情况制定适合当地的良种推广目录，使得良种补贴能够真正起到促进良种使用、提高农民种粮生产积极性的作用。整合普惠制政策资金，提高普惠制直接补贴力度，结合其他政策手段，以提高粮农收入至种植业利润平均水平为目标，合理设定补贴额度。

1.4.2 优化补贴方式，提高补贴效率

《浙江省中央财政农作物良种补贴资金管理实施细则》中由村一级统计种植面积，再向乡镇上报，汇总到县一级，县级根据种植面积发放补贴的方法在浙江各地的农作物良种补贴的发放中具有很强的代表性。其效果显然不如本次调研中所遇到的B县所采用的类似农机购置补贴的发放方式效果好（详见子报告二中农机购置补贴的发放流程）。建议各地优化补贴发放方式，提高政策执行的精度，降低政策执行带来的损耗，从而加强补贴的作用效果，提高促进农民收入的作用。同时应提高政策在目标群体中的知晓度，为政策实现目标提供监督与保障。

1.4.3 加强部门协作，提升政策合力

水稻生产与收购作为一条完整的产业链，在现阶段生产环节由农业部门负责，收购环节由发改委下面的粮食部门负责，两个部门的政策导向存在一定矛盾，这种矛盾给种粮农民带来了一定的困扰（如A县地区杂交稻的尴尬，详见典型案例）。理想的情况是粮食从播种到餐桌都由单一部门管理负责，提高执行效率。在管理部门间的职权范围难以大幅度调整的现状下，建议加强部门间的沟通配合，防止出现浙北杂交水稻地位尴尬诸如此类的政策矛盾，以提升政策合力，保障农民在政策导向下可以科学种植提高收益。

1.4.4 补贴额度因地制宜，向弱势地区倾斜

农业生产地区差异性较大。以种植杂交稻为主的B县和以种植常规稻为主的A县为例，其在种子购买上的成本相差较大，前者是后者的三倍左右。建议根据推广力度与种子价格确定补贴比例，而非统一的每亩固定价格。同时，要考虑到各地的生产条件、种植条件，补贴额度向经济欠发达、种植条件较差的地区倾斜，保障环境较差的地区种植水稻也能得

到基本的收益，即设计有差异性的补贴标准，保障弱势地区的盈利能力，从而有效提高不同地区农民的收入。

1.5 典型案例

1.5.1 良种高覆盖率的记忆

在对5号(粮油)合作社的负责人进行访谈时，该负责人表示自己是村里的干部，出去打工的村民把地租给别人不放心，所以他出于村干部的责任把这些地都租过来，规模经营。当被问及良种覆盖率什么时候达到了一个很高的水平的时候，他很努力地往前追溯，最后说至少20世纪90年代的时候，良种覆盖率就能有98%了，具体什么时候实在记不清了。有意思的是，这次访谈是在林带镇的农技水利服务中心进行的，在其余问题上乡镇工作人员会时不时地代为回答，但在这个问题上虽然合作社负责人思考了较长的时间，他们也没有表露出代为回答的倾向——估计是他们也不清楚吧。

1.5.2 杂交水稻的尴尬

A县农经局粮油科工作人员说，农经局有农业技术推广的职责，他们想推荐农民种产量更高的品种，以提高农民收入。为此他们大力推广杂交稻，甚至有送种子送化肥的项目。但是杂交稻面临的最大问题是粮食局不收，粮食局对此给出了杂交稻不好吃、不好储存等理由。杂交稻没有常规稻能卖上价钱，相应的化肥也要更贵，但是由于亩产多了200千克左右，还是有以大户为主的部分农民会选择种杂交稻，普通三五亩地的小农户依旧选择种常规稻。为改变粮食局对杂交稻的误解，农经局曾特意请粮食局的人吃饭，煮杂交稻给他们吃，粮食局的人也没有吃出来，都说蛮好吃的。虽然粮食局的人吃不出杂交稻的不好，但并未改变对杂交稻的误解。

1.5.3 为什么不种水稻

在B县发改局粮食科调研的时候，由于B县每年完成订单都很困难，于是粮食科的工作人员说①："你们下去调研问问他们为什么不种粮

① 该工作人员在B县仅工作一年半，并非B县本地人，对B县情况并不了解。

了吧？”调研组成员在田间遇到一个不种水稻已10年的农民，他没有直接回答为什么不种水稻，只是说：“种茶叶去年有个种得最好的一亩卖了57000元，一般的也能卖1万多元，其中净利润大概有60%。”调研组成员之前在B县农业局计算过，如果将土地费用、人工费用全部计算进去，在B县种水稻是不赚钱的。相比之下，B县这个昔日素有“处州粮仓”之称的“全国粮食生产先进县”变身为今日的“全国重点产茶县”是非常容易理解的。

2 农资综合补贴政策

2.1 政策背景

为弥补种粮农民因柴油、化肥、农药、农膜等农资价格上涨带来的生产成本增加，国家开始实施农资综合直补。从2007年开始，每年的中央一号文件都明确指出，要加大农资综合补贴力度。

2007年《关于积极发展现代农业扎实推进社会主义新农村建设的若干意见》第一条第四点指出：“加大农业生产资料综合补贴力度。”2008年中央一号文件《关于切实加强农业基础建设进一步促进农业发展农民增收的若干意见》第一点第二条“巩固、完善、强化强农惠农政策”指出：“继续加大对农民的直接补贴力度，增加农资综合直补，扩大良种补贴范围。”2009年中央一号文件《中共中央国务院关于2009年促进农业稳定发展农民持续增收的若干意见》指出，要较大幅度增加农业补贴，“2009年要在上年较大幅度增加补贴的基础上，进一步增加补贴资金，加大农资综合补贴力度，完善补贴动态调整机制，加强农业生产成本收益监测，根据农资价格上涨幅度和农作物实际播种面积，及时增加补贴。”2010年中央一号文件《关于加大统筹城乡发展力度进一步夯实农业农村发展基础的若干意见》指出：“落实和完善农资综合补贴动态调整机制。按照存量不动、增量倾斜的原则，新增农业补贴适当向种粮大户、农民专业合作社倾斜。”

2011年中央一号文件《关于加快水利改革发展的决定》没有提到对农资综合补贴问题。2012年中央一号文件《关于加快推进农业科技创新持续增强农产品供给保障能力的若干意见》中指出:"落实农资综合补贴动态调整机制,适时增加补贴。"2013年中央一号文件《关于加快发展现代农业进一步增强农村发展活力的若干意见》指出:"完善农资综合补贴动态调整机制,逐步扩大种粮大户补贴试点范围。"2014年《关于全面深化农村改革加快推进农业现代化的若干意见》指出:"继续实行种粮农民直接补贴、良种补贴、农资综合补贴等政策。"

2.2 实施方案

2.2.1 基本概况

根据化肥、柴油等主要农资价格的上涨情况,在综合考虑当年粮价变动、促进农民增收的基础上,中央财政安排农资综合补贴资金,实行动态调整,补贴规模只增不减,以更好地保护农民种粮收益,调动农民种粮积极性。农业部2009年出台《关于进一步完善农资综合补贴动态调整机制的实施意见》对农资综合补贴的目标、原则、规模、资金拨付及发放方式做了明确规定。如表2.1所示。

表2.1 农资综合补贴的相关情况

目 标	原 则	规 模	资金拨付	发放方式
弥补农民种粮的农资增支,保护农民利益,调动农民种粮积极性	价补统筹、动态调整、只增不减	设定基期(2008)——确定种粮农资增支——确定补贴规模	中央预算	一折通

2.2.2 浙江省现行农资综合补贴实施办法

浙江省在农业部发布的《关于进一步完善农资综合补贴动态调整机制的实施意见》的指导下出台《浙江省种粮农民农资综合补贴政策实施办法》,对政策的补贴原则、补贴面积核定、资金管理、部门分工等方面作了详细的规定。

(1)基本原则

实行行政首长负责制,促进粮食生产、公开公正、简便高效原则。

(2)补贴面积的核定

补贴面积原则上按照上一年度农户实际粮食播种的核定面积，核定补贴面积工作要在县级政府的统一组织领导下，实行村级上报，乡镇初审，县级农业部门审核确定。

(3)补贴资金的来源和拨付

农资综合补贴资金由中央财政预算安排，实行动态调整。有条件的地方可结合本地实际在中央财政预算基础上，适当增加农资综合补贴预算。

省财政厅收到中央拨付的农资综合补贴资金后，根据统计部门提供的全省上一年度粮食播种面积确定亩均标准，再按照各市、县(市)上一年度粮食播种面积统计数据将补贴资金由省级粮食风险基金专户拨入各市、县(市)粮食风险基金专户。

县级财政部门根据农业部门核定的补贴面积通过农民补贴网管理系统计算分户补贴金额，力争在当年春耕前通过"一折通"渠道将补贴资金直接发放到种粮农户。

(4)补贴的管理和监督

农民补贴网及时、动态反映享受补贴农户的基本信息、补贴面积、补贴标准和补贴金额等。

农资综合补贴工作由财政部门牵头并负责补贴资金的拨付和监管，农业部门负责补贴面积的核定，乡镇政府负责本乡镇农资综合补贴工作以及农民补贴网数据的管理及上报。

具体操作流程如图 2.1 所示。

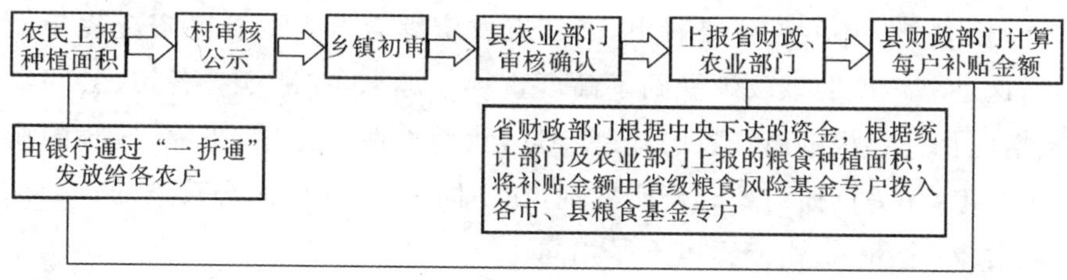

图 2.1　浙江省农资综合补贴具体流程

2.3 浙江省农资综合补贴政策的实施情况

中央2006年实施农资综合补贴后，浙江省2007年出台《浙江省人民政府办公厅关于2007年继续对种粮农民实行农资综合直补政策的通知》，规定2006年农资综合补贴的补贴方式及资金的发放管理，2006年全省总共补贴金额为9898万元。2007年后，中央一号文件明确指出要逐步增加农资综合补贴的补贴资金，浙江省农资综合补贴资金也逐年增加，2007年中央补贴资金为32508万元，2008年为86380万元，2009年为93564万元，2010年为94075万元。2010年浙江省出台《浙江省种粮农民农资综合补贴政策实施办法》，进一步明确农资综合补贴的原则、补贴对象、补贴标准、补贴面积核实办法、补贴资金来源、补贴管理及补贴资金管理，2011年为98627万元，2012年为120232万元，2013年为120232万元。

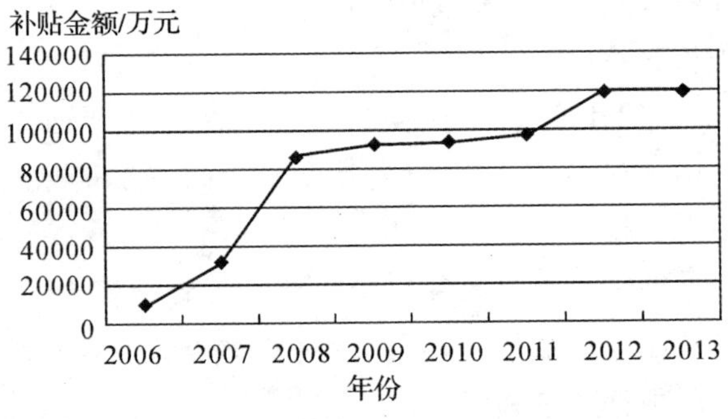

图2.2 2006—2013年浙江省中央农资综合补贴资金

从图2.2中我们不难看出，浙江省农资综合补贴的补贴资金逐年上升，这进一步说明该政策受到了高度重视。那么，在浙江省各市、县的实施情况如何？根据浙江省的地理特点，我们选取了山区、平原、丘陵的典型县(市)作为调研对象。调研发现，在不同地方，农资综合政策的补贴标准、对象、金额、操作流程等不尽相同。

2.3.1 农资综合补贴在平原地区的实施情况：以A县为例

农资综合补贴原本是针对农业生产资料如农药、化肥的补贴，但是在A县，农资综合补贴变成了对种植水稻、大小麦的补贴，并按种植面积补，金额为53.5元/亩。

(1)操作流程

核定补贴面积由农经局、市财政局组织实施，实行村级上报，镇、街道初审，面积审核后输入农民补贴网络系统，打印公示清单返回各村委会公示(不少于7天)。公示结束无异议后，由各镇(街道)农技水利服务中心输入农民补贴网系统，报镇人民政府、街道办事处审核盖章后出具镇(街道)公示书，各村汇总表随同农民补贴网系统的数据一并上报市种子粮油站。种子粮油站审核后出具全市总的公示确认书，附各镇(街道)汇总表交财政局审核。市财政局根据市农经局核定的补贴面积和上级财政下达的补贴资金额度，确定当年农资综合补贴标准，同时通过农民补贴网管理系统计算出每户农户的补贴金额。市种子粮油通过镇农机水利服务中心将每户农户的补贴金额返回村里公示，公示7天无异议后，各镇(街道)农机水利服务中心出具镇(街道)公示书，各村汇总表一并上报市种子粮油站。种子粮油站审核后出具公示确认书，并交市财政局审核。市财政局审核后在第二年春耕前通过农户在市邮政储蓄银行开设“一折通”发放。

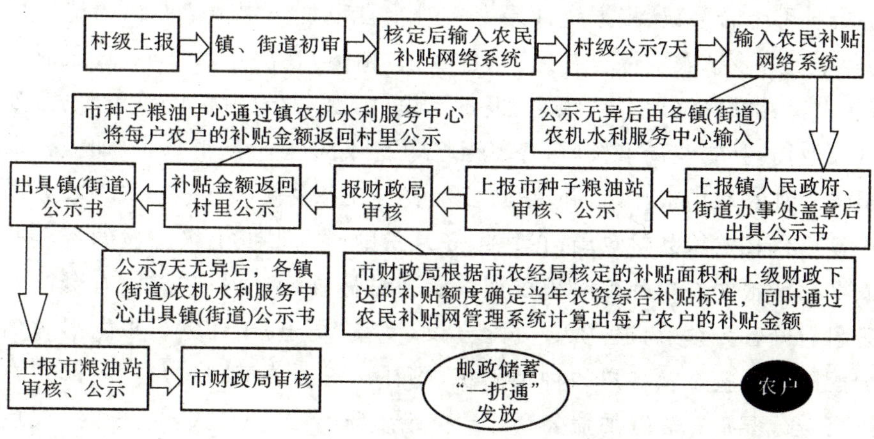

图2.3　农资综合补贴在A县的操作流程

(2)补贴情况

农资综合补贴自2006年开始实施，但是在A县的调研过程中，我们只获得了2010—2014年农资综合补贴在A县的补贴情况。从补贴的户数来看，从2010年开始逐年地减少，补贴面积从2011年开始逐年增加；补贴的标准自2010—2012年3年间不断增加，2013年在2012年的基础上有所下降；补贴资金逐年增加。详细情况如表2.2所示。

表 2.2　2006—2013 年 A 县农资综合补贴基本情况

年份	补助户数	补助面积(万亩)	补助标准(元)	补贴总额(万元)
2010	85984	51.68	37.42	1933.82
2011	82136	51.29	44.20	2267.09
2012	72845	51.74	55.51	2871.96
2013	69616	57.67	53.36	3077.07

2.3.2　农资综合补贴在山区的实施情况：以 B 县为例

B 县农资综合补贴并没有按照农业部规定的要求实施，而是用省财政下发的补贴资金除以全县水稻、大小麦的种植面积，得出每亩的补贴金额。每年的补贴金额有所不同，2014 年为 53.12 元/亩。

(1)操作流程

B 县的农资综合补贴在 B 县的管理部门是财政局国有资产管理科，具体的操作流程是：每年 11 月底前农业局粮油站召开各乡镇(街道)农资综合补贴综合会议，根据统计局上年对全县粮食作物种植面积的统计数据，布置各乡镇农资综合补贴面；各乡镇(街道)在次年 1 月 20 日之前通过《农民补贴网络信息系统》上报各乡镇(街道)的农户种粮面积、户数到县农业局，县农业局审核后，各乡镇打印《补贴资金分配汇总表》加盖公章报送到县农业局粮油站，并填写“公示表”，在各乡镇(街道)公式。农业局审核后再转发给县财政局；在每年 3 月份财政局根据上级下拨的资金及农业局转报的农户种粮面积核算每亩补贴标准，并由财政局国有资产管理科召开各乡镇(街道)资金分配会议，乡镇(街道)工作人员根据财政局分配的补贴资金及各户的种粮面积，将补贴资金分配到每户，并打印“补贴资金分配汇总表”(加盖公章)及“公示表”在各乡镇公式，公式无异议后上交至财政局国有资产管理科，财政局国有资产管理科根据乡镇上报的补贴数据，将补贴资金通过邮政储蓄发放给农户，并通过补贴内部管理系统上报至省财政厅。如图 2.4 所示。

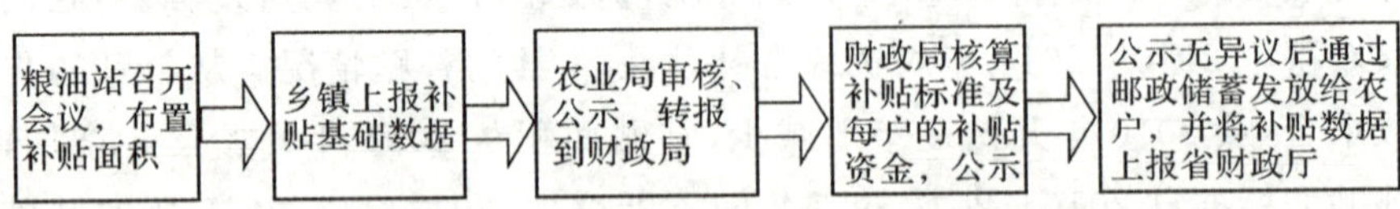

图 2.4　B 县农资综合补贴政策操作流程

(2)B县农资综合补贴情况

B县农资综合补贴并没有按照农业部规定的要求实施，而是用省财政下发的补贴资金除以全县水稻、大小麦的种植面积，计算出每亩的补贴金额，2014年B县农资综合补贴面积为159068.9亩，补贴标准53.12元/亩，中央补贴资金844.972884万元。2008—2014年B县农资综合补贴的详细数据见表2.3。调研过程中没有获得2012年的补贴面积数据，特此说明。

表2.3　2008—2014年B县农资综合补贴基本情况

年份	补贴户数	补贴面积（亩）	补贴标准（元）	中央补贴（万元）	省级补贴（万元）	县级补贴（万元）
2014	59800	159068.90	53.12	844.97	0	0
2013	60395	158732.98	53.12	834.94	0	0
2012	60378	/	/	825.98	0	0
2011	60728	184455.24	36.27	669.01	0	0
2010	60797	189895.98	33.70	639.89	0	0
2009	60596	199217.16	36.54	728.01	0	0
2008	60029	184315.37	30.55	563.00	0	0

2.3.3　农资综合补贴在丘陵地区的实施情况：以C县为例

C县以粮食种植面积进行补贴，根据上级财政下拨的资金核算补贴标准，补贴标准每年各不相同，2013年每亩补贴56.17元。

(1)操作流程

C县负责农资综合补贴的部门是财政局企业科，根据粮食种植面积补贴，补贴的操作流程较为烦琐。首先，由行政村村委会负责上报补贴面积；其次，乡镇(街道)对村上报的补贴面积审查、核实、确认、公示，并将公示无异议的补贴面积录入农民补贴网络信息系统，上报县农业局，由县惠农资金监管领导小组会同财政局和乡镇政府(街道办事处)对乡镇(街道)上报的补贴面积复核；第三，县惠农资金监管领导小组对补贴面积复核无异议后，把补贴面积数据交财政部门，财政部门根据上级下拨的补贴资金核算补贴标准，并将补贴清单交县邮政储蓄银行；第四，县邮政储蓄银行对农户姓名、身份证和“一折通”存折账号等信息进行审核后，将补贴资金直接发放到农户的存折账户上。如图2.5所示。

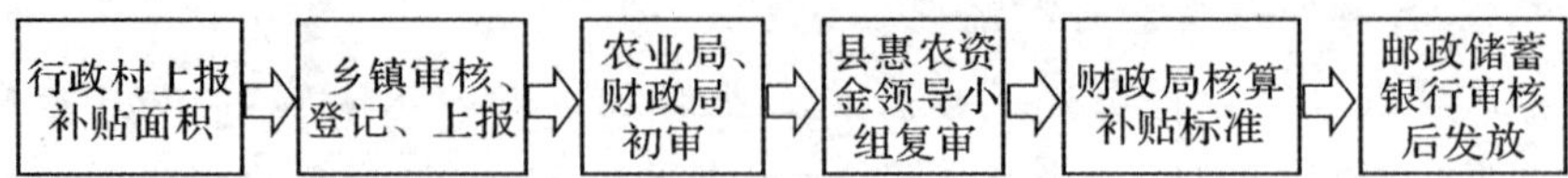

图 2.5 C县农资综合补贴操作流程

(2)C县农资综合补贴实施情况

C县农业局建立了《农村信息服务网》,由乡镇的农经员负责调研农村的基础数据,包括农户的人口、种植面积、大户信息、一折通信息等。农经员每年还对农村的信息数据进行动态调整。信息网上,所有数据都是公开的,村民可以在县镇的信息网服务站中(类似一台 ATM 机)查询各户的信息和补贴情况。2013 年每亩补贴 56.17 元,中央补贴资金 2329.29 万元(省级、县级政府没有配套资金)。其他年份详见表 2.4。

表 2.4 2006—2013 年 C 县农资综合补贴基本情况

年度	补贴面积(万亩)	补贴标准(元)	中央补贴金额(万元)
2006	50.34	4.25	213.92
2007	49.78	14.00	696.96
2008	49.63	38.60	1916.00
2009	50.67	37.00	1874.87
2010	45.82	36.00	1649.39
2011	44.19	42.00	1855.83
2012	42.90	53.90	2312.32
2013	41.47	56.17	2329.29

2.4 农资综合补贴政策绩效评价

2.4.1 效率一般

政策目标完成度低主要表现在以下两个方面:

一是没有实现农民增收、调动农民种粮积极性的政策目标。在 144 位受访者中,有 27.78%的人对补贴政策表示满意,9.03%人表示不满意,57.64%人认为没有感觉。大多数散户种水稻只是为自己提供口粮,他们认为水稻种植补贴并不影响种植水稻,有没有补贴都会种。需要说明的是,与大多数散户相比,种粮大户与合作社在农资综合补贴政策中受益较大，因为大户与合作社的种植面积多，能拿到的补贴就多。就此而言，农资综合补贴政策增加了种粮大户与合作社的收益，但是对增加绝大多数种粮散户来说，收益是不明显的。

二是县级政府在落实该项政策时，违背了补贴政策的原则。农业部2009年《关于进一步完善农资综合补贴动态调整机制的实施意见》明确指出，农资综合补贴应当遵循“价补统筹、动态调整、只增不减”的基本原则。但是，在实际调研中，我们发现平原、山区及丘陵地区都没遵循补贴基本原则，而是简化操作，根据地方情况按粮食作物种植面积补贴。在A县，农资综合补贴变成了对种植水稻，大、小麦的补贴，并按种植面积直补。B县则根据粮食作物播种面积来补贴，根据总的粮食作物播种面积与中央农资综合补贴拨款核算每亩补贴的金额；粮食作物播种面积由统计局规划，并分配到每个村，再由村分配到每个农户。在C县，农资综合补贴政策的相关负责人表示，补贴方式直接按粮食种植面积核算补贴标准；但是在调研过程中，一位受访者说：“农资综合补贴根据田地面积补贴，无论种植什么，甚至不种都能拿到补贴；使用土地的人不能拿到补贴，补贴只是补到土地户主的账户上。”

从受益面来看，农资综合补贴的受众广泛，A县种植水稻、大小麦的农户都能获得相应的补贴；在B县、C县种植粮食作物的农户也能拿到相应的补贴。

2.4.2 公平性低

农资综合补贴的政策公平性低主要体现在两个方面：一是地域补贴差异化低；二是补贴对象不公平。在地域性补贴差异性上，由于地方农业经济结构各异，如B县是种植茶叶大县，而A县则是种植水稻大县，各个县的补贴力度和标准应该根据县的实际情况而定。尽管省级财政下拨中央农资综合补贴资金是根据粮食种植面积配套的，但是，由于粮食种植面积有硬性的指标，地方只能上报高于实际粮食种植面积的硬性指标，这就导致需要补贴的没补到，需要较少补贴的拿到较多补贴，造成资源分配的不公平。在补贴对象方面，农资综合补贴对象是粮食，粮食包括旱粮、春粮和秋粮。A县、B县根据水稻和大、小麦的播种面积补贴，这对种植其他粮食作物的农户来说是不公平的。

2.4.3 效果差

在政策的效果方面，我们主要从政策执行者、政策受众的满意度与政策的操作情况来考察。在满意度方面，通过与该项政策的执行主体访谈，发现他们对该项政策并不满意。在政策受众方面，144 位受访者中，仅有 27.78%对补贴政策满意。在政策的可操作性方面，主要体现在以下两个方面：

一是种植面积、种类难以准确核定。以 A 县、B 县为例，A 县的农资综合补贴根据种植大小麦和水稻的面积来补，根据 A 县农资综合补贴的操作流程，我们看到从村到乡镇（街道）、农经局和财政局，层层把关，严格审核，还发动了村民进行相互监督。但是，在调研过程中，我们了解到，农资综合补贴的面积和种类核定主要由村委会负责，村委会工作人员不可能每家每户核查种植的品种和种植面积，村民也不太可能查看公示信息去了解其他农户获取补贴和种植信息。这就容易使村民或者村委会多报、乱报数据的现象时常出现。从《A 县 2013 年度各类农作物财政补贴》获取的资料看，中央农作物补贴晚稻面积为 318298 亩，小麦为 134207.9 亩，总共 452505.9 亩；农资综合补贴（大小麦、水稻）面积为 576662 亩，两者相差 124156.1 亩。同样，在 B 县地区，从 B 县财政局国有资产管理科获得的数据显示，2014 年 B 县农资综合补贴的面积（种植水稻、大小麦的面积）为 159068.9 亩，但是农业局粮油站 2014 年的统计表显示，全县粮食种植面积为 162000 亩，包括春粮、早稻、秋粮和油菜籽。种植水稻和大小麦的面积为 61500 亩。2013 年财政局国有资产管理科农资综合补贴的面积为 158732.98 亩，但是农业局粮油站 2013 年的统计表显示，全县粮食种植面积为 162000 亩，包括春粮、早稻、秋粮和油菜籽。

二是操作流程烦琐，效率低下。以 A 县为例，从 A 县农资综合补贴的操作流程来看，农民申请农资综合补贴至少经过 12 个程序，6 个部门参与（包括村委会，镇、街道人民政府，财政局，市粮油种子公司，农机水利服务中心，银行），7 次公示（其中村委会 2 次，市粮油公司 2 次，镇、街道人民政府 2 次，农机水利服务中心 1 次），5 次审核（其中镇、街道人民政府 1 次，种子粮油站 1 次，财政局 2 次，农经局 1 次），4 次上报（其中村上报镇、街道人民政府 1 次，镇、街道人民政府上报市粮油站 1 次，镇、街道水利服务中心上报市粮油站 1 次，种子粮油站上报市财政局 1 次）。

2.4.4 政策可持续性难以判断

从该项政策的目标与执行效果来看，其可持续性较低。原因是农资综合补贴不仅没有起到鼓励农民种粮食，提高农民收入的目标；反而因为政策的可实施性差，缺乏明确的责任主体，审核部门的工作随意性的可能性就会变大，无法严格准确审核上报的补贴面积，容易出现虚报、乱报的现象，造成公共资金的浪费。以C县为例，从C县农资综合补贴的操作流程来看，补贴面积核定部门包括村委会、乡镇（街道）政府、县农业局、财政局、县惠农资金监督委员会。农资综合补贴流程中几乎所涉及的部门都要对面积审核，那么出现补贴面积虚报乱报等现象的时候，应该由审核环节中的哪一个部门或者哪几个部门承担呢？这就为虚报、谎报种植面积滋长了空间。

但是，从政策资金与政策受众的使用意愿来看，其可持续性较高。从2007年开始，中央高度重视农资综合补贴，每年的中央一号文件都明确指出要持续加大农资综合补贴的力度，浙江省2007年总共补贴金额为32508万元，2013年上升为120232万元，由此可见该项政策的资金可持续较高。在政策受众的使用意愿方面，大部分受访者表示："国家无偿发钱，当然愿意要。"

因此，我们难以判断该政策的可持续性。

2.5 政策建议

2.5.1 政策目标清晰化

农资综合补贴政策在A县、B县和C县出现变异的重要原因是农资综合政策目标不清晰、缺乏可操作性。农资综合补贴的政策目标是"弥补农民种粮的农资增支，保护农民利益，调动农民种粮积极性，促进农民增收"，但基层执行部门无法准确理解其政策意图；而且规定补贴资金根据"价补统筹、动态调整"，缺乏可操作性，基层执行部门，只能变通执行。因此，建议将农资综合补贴变为对种植粮食作物农户的直接补贴，与良种补贴整合，根据种植面积补贴。

2.5.2 整合中央直补政策

现行的农资综合补贴与良种补贴都是属于普惠制的直补政策，鉴于农资综合补贴政策目标不清晰，缺乏可操作性，建议将农资综合补贴整合于良种补贴，补贴方式根据购买良种数量测算种植面积，以此确定补贴金额。

2.5.3 建立有效的监督机制

从A县、B县农资综合补贴实施的情况来看，A县根据大小麦、水稻的种植面积补贴，B县则是根据粮食作物的播种面积补贴，都面临补贴面积、种植农作物难以准确核实的问题。建议采取配套性措施。首先，签订种植作物类型、面积合同，农业部门与农户签订种植农作物类型、面积合同，并在村公示。其次，激发村民相互监督，从调研的情况来看，尽管农资综合补贴的补贴面积、金额都在村公示，以便村民相互监督，但是在87位受访者中，52.87%的人表示不清楚村里别人领到的补贴，村民并没有动力监督。因此，建议对虚报种植面积与农作物的人处以罚金，并追究其刑事责任。取消其享受该项政策的补贴，并将罚金与虚报人应当享受的补贴金额奖励给举报农民。再次，在县级部门建立畅通有效的监督举报核查机制，以便有效处理虚报情况。

2.6 典型案例

通过与县相关部门座谈，负责人表示中央农资综合补贴根据农户种粮食作物的播种面积核算补贴金额，通过邮政储蓄"一折通"直接发放给农户。与合作社的负责人座谈，他们也表示尽管租用农户的土地，也拿不到农资综合补贴，因为该项政策补贴是直接发放给农户的。但是，在随机问卷访谈过程中遇到的一位种粮大户让我们开始质疑农业部门与合作社所说的内容，不禁想问，农资综合补贴去哪儿了？

情况是这样的，2014年4月18日下午，我们来到了B县页寸乡宝安山村，开展富有挑战的入户问卷调研，因为下午大部分农户都出门做农活，留在家里的所剩无几。尽管如此，调研组成员还是充分发挥主观能动性，去田地里，拦住骑车的、拿着农具准备出门的，叫醒睡觉的，总之方式多样，就一个目的："抓"人做问卷。大家东奔西跑，快到集合时间的时候，调研组成员甲拦住了一位骑摩托车的农户，他看起来60岁的样子，黑黑的脸上爬满了皱纹，饱经沧桑。从他的眼神中，甲感觉到他并不乐意配合做问卷，脸皮厚的甲还是迅速启动了做问卷的程序，"大哥，您好！我是……现在在做一个关于水稻种植补贴的调研，您家种水稻吗？"

甲话音未落，大哥说："我不想回答，没用的！真的没有用的！"

甲很好奇地问："大哥，您为什么这样说呢？"

大哥情绪变得激动起来，说："我不想回答，不想回答啊！没有办法的！"

甲想，大哥肯定有苦衷，又问："大哥，您种水稻吗？"

大哥用颤抖的声音边说边比划："我租了四十亩地种水稻，四十亩啊！一分补贴也没有拿到，名字写上去补贴都被别人领走了！"他一脸的苦闷，眼里闪着泪花。甲看着这位淳朴、憨厚的农民，真的很不愿意再去揭这位大哥的伤疤，问了些基本信息后，就匆匆地赶去与大部队集合。

走在路上，甲一直在想："县农业部门说良种补贴、农资综合补贴直接发放到农户账户上，合作社也表示拿不到农资综合补贴，这位种粮大户一分补贴都没有拿到，钱到底去哪儿了呢？"回到集合地点的时候，甲与县农业部门的负责人谈起了这件事，农业部门的人很"肯定"地说："这片区域就是我负责，这里的种粮大户我很清楚，不可能有这样的事情。"农业部门的负责人又问："这位农户在哪儿？有没有留下联系方式？"甲说："没有，他骑着摩托车现在也不知道到哪儿去了。"这件事至今让甲感到内疚，当时为什么没有留下这位农民大哥的联系方式，留下了也许还能帮上大哥点忙，让他能享受到点政策的温暖。

3 普惠制直补政策总结

本报告所分析的两类普惠制直补固有其天然的优势——覆盖面广，对提高粮农收入作用直接，粮农感受强烈。图 3.1 清楚地说明了这两项普惠制直补的重要地位。作为"黄箱"政策，扭曲市场价格是其弱点。但除此之外，作为对农业生产投入的补贴，中央良种补贴和农资综合补贴在实践中对补贴基础的核准几乎成了"不可能的任务"。从本报告绩效评价的逻辑来分析，在效率方面，中央的农作物良种补贴和农资综合补贴均未达到政策设立之初的目标：中央良种补贴已起不到推广良种的作用，而近年来粮食生产成本中上涨最快、对农民来说负担最重的当属人工费用和土地流转租金，农业生产资料反而价格较为平稳。加之两项补贴额度较低，并未明显起到降低粮食生产成本之效。中央良种补贴从政策出台至今已有 11 年时间，农资综合补贴出台也有 8 年时间，这么长的时间里粮食生产的情形已经发生了极大变化，而政策并未做出显著调整，这便不难理解为何政策目标已经远远偏离实际情况。在这样的基础之上，政策设计未考虑我国农业基础数据严重缺乏、农业部门基层公务人员人手不足等实际情况，导致政策执行无法顺利按照政策设计进行，更不要说达到最初的政策效果了。然而，作为普惠性补贴，政策设计的普惠性是非常高的，但政策执行、政策宣传所带来的实际效果农民却感知不明显，这一缺陷在很大程度上抵消了政策本身为政策目标群体带来的政策红利。

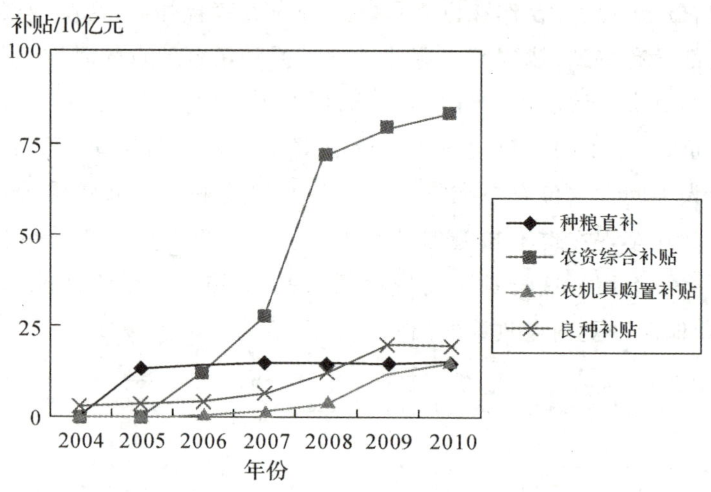

图 3.1　良种补贴与农资综合补贴在四大补贴中所占份额

数据来源：中华人民共和国财政部官方网站。

从公平角度来看，由于这两项补贴不要求省以下财政配套，因此浙江省内地区间资金分配的公平性均很高。但是如前所述，由于客观条件、政策环境所限，政策执行存在着统计数据不严谨等诸多缺陷，造成了人群间的相对不公。其本质：一是政策设计未考虑我国当下政策执行环境；二是政策监管的缺失。

从效果上看，综观本次调研的各类补贴，普惠性直补无疑是政策目标群体感受最为直观的一类补贴，也是知晓度相对最高的一类补贴。其直接补贴的特性决定了政策目标群体感受直接，其普惠性的设计决定了在政策目标群体中的高知名度。但从回应性角度来讲，如前所述，普惠制直补的设立至今已有相当长一段时间，但现行的政策与设立之初相比除了补助力度增加了以外，基本没有太大的变化。而农民的需求和生产方式都已发生改变，如良种的覆盖情况、农业生产成本情况等均发生显著变化，政策设计并未及时回应农民需求以及农业生产形势，因此回应性很差。满意度很低，作为两项覆盖面理论上为100%的政策，认为满意的调研对象比例仅为27.78%。而这27.78%的调研对象中还有相当一部分是出于“有钱发总比没钱发好”的心态，仅简单地认为发钱很好，但是并未将补贴与种植行为理性地联系到一起，更不要说理性的评价补贴对粮食生产的帮助作用了。因此，普惠性直补的满意度是很低的。综合回应性与满意度的分析，可见本报告涉及的两项普惠制直补的效果是很差的。

从可持续性上看，上述两项政策虽无法律做保障，但多次出现在如中央一号文件等重要政策文件当中。“黄箱”政策虽然使用总量受到世界贸易组织的限制，但不可否认的是在我国现阶段的农业发展中，与产量或投入挂钩的补贴仍是一种非常有效的生产激励手段，也是提高粮农收入非常有效的一类政策设计，同时我国仍具有相当于农业总产值8.5%的“黄箱”政策使用额度，因此从资金上来看普惠制直补是可以得到保障的。从可替代性上来看，不管良种补贴还是农资综合补贴均已偏离了政策当初设计的意图，而两者实际运行中的趋同表现说明了它们可以被一种统一的、补贴力度更大的普惠制直补来取代。与其说可替代性较强，不如说政策优化空间较大。从使用意愿上来看，无论是农民“有钱总比没钱好”的心态，还是农业天生的弱势特征，都决定了普惠制直补的高使用意愿。综合来讲，当把普惠制直补看作同一类补贴的时候，其可持续性是很高的。

4 政策建议

综合以上两部分的分析，我们不难发现，中央的农作物良种补贴和农资综合补贴均未达到政策设立之初的目标，而是成为一种普惠制的象征性补贴。由于粮食生产的收益与经济类作物相比较很低，但粮食的重要性又很高，因此直补政策是鼓励农民种粮、提高粮农收入的直接手段之一。从当前执行方式及成效来看，良种补贴与农资综合补贴对于政策目标群体来说并未有实质性的区别。但当前直补力度较小，不足以促进农民生产粮食的积极性，也没有起到提高粮农收入到种植业利润平均水平的作用，同时在发放补贴数据的统计上也极其混乱。从宏观上来看，良种补贴和农资综合补贴的合并，以及提高直补力度和提升行政管理水平是上述两项政策未来的发展方向。

4.1 整合直补种类，加大直补力度

由上面分析可知，现有普惠制补贴由于额度低，政策目标设置不合理，已失去了当初设置相应政策的意义。调研可知，直接补贴对农民而言感受最强烈、增收效果最好。因此建议将良种补贴、农资综合补贴及其他具有普惠意义的补贴合并，在此基础上加大补贴力度，结合其他协同政策，以种植业平均利润为目标，设定合理补贴额度，使农民感受到补贴真正的增收作用。

4.2 调整补贴基础，完善基础信息

良种补贴和农资综合补贴发放的过程中均存在着用于补贴的基础数据统计不严谨的问题。这种基础信息不严谨所导致的误发、漏发补贴的情况严重影响了普惠制直补的政策绩效。为了避免与产出或生产资料挂钩的补贴，扭曲价格干扰市场，建议将补贴依据调整为土地或户籍。基于此，结合2013年中央一号文件中全国土地于2013—2018年完成农村土地确权的规划，建议尽快完成建立或完善农村基本信息库，并实现数据的动态更新。这既保障了农民的合理收益，又解决了原有统计次数繁多、补贴基础复杂、难以精确执行的弊端。

4.3 补贴因地制宜，简化行政流程

现行良种补贴与农资综合补贴的补贴标准并未做到因地制宜，地区间公平性较低。补贴标准与执行方式应结合各地实际情况，避免“一刀切”情况的产生。如在补贴标准的确定方面，应对农业生产条件弱势地区适当倾斜，如加大对山区土地较为贫瘠地区农民的补贴，实现财政资金对

弱势群体扶持的应有之义。在补贴种类合并、补贴依据改变的基础上进一步简化行政流程。如取消每年村内统计上报面积、确定补贴面积、计算发放金额等不必要的行政环节，粮油站、种子站、农技推广中心等部门也无需全部参与到补贴发放过程中。应精简执行流程，提高行政效率。

4.4 整合管理部门，明确责任主体

从调研的情况来看，普惠制直补政策的管理主体不统一，责任不明确。现行的农资综合补贴政策的管理主体主要是财政部门与农业部门，而良种补贴政策的管理主体主要是农业部门；乡一级政府与村委会也参与到相关的管理工作中去。这样使得普惠制政策的管理主体集中度不够，片段化管理严重，缺乏相应的责任主体。农资综合补贴与良种补贴政策，其补贴对象为粮食作物，根据粮食作物的种植面积核算补贴金额，面积的核定就成为补贴的核心和重点。调研发现，补贴面积的核定审核主要有村委会、乡镇（街道）、农业部门、财政部门，各级都承担了核查面积的工作，这就使得责任主体模糊，当面积核查出现差错时就难以追究责任。因此，我们建议将普惠制直补政策的管理主体进行整合，统一由农业部门管理，明确农业部门的管理责任。

4.5 清晰政策目标，提高政策可操作性

通过对浙江省平原、山区、丘陵地区的调研，我们发现现行的普惠制政策的目标并不清晰，具体实施的难度较大。良种补贴“支持农民（含农场职工）使用良种和调动农民生产积极性，加快农作物良种推广，提高农作物产品品质和产量，提高资金使用效益”；农资综合补贴的目标为“为弥补种粮农民因柴油、化肥、农药、农膜等农资价格上涨带来的生产成本增加”。目标的含糊使得地方政府难以准确把握，执行随意性大，缺乏规范性。如良种补贴，B县执行过程与A县和C县的不尽相同。在B县，良种补贴面积的核定是由种子站根据农户在种植公司购买种子的数量，推算良种的种植面积，而在A县和C县则是农户自己上报到村委会，再由村委会上报到种子站，由此可见，各地补贴过程操作十分不规范。再如农资综合补贴，其政策目标过于抽象化，无法落地执行，浙江省级政府只好

改变操作规则,直接对粮食作物种植面积进行补贴。在实地调研中,我们发现该项政策的执行可谓“五花八门”,有些地方根据粮食作物种植面积补贴,有些地方根据水稻和大小麦的种植面积补贴,有些地方则是根据土地面积补贴,在政策的操作执行上无法有效地统一,由此带来虚报、谎报种植面积,套取公共资金的不良现象。为此,我们建议明确普惠制直补政策的目标,变为提升农民福利,按农民户籍进行补贴,取消补贴的中间环节。

4.6 考核主体多元化,考核维度多维化

调研的情况表明,普惠制政策的绩效考核并不合理,主要表现为考核主体单一化,考核维度僵硬化。考核工作主要在政府内部系统完成,鲜有第三方机构参与,基本都是上级政府对下级政府的行政性考察;考核的维度也较为单一,主要就是考察各地有没有完成中央下达的指标任务,以完成指标任务作为考核的核心,目标完成则效率高、政策好,反之则政策不好。这种僵硬的考核指标只会导致地方政府不断满足上级政府的考核指标,而忽视了政策存在的合理性及资金使用的效率、效果、公平等问题。为此,我们建议建立健全普惠制政策考核的合理机制,将第三方考核机构及政策受众纳入政策考核主体的范畴,从政策的效率、效果、公平性等多角度考察。

(执笔人:袁波、徐越)

子报告二：农业机械化促进政策

为了实现农业生产机械化，提高农业生产机械化水平，自 2004 年起，中央省市县各级政府相继出台了一系列促进农业机械化的政策，包括：①中央与省级农机购置补贴政策；②省级农业机械化作业补贴政策（机械插秧、统防统治）；③集中育秧补贴政策等。在实际操作过程中，这些政策分属不同的管理主体，农机购置补贴政策主要由农机管理部门负责，统防统治补贴政策主要由植保部门管理，集中育秧与机械化插秧补贴政策主要由农技推广中心负责。尽管各项政策在执行过程中具有一定的独立性，管理主体也不尽相同，但这几项政策的目标相近，为了研究的方便，我们把这几项政策加以整合，统称为农业机械化促进政策。本报告将分别考察各项政策出台的背景、实施方案、在浙江省的实施情况、政策绩效及政策建议。

在调研过程中，我们发现浙江省 2012 年开始实施《高耗能农业机械报废更新政策》，该政策与农业机械化促进政策具有一定的关联性，为了更加全面地了解有关农机的政策绩效，我们在农业机械化促进政策调研报告中增加《高耗能农业机械报废更新政策》调研报告，这部分内容作为本子报告的附件。

1 农机购置补贴政策

1.1 法律、政策依据

农机购置补贴政策的法律依据是2004年11月1日生效的《中华人民共和国农业机械化促进法》(以下简称《促进法》)。《促进法》第一条和第二条分别明确了该法制定的目标与农业机械化的含义,第一条规定:"为了鼓励、扶持农民和农业生产经营组织使用先进适用的农业机械,促进农业机械化,建设现代农业,制定本法。"

《促进法》第二十七条规定:"中央财政、省级财政应当分别安排专项资金,对农民和农业生产经营组织购买国家支持推广的先进适用的农业机械给予补贴。补贴资金的使用应当遵循公平、公开、公正、及时、有效的原则,可以向农民和农业生产经营组织发放,也可以采用贴息方式支持金融机构向农民和农业生产经营组织购买先进适用的农业机械提供贷款。具体办法由国务院规定。"第三条规定:"县级以上人民政府应当把推进农业机械化纳入国民经济和社会发展计划,采取财政支持和实施国家规定的税收优惠政策以及金融扶持等措施,逐步提高对农业机械化的资金投入,充分发挥市场机制的作用,按照因地制宜、经济有效、保障安全、保护环境的原则,促进农业机械化的发展。"

2006年9月1日实施的《浙江省农业机械化促进与农业机械安全管理办法》第九条规定:"对农民和农业生产经营组织购买国家支持推广的先进适用的农业机械,各级财政应当安排专项资金给予补贴。"

2012年10月1日,《浙江省农业机械化促进条例》开始施行,同时废止《浙江省农业机械化促进与农业机械安全管理办法》。《浙江省农业机械化促进条例》规定:"农民和农业生产经营组织购置政府支持推广的农业机械的,可以按照规定享受购置补贴。"

2004年中央一号文件《关于促进农民增加收入若干政策的意见》第一

条明确指出："提高农业机械化水平，对农民个人、农场职工、农机专业户和直接从事农业生产的农机服务组织购置和更新大型农机具给予一定补贴。"

2005—2012年的中央一号文件逐年强调加强政策力度，相继出台"两减免、三补贴"、中央财政继续增加良种补贴和农机具购置补贴资金，地方财政也要根据当地财力和农业发展实际安排一定的良种补贴和农机具购置补贴资金、退耕还林补贴、扩大农机具购置补贴规模、补贴机型和范围、提高补贴标准，将农机具购置补贴覆盖到所有农业县、扩大补贴种类，把牧业、林业和抗旱、节水机械设备纳入补贴范围、扩大农机具购置补贴规模、推进农机以旧换新等政策，使得农业生产机械化促进政策形成了一个系列，而且覆盖范围广泛。

2014年《关于全面深化农村改革加快推进农业现代化的若干意见》指出，"加大农机购置补贴力度，完善补贴办法，继续推进农机报废更新补贴试点。"

1.2 实施方案

1.2.1 总体概况

从浙江省历年《农机购置补贴实施方案》(详见表1.1)来看：

第一，补贴对象没有变化，补贴机具有所不同。农机购置补贴的对象包括纳入实施范围并符合补贴条件的农牧渔民、农场(林场)职工、农民合作社和从事农机作业的农业生产经营组织。但是，2009年与2010年规定，若申请补贴超过计划指标，要按补贴顺序进行补，顺序是：农民专业合作社；农机(种粮)大户；乳品生产企业参股经营的生鲜乳收购站、奶农专业合作社、奶畜养殖场所办生鲜乳收购站。2011年后取消了补贴顺序。涉及水稻种植过程中的农机购置补贴对象根据农机购置目录的调整每年有所不同，2014年主要有：水稻插秧机、粮食烘干机；2009—2013年相同，主要有：动力、耕整地、种植施肥、田间管理、收获、收获后处理极具。

第二，补贴原则不变，补贴标准有所调整。中央补贴资金实行定额补贴，对购置同一种类、同一档次的机具实行统一的补贴标准，中央资金补贴额度原则上不高于补贴机具近三年市场平均销售价格的30%；省与县(市、区)补贴资金仍按以下比例承担：欠发达地区由省财政承担70%，县(市、区)财政承担30%；其他地区由省财政承担40%，县(市、区)财政承担60%。单机的补贴标准与个人补贴额度有所调整。

表 1.1 2009—2014 年浙江省农机购置补贴实施方案

年份	补贴对象	补贴范围	补贴标准	操作流程
2009	农牧渔民、农场(林场)职工、农民合作社和从事农机作业的农业生产经营组织。但若申请补贴超过计划指标,按补贴顺序分配补贴资金。	动力机械、耕整地机械、种植施肥机械、田间管理机械、收获机械、收获后处理机械。	1. 中央资金补贴额度按机具价格的 30% 确定,实行定额补贴。单机补贴额不超过 5 万元,100 马力以上大型拖拉机、高性能青饲料收获机、大型免耕播种机、挤奶机械等单机补贴限额 12 万元。 2. 插秧机、育秧流水线、水稻机插秧盘、粮食烘干机补贴标准为购机额的 60%,本省籍拖拉机报废更新购买补贴目录内的机具的补贴标准再加 10%(单机追加补贴限额 1 万元)。 3. 一个农民年度内享受补贴的购机数量原则上不超过 1 套(4 台,即 1 台主机和与其匹配的 3 台作业机具)。直接从事植保工作的植保作业服务队年度内享受补贴购置植保机械的数量原则上不超过 10 台套。直接从事茶叶生产加工的经营组织年度内享受补贴购置茶叶机械的数量原则上不超过 10 台。一个生鲜乳收购站年度内享受补贴的购机数量不超过 1 套(3 台,即 1 台挤奶机、1 个储奶(冷藏)罐、1 个运输奶罐)。一户农民(渔民)年度内补贴购置增氧机、投饵机、清淤机的数量分别不超过 6 台、6 台和 1 台。	申购、审核、购机、付款、结算(复核无误后,与生产企业结算)、上报
2010	同上	同上	1. 单机补贴额不超过 5 万元。100 马力以上大型拖拉机、高性能青饲料收获机、大型免耕播种机、挤奶机械、烘干机单机补贴限额可提高到 12 万元;200 马力以上拖拉机单机补贴额可提高到 20 万元。 2. 插秧机、育秧流水线、水稻机插秧盘、粮食烘干机原则上追加购机额 30%(单机追加补贴最高限额与国家标准一致),本省籍拖拉机报废更新购买目录内 12 马力以上拖拉机的追加 10% 补贴(单机追加补贴最高限额 1 万元)。 3. 一个购机户年度内享受不同种类的补贴机具,原则上不超过 3 台套(同类机具只能享受 1 台套),若只购置增氧机、投饵机、潜水泵的,总数不超过 20 台。	同上

续表

年份	补贴对象	补贴范围	补贴标准	操作流程
2011	农牧渔民、农场(林场)职工、农民合作社和从事农机作业的农业生产经营组织	同上	1. 单机补贴额不超过5万元;100马力以上大型拖拉机、高性能青饲料收获机、大型免耕播种机、挤奶机械、烘干机单机补贴限额12万元;200马力以上拖拉机单机补贴限额20万元。 2. 个人不超过15万元、农业生产经营组织不超过80万元,其中省级示范性农民专业合作社不超过100万元。 3. 一个从事农机作业的农业生产经营组织,在同一年度内购买补贴机具享受的财政补贴资金总额不超过30万元;农业“两区”内的省级示范性农民专业合作社年度内购买补贴机具享受的财政补贴资金总额不超过80万元。一户农户(含农牧渔民或农、林场职工)年度内购买不同品目的补贴机具数量不超过3台套;对于只购置增氧机、投饵机、潜水泵的,补贴总数不超过20台;对于只购置茶叶生产加工机械的,补贴总数不超过5台(套),财政补贴总金额不超过5万元。对于购置微灌设备、简易保鲜储藏设备和水帘降温设备的,财政补贴资金总额分别不超过5万元。	购机、申请、审核、和公示、结算和拨付归档。
2012	同上	同上	1. 单机补贴额不超过5万元;100马力以上大型拖拉机、高性能青饲料收获机、大型免耕播种机、挤奶机械、烘干机单机补贴限额12万元;200马力以上拖拉机单机补贴限额20万元。 2. 个人不超过15万元、农业生产经营组织不超过80万元,省级示范性农民专业合作社不超过100万元。 3. 一个从事农机作业的农业生产经营组织,在同一年度内购买补贴机具享受的财政补贴资金总额不超过30万元;农业“两区”内的省级示范性农民专业合作社年度内购买补贴机具享受的财政补贴资金总额不超过80万元。一户农户(含农牧渔民或农、林场职工)年度内购买不同品目的补贴机具数量不超过3台套;对于只购置增氧机、投饵机、潜水泵的,补贴总数不超过20台;对于只购置茶叶生产加工机械的,补贴总数不超过5台(套),财政补贴总金额不超过5万元。对于购置微灌设备、简易保鲜储藏设备和水帘降温设备的,财政补贴资金总额分别不超过5万元。	同上

续表

年份	补贴对象	补贴范围	补贴标准	操作流程
2013	同上	同上	1. 每档次农机产品补贴额不超过此档产品在本省域近三年的平均销售价的30%测定。 2. 个人不超过15万元、农业生产经营组织不超过80万元,省级示范性农民专业合作社不超过100万元。 3. 中央补贴单机补贴额不超过5万元,挤奶机械、烘干机单机限额12万元,100马力以上大型拖拉机、高性能青饲料收获机、大型免耕播种机、大型联合收割机、水稻大型浸种催芽程控设备单机可提高到15万元;200马力以上拖拉机单机补贴额可提高到25万元。	同上
2014	同上	水稻插秧机、粮食烘干机	1. 每档次农机产品补贴额不超过此档产品在本省域近三年的平均销售价的30%测定。 2. 个人不超过15万元、农业生产经营组织不超过80万元,其中省级示范性农民专业合作社不超过100万元。	同上

第三,操作流程于2010年发生了较大变化,在2010年前农机购置补贴发放到生产企业,2010年后发放到购置农户的账户。2011—2014年操作流程变化不大,由购买人购买目录农机产品,凭发票、身份证等证件到农机管理部门申请,经相关部门核实好后公示,公示无异议后由财政部门拨款通过银行发放到购机农户账户。

第四,补贴标准、限额不断调整。2009—2014年浙江省农机购置补贴方案对个人、农业生产组织购买农机的数量以及补贴资金不断调整,2009—2012年规定"单机补贴额不超过5万元,100马力以上大型拖拉机、高性能青饲料收获机、大型免耕播种机、挤奶机械等单机补贴限额12万元。"2013年将100马力以上大型拖拉机、高性能青饲料收获机、大型免耕播种机的单机补贴限额提高到15万元;200马力以上拖拉机单机补贴额可提高到25万元。2014年则取消了上述限制。2009—2010年并未对个人、农业生产经营组织的购机补贴限制。2011年开始对个人与农业生产经营组织的购机补贴给予限制,个人不超过15万元、农业生产经营组织不超过80万元,其中省级示范性农民专业合作社不超过100万元。

1.2.2 浙江省现行农机购置补贴实施意见

(1)总体要求

以促进农业转型升级、加快农业领域“机器换人”步伐为目标，以“优结构、提质量、助转型、促增收”为主线，大力发展粮油及十大主导产业农业机械及设施装备，加快粮油生产全程机械化步伐，提升主导产业机械化、设施化水平。坚持重点导向，向农民专业合作社、家庭农场等新型农业经营主体倾斜，重点发展粮食、畜牧、茶叶、渔业、菌果蔬、设施农业及农产品初加工机械。坚持生态导向，优先发展节地节水、节药节肥、低耗高效、资源化利用等生态友好型农机装备，促进畜牧等产业转型升级和农业水环境优化改善。坚持绩效导向，强化政策落实绩效管理与考核，提高财政补贴资金使用效益。坚持公正导向，大力推进阳光行动和廉政风险防控管理，确保政策执行依法、公开、公平、公正。坚持市场导向，充分发挥市场在资源配置中的决定性作用，尊重市场竞争，切实保障农民选择购买农机的自主权。

(2)补贴对象

纳入实施范围并符合补贴条件的农牧渔民、农场(林场)职工、农民合作社和从事农机作业的农业生产经营组织。优先保证粮油生产、农业“两区”，旧机报废后更新，以及禁养、限养区养殖户退养转产从事种植业的购机补贴需求。对近年来已享受购机补贴政策且在用机具能满足农业生产需求的补贴申请可以进行适当控制。在购机补贴资金申请超过计划指标和补贴对象条件相同的情况下，按照公开、公平、公正原则，采取按申请时间顺序、公开摇号等易于接受的方式确定补贴对象。因补贴资金规模所限当年未能享受到补贴的购机者，可在下一年度优先补贴。

(3)补贴机具范围

补贴机具以粮油生产机械、农业主导产业关键环节机械装备和设施农业设备为重点，共设 12 大类 35 小类 95 品目，其中水稻插秧机、粮食烘干机、畜牧饲养机械、废弃物处理设备等关键薄弱环节的机械设备要敞开补贴，满足所有购机者的补贴需求。

(4)补贴标准

第一，中央补贴资金实行定额补贴，对购置同一种类、同一档次的机具实行统一的补贴标准。各地要加强市场价格的调查摸底，动态跟踪补贴产品市场销售情况，对于同一档次大多数产品价格总体下降较大的，省里将适时对补贴标准做出适当调整，并按调整后的补贴额结算。

第二，省、县（市、区）补贴资金主要用于水稻插秧机、粮食烘干机的累加定额补贴。省与县（市、区）补贴资金仍按以下比例承担：欠发达地区由省财政承担 70%，县（市、区）财政承担 30%；其他地区由省财政承担 40%，县（市、区）财政承担 60%。

第三，补贴对象年度内可享受中央补贴资金实行总额限制，个人不超过 15 万元、农业生产经营组织不超过 80 万元，其中省级示范性农民专业合作社不超过 100 万元。补贴对象确因生产需要，要求增加补贴资金总额的，由当地农机购置补贴工作领导小组讨论决定并报省农业厅、省财政厅，但设施大棚不再增加补贴资金总额。

（5）操作程序

按照“全价购机、县级结算、直补到卡”的方式，设施大棚实行项目化管理需先申请立项，其他机械设备实行先购机后申请补贴资金的操作办法。

第一，购机。补贴对象到浙江省公布的经销商（由生产企业确定，另行公布）处自主选择购机，允许省域内跨县购机。

第二，申请。补贴对象凭《农业机械购置补贴申请表》、购机发票、有效身份证明（个人凭户口本和身份证，农业生产经营组织凭工商营业执照）、《经销企业供货表》以及“一折通”卡号或银行账号，按“就近办理”原则，到县级农机化主管部门或乡镇政府（街道办事处）申请补贴资金。购置须登记注册、现场安装和省级累加补贴的补贴产品应到县级农机主管部门提出申请。

需现场安装的补贴产品，安装完成并经确认后才能申请补贴，拖拉机、联合收割机申请补贴时应办理注册登记。

第三，审核和公示。按照“谁受理、谁审核”的原则，县级农机主管部门和乡镇政府（街道办事处）审核补贴对象申请资料，经公示 7 日无异议的，乡镇政府（街道办事处）将申请补贴清单报至县级农机主管部门统一汇总。

第四，结算和拨付。中央和省级补贴资金由县级农机主管部门定期将结算意见报同级财政部门，财政部门复核无误后，通过“一折通”或银行账号将补贴资金直接拨付给补贴对象。

第五，归档。县级农机主管部门受理的资料由其整理并归档；乡镇政府(街道办事处)受理的资料由其整理归档,并定期将档案资料移交至县级农机化主管部门统一归档。操作流程如图 1.1 所示。

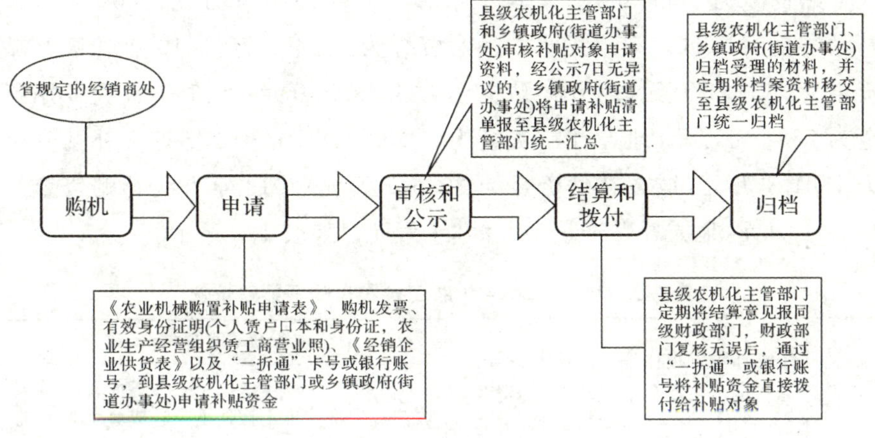

图 1.1　现行农机购置补贴操作流程

1.3　农机购置补贴政策在浙江省的实施情况

1.3.1　中央补贴资金

2005 年起,中央开始对浙江省农机购置进行补贴,补贴金额为 330 万元,投入力度的趋势不断增大,2006 年为 115 万元,2007 年为 3900 万元,2008 年为 10000 万元,2009、2010 年两年均为 28000 万元,2011 年为 35000 万元,2012 年为 49000 万元,2013 年为 44000 万元,2014 年为 34000 万元。①

1.3.2　省级政府与地方政府(市、县)补贴资金

为了更清晰地了解各级政府对农机购置补贴的投入资金情况,我们把省级政府与市、县政府的投入资金单列条目,予以梳理。

2004 年起,浙江省政府与地方政府开展农业机械购置专项补贴,省级政府补贴资金 2072.5 万元,地方补贴资金为 1870.7 万元;2005 年中央补贴资金为 330 万元,省级补贴资金为 3146.4 万元,地方补贴资金为 2882.1 万元;2006 年中央补贴资金为 115 万元,省级补贴资金为 1742.9

① 浙江省农业厅提供的数据。

万元,地方补贴资金为1786.8万元;2007年中央补贴资金为3900万元,省级补贴资金为1826.8万元,地方补贴资金为1646.9万元;2008年省级补贴资金为1268.0万元,地方补贴资金为1876.9万元;2009年省级补贴资金为2696.7万元,地方补贴资金为3794.1万;2010年省级补贴资金为3242.1万元,地方补贴资金为5553.9万元;2011年省级补贴资金为2634.3万元,地方补贴资金为4225.4万元;2012年省级补贴资金为1801.4万元,地方补贴资金为3036.7万元;2013年省级补贴资金为1449.9万元,地方补贴资金为3888.3万元。如表1.2所示。

表1.2 2004—2014年浙江省农机购置补贴情况

年份	中央补贴资金(万元)	省级补贴资金(万元)	地方补贴资金(万元)	总补贴资金(万元)	补贴机具数量(台)				
					收割机	拖拉机	插秧机	秧盘播种成套设备	烘干机
2004	/	2072.5	1870.7	3943.2	1280	261	/	/	/
2005	330	3146.4	2882.1	6358.4	1852	358	13	/	/
2006	115	1742.9	1786.9	3644.8	1330	677	83	3	9
2007	3900	1826.8	1646.9	7373.7	1142	2139	303	23	8
2008	10000	1268.0	1876.9	13144.9	1442	7666	462	48	7
2009	28000	2696.7	3794.1	34490.8	2199	15103	1245	169	239
2010	28000	3242.1	5553.9	36795.9	1336	4290	2071	945	686
2011	35000	2634.3	4225.4	41859.7	1033	4004	1539	172	692
2012	49000	1801.4	3036.7	53838.0	1190	4231	1061	230	883
2013	44000	1449.9	3888.3	49338.2	1001	3661	780	363	766
2014	34000	/	/	34000.0	/	/	/	/	/

数据来源:浙江省农业厅。

1.3.3 补贴机具

浙江省农机购置补贴的补贴机具数量与种类不断增多,2004年补贴机具数量为2539台,2013年为97984台,增长率为97.4%;农机购置的种类包括收割机与拖拉机,在2004年的基础上,2005年增加了拖拉机和插秧机,在2005年的基础上,2006增加了秧盘播种成套设备与烘干机。2007—2013年补贴机具的范围与2006年相同。

1.3.4 农机购置补贴政策在浙江省的实施情况

下面分别以平原的A县、山区的B县和丘陵的C县为例，具体说明浙江省农机购置补贴政策的实施情况。

(1)补贴资金与购机数量

①A县

A县2009年被列入浙江省9个省级农业机械示范拟建县(市)和3个实施县之一。2009年全市有191个农机经营户和服务组织符合购置补贴要求，共购置各类农业机械491台；2010年有89个农机经营户和服务组织购买农机补贴产品2597台；2011年有87个农户(合作组织)购置大中型农业机械804台(套)；2012年有102个农户(合作组织)购置大中型农业机械347台(套)；2013年共有63个农户(组织)购置大中型农业机械161台。截至2013年年底，A县农机总动力24万千瓦，农户739户，拥有联合收割机473台，大中型拖拉机159台，乘坐式高速插秧机116台，粮食烘干机42台。补贴情况如表1.3所示。

表1.3 2006—2013年A县农机购置补贴情况

年份	农机购机补贴资金(万元)		
	中央	省	市
2006	60	30	70
2007	90	26.95	70
2008	259.325	60.632	80
2009	509.879	87.775	92.542
2010	447.5	99.256	132.18
2011	479.987	35.494	38.005
2012	295.98	50	50.4
2013	100.06	4.4	3.3

数据来源：A县农机局。

由表1.3可以看出，2006—2009年间，A县的中央、省、市农机购置补贴逐年增加；2010年后A县中央农机购置补贴在2009年的基础上有所下降，省、市级农机购置补贴从2010年后开始大幅下降。

从A县调研了解的情况来看，A县农机购置补贴的操作流程与《浙江省农机购置补贴实施方案》规定的操作流程一致。

②B县

2013年,B县农机购置指标确认数3765份,79个合作社购买农机101台,其他为中小农户购买,购置农机主要与茶叶种植相关,与水稻种植的农机比例不高。2013年总共补贴987.54万元(中央补贴977.74万元,省补贴7.1万元,县补贴2.7万)。2011—2013年B县农机购置补贴具体情况如表1.4所示。B县农机购置补贴的操作流程与省规定的实施方案相同。

表1.4 2011—2013年B县农机购置补贴情况

年份	购机数量(台)	购买农机的合作社数(户)	合作社购买的农机数(台)	中央补贴金额(万元)	省级补助金额(万元)	市级补助金额(万元)	县级补助金额(万元)
2013	5968	12	1596	63.24	7.10	0.00	2.70
2012	5368	28	442	79.04	5.60	2.40	0.00
2011	7474	79	101	96.99	0.63	0.00	0.27

注:上表所述农机包括种植水稻和茶叶的机械。

数据来源:B县农机局。

③C县

C县自2004年开始实施农机购置补贴政策,2004年省级财政补贴69.6406万元,无中央与县级财政补贴;2005年省级财政补贴无中央与县级财政补贴,省级财政补贴49.807万元。2006年起,中央、省、县都配套了补贴资金。总体上来看,中央补贴力度趋势逐步增加;省级财政补贴在2009年达到最高,补贴金额为109.27万元,2010—2013年补贴的变化幅度并不大;县级财政补贴最高为2009年补贴的46.83万元,2010—2013年补贴金额变化不大(见图1.2)。截至2013年11月底,全年共接受农户申请598份,购机数量为2685台,农机购置补贴总额为765万元,中央补贴680万元,省级财政补贴59.5万元,县级财政补贴25.5万元。在此用图1.2表示三级补贴的结构,这个图也可以同时说明前面两个县的三级补贴结构状况。

(2)操作流程

从调研的情况来看,A县、B县和C县农机购置补贴的操作流程与省农业厅规定的实施方案相同。

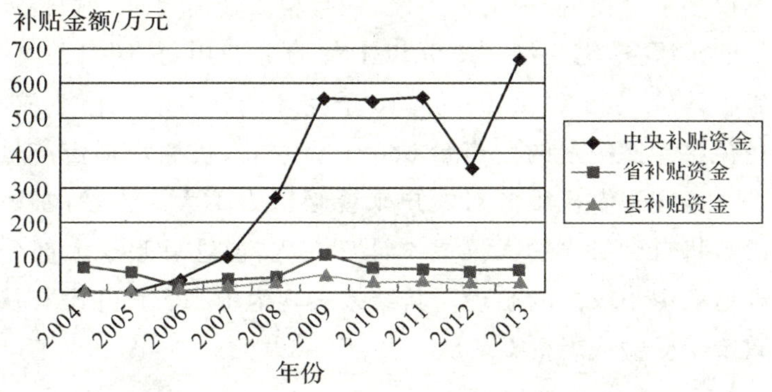

图 1.2 2004—2013 年 C 县农机购置补贴资金

数据来源：C 县农机局。

1.4 农机购置补贴政策绩效评价

1.4.1 政策效率一般

农机购置补贴政策效率一般，主要体现在两个方面：一是政策目标完成度一般；二是受益面较小。农机购置补贴政策的目标是提高农业机械化生产水平。通过调研发现：

第一，农业机械化水平的提高并不显著。以 A 县为例，2013 年水稻种植面积为 59.85 万亩，其中 7.6 万亩使用机械插秧，占比 12.7%，5 万亩使用机耕，占比 8.35%；7 万亩统防统治，占比 11.7%；5 万亩实现机械收割，占比 8.35%。①

第二，受益面较小。农机购置补贴政策的目标并不鼓励每个农户都购买农机，而通过购机主体向大多数农户提供农业机械化服务，让没有购置农机的农户间接受益，以此提高农业机械化生产水平，提升农业生产效率，增加农民收入。但是，通过对中小农户的调研发现，中小农户不但购置农机的可能性小，购买农机服务的可能性也低。在受访的 144 位农户中，80%以上的受访者没有购买过农业机械化服务。由于小农户只有几亩地，购买农机与农机服务成本高，不如自己人工耕种划算。以水稻机械化插秧为例，与目前农户所采用的水稻免耕直播技术相比，应用机械化育

① 机械化作业面积只是合作社提供的农机社会化服务数据。

秧技术不仅多了育秧、插秧两道工序，而且稻田还需要进行翻耕处理。向合作组织购买服务，需交纳120元以上的服务费用，按照目前2.6元/千克的稻谷收购价，至少每亩需增产46千克才能弥补农机作业成本，A县水稻应用免耕直播技术的亩产量560千克左右，机插水稻亩产量600千克左右，所以，购买农机服务对农户来说吸引力不大。当然，农民算的这笔账并没有将自己付出的人工成本计算在内，但这反映了大部分选择自己人工种地的中小农户的心理。其结果表现为中小农户并没有从农机购置补贴政策中受益或者受益不大。

1.4.2 政策公平性低

农机购置补贴政策公平性低主要体现在两方面：一是政策的差异化、公平性低；二是公共责任低。

在差异化公平方面，农机购置补贴政策由农业部与省农业厅统一规定产品目录，浙江省现行的农机购置补贴实施方案规定："补贴机具以粮油生产机械、农业主导产业关键环节机械装备和设施农业设备为重点，共设12大类35小类95品目，其中水稻插秧机、粮食烘干机、畜牧饲养机械、废弃物处理设备等关键薄弱环节的机械设备要敞开补贴，满足所有购机者的补贴需求。"但是购机补贴中的目录产品并没有很好地结合不同地区的农业经济特点，浙江省的平原、山区及丘陵地区地理特征与农业经济各不相同，而不同的农业经济特征对农业机械的需求量也各有差异。以我们所调研的山区B县为例，B县以前为种粮大县，但由于农业经济结构的变化，已从种粮大县变为种茶大县。显然，种粮大县与种茶大县对农机种类的需求是不同的，如果按农机购机补贴的目录产品，对种粮大县（如A县）则利大，而B县等其他非种粮大县则利小。

公共责任低主要表现在：一是购机主体向购买服务的主体收取农机作业费用时并未扣除农机作业补贴。从对浙江省山区、平原、丘陵地区的调研来看，农机购置主体（主要是合作社与种粮大户）向农户提供农机化服务（如机插、机耕、统防统治、集中育秧等）时，会收取一定的费用，在A县采取打包服务，机插、机耕、育秧三项服务费160～190元/亩不等，统防统治政府指导价格为170元/亩；B县机插收费150元/亩，机耕150元/亩，统防统治120元/亩；C县集中育秧与机械插秧打包服务170元/亩，以上几项服务均具有补贴。调研发现，一些地方（如C县）的农业机械化作业服务的补贴直接拨付给提供服务的主体，再由提供服务的主体扣除补贴费用后向购买服务的主体收取作业费。85%以上的农户并不清楚有农业机械化作业补贴政策，更不清楚作业补贴的标准，因此，一些提供农机化服务的主体收取的农机作业费并未扣除补贴，照样以最高指导价收取服务费。二是购机主体（主要是合作社与种粮大户）较少服务其社员。调研发现，90%购机主体不为其社员服务，而是向外承包农机化作业服务。由此我们可以判断出政策的公共责任较低。

1.4.3 政策效果差

无论是政策执行者还是农机购置者，对该项政策的满意度并不高，回应性也较差。首先在政策执行方面，无论是在A县、B县还是C县，农机购置政策实施主体都表示，农机购置补贴工作烦琐，补贴细则、补贴目录程序等每年变化，每年都要为适应购机补贴的各项变化而耗费大量的时间。除此之外，基层农机工作部门在对购机补贴申请的核查工作量大，困难突出。而购机主体（主要是合作社）则表示大型农机购置补贴少，购置大型农机经济压力大。一位受访者抱怨购机目录里的产品质量差、价格高，他说："现在想买好的进口机器（主要是进口的收割机），但是购机目录里面没有，只有质量较差的国产机。购机目录中的产品与同等性能和质量的市场产品相比，价格高10%。大型的农机购机补贴20%或者30%，有10%的补贴是被经销商拿走的。此外，购机主体也对购机补贴操作流程不满，通过与姓刘的种粮大户访谈后得知，种粮大户从购置农机申请到拿到补贴的时间长达10个月，购机补贴流程比县农机站公示的农机购置补贴程序还要烦琐。首先，农户要到村委会开种粮大户证明，持种粮大户证明到所在乡镇提交购机申请，乡镇农机管理员上报县农机站后，由农机站组织申请购机农户购买农机，购机农户持经销商开具的购机发票等材料交给农机站，农机站审核后报给当地财政局，由财政局复审后通过邮政储蓄"一折通"发放给农户。购机补贴的流程中，涉及的大多数环节都需要农户自己办理，购置农机所需材料办理的部门不同，材料停滞在部门之间的时间较长，效率低下。

1.4.4 政策可持续性高

我们从资金的可持续性、政策受众使用意愿考察政策的可持续性，在资金方面，2004年11月1日《中华人民共和国农业机械化促进法》明确规定，中央、省、县（市、区）政府把农机购置补贴资金纳入预算，因此资金的可持续性较高。在使用意愿方面，农机购置主体不排斥购置农机补贴，而是希望增大补贴力度、扩大补贴范围以及简化购置补贴流程。但是，这里需要指出的是，如果从农机购置补贴政策的效率、效果及公平性来判断政策的可持续，无疑是比较低的，上面已对政策的效率低，效果差，公平性低做过详细的论述。

1.5 政策建议

大部分小规模种植的散户没有或者很少从该政策中受益导致农机购置补贴政策的效率低、公平性差，而散户受益小主要是因为购买农机或者农机化服务会增加种粮成本。政策效果差的主要因素是农机购置补贴的操作流程烦琐，部分购机目录中的产品质量较差。为了提高农业机械化水平，进一步提高农民收入，我们认为应当加大农机购置补贴力度，降低农机化服务标准，优化购机补贴程序，引进质量过硬的农机产品进购机目录。

(1)加大农机促进化补贴力度，降低农机化服务收费标准。尽管农机购置补贴财政投入逐年增加，2004 年浙江省(中央、省、地方补贴)机购置补贴资金为 3943.1 万元，2013 年达到了 49338.161 万元，投入年均增幅为 32.41%。但与发达国家相比，我国农机购置补贴金额仍较少，难以真正实现农业机械化生产目标。当前，我国为了促进农业机械化生产，出台了不同的政策，除了农机购置补贴政策之外，还有农机机械化作业补贴政策。在调研过程中，我们发现，绝大多数中小农户并不愿意购买农机与农机化服务，因为会增加生产粮食的成本。① 导致的结果就是，粮食机械化生产只能在合作社与部分种粮大户中推广与运用，难以扩散至种粮中小农户。因此，在加大农机购置补贴的同时应当降低农机化作业收费标准，使更多的中小农户愿意购买农机化服务。

(2)优化购机补贴程序。农机购置补贴政策操作流程每年都有一定的调整，过于琐碎繁杂。县级农机管理部门从申请、审核、核查到结算，而且要不断适应农机购置补贴信息系统的新变化，烦琐的操作和不断调整

① 这里没有考虑机会成本问题，因为农户在使用机械化生产后，会不会因为机械化作业提高水稻种植效率而充分利用所节约的时间去从事其他事业难以确定。此外，从调研的情况来看，农民会更加重视水稻种植过程中的直接经济成本而非机会成本。

的程序、规则与补贴信息给基层农机部门增加了较多的工作量，影响工作绩效。同时，购机主体也会因“手续过于烦琐”而不满，尤其是那些补贴额较小的机具，农户为申请几百元的补贴往往要耗费不少时间和精力，这严重影响了政策执行效果。因此，建议简化操作程序，将较为复杂的农机购置补贴信息系统变得更加简便易操作，将乡镇一级纳入补贴政策实施环节中，利用乡镇处于第一线的优势，为购机主体提供方便快捷的服务；对购机主体实行一站式服务，简化购机申报材料，提高政策执行效果。

(3)引进较好的农机产品进入购机补贴目录。在调研过程中我们发现，大部分受访者表示购买有补贴的农机的质量并不好，使用年限不长，因此，在农机购置目录中应当引入较为科学合理的竞争机制，淘汰目录中产品不合格、质量不过硬的产品。让农户在获得购机补贴的同时，买到符合自身需求且质量过硬的农机产品。

2

水稻农机作业和集中育秧补贴政策

我国传统的水稻栽培方法是秧苗移栽，其育秧、拔秧、插秧等工序复杂，劳动强度大，生产率低，机械化作业程较低。为稳定和提高水稻综合生产能力，减轻水稻生产的劳动强度，促进水稻增产、增收和节本增效，我国从 20 世纪 50 年代就开始就大力推进水稻机械化生产技术。国外农业比较发达的国家已经完成了水稻生产环节机械化向全程机械化的过渡，机械化、自动化、智能化、商业化程度已达到非常高的水平。而我国只是在环节机械化上刚刚起步。

根据《全国农业和农村经济发展第十一个五年规划》和《全国农业机械化发展第十一个五年规划(2006—2010 年)》，农业部农业机械化管理司于 2006 年制定了《全国水稻生产机械化十年发展规划(2006—2015 年)》。规划明确提出，以我国水稻优势产区为重点，以育插秧和收获两个关键环节的机械化为着力点，带动耕整地、田间管理、烘干等环节机械化，推进水稻生产全程机械化，力争经过 5～10 年的努力，主要生产环节机械化水平达到 70%以上，到 2020 年，在全国基本实现水稻生产全程机械化。

水稻全程机械化生产技术是在水稻生产过程中，使种子处理、简塑盘育苗、水田机械整地、机械插秧、机械收获等环节实现机械标准化作业。主要包括机械化耕整地技术、机械化种植技术、机械化植保技术、机械化收获技术等。其中，水稻机械化规格化育苗与机械化插秧是水稻生产全程机械化的难点和重点，也是水稻生产中推广机械化较晚的一个环节。

据农业部初步统计，2010 年中国水稻耕种收综合机械化水平达到 58%，其中机耕水平达到 85%、机械化种植水平达到 20%、机收水平超过 60%。但与小麦、玉米等主要粮食作物相比，我国水稻生产机械化的综合水平依然较低，各个稻区发展水平很不平衡，难以适应现代农业发展的迫切需要。其中，水稻种植环节的机械化水平明显低于耕种和收割环节，2011 年我国水稻机插新增 2400 万亩，总面积达到 1.05 亿亩，加上水稻机直播、机移栽面积，2011 年水稻种植机械化水平已超过 25%，比 2010 年增长了 4 个百分点，但仍是粮食生产机械化中最薄弱的环节。

“十一五”以来，各地认真执行《全国水稻生产机械化十年发展规划(2006—2015 年)》，不断加大行政推动和示范推广力度。为进一步贯彻落实《中华人民共和国农业机械化促进法》和《浙江省人民政府关于大力发展农业机械化的若干意见》(浙政发〔2007〕27 号)精神，大力提升水稻生产作业的机械化，在农机购置补贴的基础上，浙江从 2007 年开始实施了一系列激励措施。其中，与促进水稻插秧环节与育秧环节的机械化相关的政策包括农机化促进工程项目(2007 年至今)、水稻生产机械化作业环节补贴(2007 年至今)和水稻集中育秧补贴(2012 年开始)。本子报告主要介绍和评估后两项补贴政策在以 A 县为代表的平原地区、以 C 县为代表的丘陵地区、以 B 县为代表的山区的实施情况和政策绩效。

2.1 水稻生产机械化作业环节补贴政策简介

与全国基本情况相似，浙江省的水稻机耕、机收等指标在全国居领先地位，但机插水平较低，是水稻生产全程机械化的一条短腿。2007 年，浙江省水稻生产全程机械化率仅为 47.6%。

直播种植和育秧移栽种植是水稻种植技术的两种主要形式。我国多数地区采用的是育秧移栽种植技术，主要的移栽模式有人工插秧、人工抛秧。因为种粮收益不高，大批青壮年农业劳动力向非农产业转移，导致农村劳动力结构性短缺，水稻人工插秧的难度加大。由于缺少劳力，浙江许多农民种植单季晚稻采用的是“免耕直播”的办法。这种方法种植的晚稻虽然简便易行，也省工节本，但一旦遇上台风或寒冬来得早等灾情性天气，对稳产高产十分不利。

人工插秧劳动力短缺，“免耕直播”难保高产，这都为机械化插秧创造了必要的客观条件。机械插秧作为一种先进的技术有着多方面的优点，比如秧苗分蘖早且多、种植效率高、株距及行距分布均匀以及增产效果显著等等。但机械插播技术在我国仍处于水平低、规模小、推广慢的状况，究其原因，主要是以下几点：①农业经济水平相对较低，而机械插秧的成本高、作业投入多，因而利用率较低；②水稻种植规模化水平低，多为散、小等不规则田块，阻碍了机械化作业；③我国自主制造的插播机械的性能较差，而从国外进口的机械价格又较高，且政府的扶持力度不足；④插秧机不能有效地适应我国杂交栽植的要求。针对浙江丘陵多、小农户多、小田块多的特点，如何开发和推广小型化、轻型化、高速化的插秧机械是浙江水稻生产机械化推广工作的重点之一。

为推进水稻生产机械化育插秧和病虫统防统治工作，提高水稻生产全程机械化水平，促进农机、植保服务组织发展，稳定和发展粮食生产，根据《浙江省人民政府关于做好 2007 年粮食生产工作的通知》(浙政发〔2007〕11 号)，浙江省决定从 2007 年开始对水稻生产机械化环节实施财政资金补贴，并提出到 2010 年全省水稻、油菜等主要粮食作物全程机械化率达 70%以上的目标。机械化率提高到 70%意味着更多劳动力将从土地上解放出来，据估算可以节约水稻生产成本每亩每季 250 元左右。

2.1.1 政策沿革

2007 年，浙江省农业厅、财政厅出台了《关于对水稻生产机械化作业环节实施补贴的通知》(浙农计发〔2007〕25 号)，首次对农机作业券补贴政策进行了明确。随后每年省政府及省财政厅、省农业厅都会结合全省情况对该政策实施的补贴对象、标准和程序等予以明确。2012 年 5 月，浙江省财政厅和农业厅再次联合发文，出台了《浙江省农业机械化作业环节补贴资金管理办法(试行)》(浙财农〔2012〕121 号)。该《办法》对补贴对象和补贴发放程序等进行了更新(见表 2.1)。具体有如下特点：

表 2.1　2007—2013 年浙江省农机作业环节补贴政策沿革

	2007 年	2008—2011 年	2012—
补贴对象	应用水稻机械化育插秧的种粮农民和全季病虫统防统治面积 300 亩以上的植保合作社等"统一防治"服务组织	应用水稻机械化插秧的农民以及接受植保合作社或注册开展植保服务的粮食、农机合作社(纳入病虫统防统治面积全季 300 亩及以上)统防统治服务的农民	应用水稻机械化插秧以及全季(年)接受具一定服务规模(全年服务面积在 500 亩以上)的植保服务组织农作物病虫害统防统治服务的农民。优先支持农业"两区"和国家现代农业示范区内的实施主体
补贴标准	水稻机械化插秧作业环节(按亩次)和水稻病虫统防统治(按种植面积)每亩各补贴 20 元	水稻机械化插秧作业环节(按亩次)和水稻病虫统防统治(按种植面积)每亩各补贴 40 元	水稻机械化插秧作业环节(按亩次)农作物病虫害统防统治(水稻按季,经济作物按年),每亩各补贴 40 元
补贴发放形式	农机作业券	农机作业券	"一折通"直接发放
补贴资金来源	经济发达地区由省财政、县(市、区)财政各安排 50%;经济欠发达地区(含海岛县)由省财政安排 70%,县(市、区)财政安排 30%。	欠发达地区由省财政承担 60%,县(市、区)财政承担 40%;其他地区由省财政承担 40%,县(市、区)财政承担 60%	欠发达地区由省财政承担 60%,县(市、区)财政承担 40%;其他地区由省财政承担 40%,县(市、区)财政承担 60%

(1)补贴对象的更新

由表 2.1 可以看出,从 2007 年开始应用水稻机械化插秧的种粮农民均可以享受到 20～40 元/亩的政策补贴,而提供"统防统治"服务的专业型合作社只有在达到一定规模的作业量后(2012 年前是 300 亩,之后是 500 亩)才能享受政府补贴。购买"统防统治"服务的农户只有向具有提供农机作业服务资质且"上规模"的植保服务组织购买服务时才有可能享受补贴后的服务价格。

(2)补贴标准的更新

农机作业环节补贴政策于 2007 年刚出台时,补贴标准为水稻机械化插秧作业环节(按亩次)和水稻病虫统防统治(按种植面积)每亩各补贴20元。2008年开始补贴力度增加了一倍,为每亩各补贴40元。40元/亩持续至今已有7年。

(3)补贴发放形式和程序的更新

2007年开始时,浙江对水稻生产通过发放“农机作业券”的方式实施财政资金补贴。农机作业券由省农业厅统一样式,分20元、10元、5元三种面值,由县级农业主管部门负责制作,并加盖公章。向种粮农民发放作业券时,按面积核发,不足5元的按5元核发(农机作业券的使用流程见图2.1)。

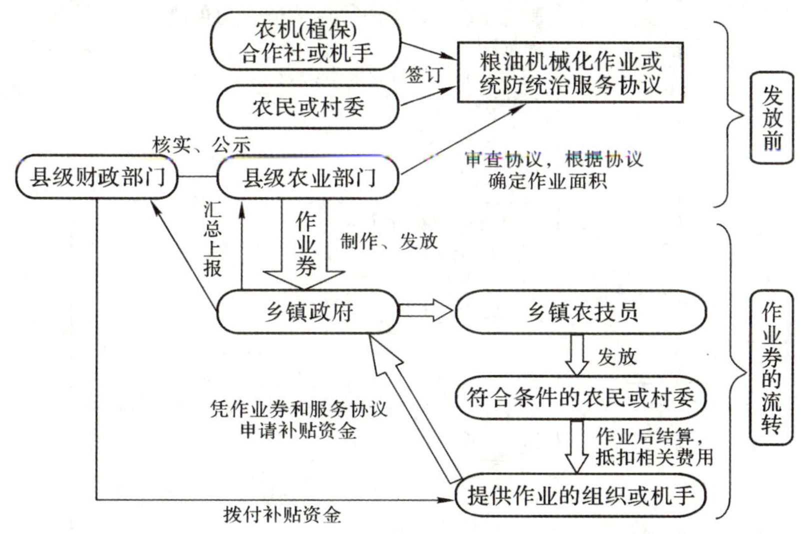

图2.1 农机作业券发放、使用流程

据浙江省农业厅有关人士介绍,在农机作业环节补贴实施初期,因为插秧机数量较少,提供的农机作业服务有限,农业部门确定作业面积及发放农机作业券的执行成本相对较低。但随着农机化促进工程的实施,2009年开始,浙江的插秧机保有量和机插作业面积都大幅增加,核定面积及发放作业券的工作量加大,执行成本增加。而且,农机作业券在实际工作中的利用率并不高,因为之前签订了服务协议,服务组织或机手是否持有作业券不影响补贴发放。因此,从2012年开始,浙江不再以农机作业券的形式发放农机作业环节补贴。现行补贴资金发放程序分为签订协议——面积申报——申请补贴——审核——公示——资金发放六个环节(具体流程见图2.2)。

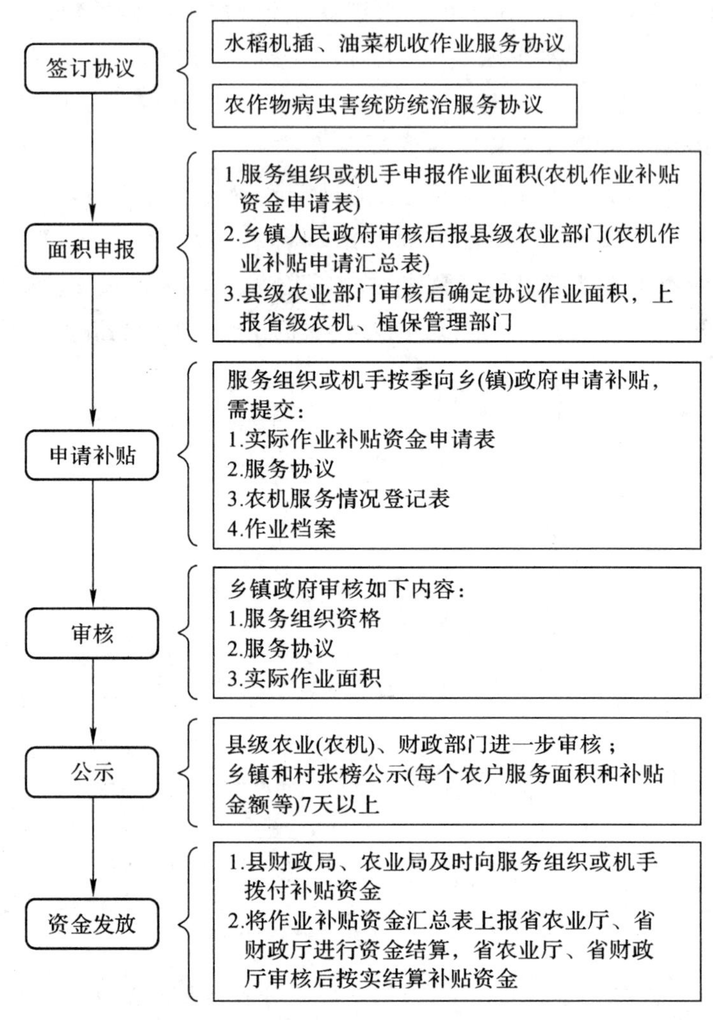

图 2.2　现行农机作业环节补贴发放流程

2.1.2　农业机械化环节补贴政策在浙江省的实施情况

从 2007 年开始对农业机械化环节进行补贴至今，浙江省每年的补贴金额都在增长(见表 2.2)，粮食生产耕种收综合机械化水平也在逐步提升(见表 2.3)。据浙江省农业厅统计，全省水稻机插面积从 2007 年 21.7 万亩跃升到 2013 年的 266.58 万亩，机插率达到 21.4%。2013 年全省农作物耕种收综合机械化率达 68.5%，其中水稻耕种收综合机械化水平达 71.5%，比 2004 年提高近 30 个百分点。2013 年，浙江省农机专业合作社总数达到1373家，成为推进水稻机插和油菜机收快速发展的主力军，农机作业服务收入144.7亿元，为农民人均增收约450元。高性能插秧机的使用减轻了劳动强度，节省了劳动力成本，提高了农业生产效率和组织化、规模化程度。按2013年劳动用工计算，水稻生产的劳动用工成本比2003年节省近16亿元。①

表2.2　2007—2013年浙江省农业机械化作业环境补贴金额 单位：万元

年　份	2007	2008	2009	2010	2011	2012	2013
农业机械化作业补贴	656	2352.7	5250.58	6770.05	7502.78	8076.1	8268
其中：机插	219	752.5	1854.41	2733.72	2933.54	3209.3	3215
统防统治	437	1600	3396.17	4036.33	4569.24	4866.8	5053

数据来源：浙江省农业厅。

表2.3　2004—2013年浙江省粮食生产耕种收综合机械化水平

	2004	2005	2006	2007	2008	2009	2010	2011	2012	2013
机插面积（万亩）	/	0.65	4.8	21.7	54.4	118.3	192.9	224.4	243	266.6
插秧机机购置补贴（台）	0	13	83	303	462	1245	2071	1539	1061	780
粮食生产耕种收综合机械化水平（%）	40.7	43.3	47.6	50.8	53.9	58	61	64.8	66	68.5

数据来源：浙江省农业厅。

在认真落实农机作业环节补贴、农机化促进工程项目等政策的基础上，浙江主动结合农业“两区”平台，大力推进农机化示范区、粮食及主导产业机械化示范工程建设，整片、整村、整乡、整县推进农机化发展，促进农机化新技术的普及应用。2012年新建省级农机化示范县2个，农机化示范乡镇33个、示范村80个，新建粮油等机械化示范基地55个。到2013年结束时，已形成15个省级以上示范区、150个示范镇和950余个示范基地的示范辐射面。

2.1.3　浙江省促进水稻生产机械化的其他举措

除农机购置补贴和机械化作业环节补贴外，为让更多农民享受到农

① 浙江三农网：“浙江农业加速机器换人，水稻生产综合机械化水平逾七成”，2014-06-05，http://www.zj3n.gov.cn/html/main/zhxwview/59146.html，2014-07-11访问.

机社会化服务，浙江省在加快培育农机专业合作社、作业公司等新型农机服务主体方面还采取了其他激励措施，具体包括：

对从事农机服务的个体工商户依法减免管理费；为农业生产提供技术服务或劳务（农机作业）所取得的收入，暂免征收企业所得税；开展机耕、机收、机插、排灌、植保及相关技术培训业务所取得的收入，免征营业税；对跨区作业的收割机以及运输收割机、插秧机的车辆，免收收费公路通行费等；实施农机化教育培训大行动，省、市、县三级联动推进农机化专业人才队伍建设，对各类农机从业人员进行培训和农机职业技能鉴定。

2.2 水稻集中育秧补贴简介

2.2.1 政策背景

水稻是浙江省重要粮食作物，其面积、产量分别占浙江 2012 年粮食作物播种面积和总产量的 71%和 83%。“秧好半年稻”，培育好水稻秧苗是稳定种植面积和提高水稻单产的基础。随着浙江水稻生产全程机械化技术的推广与普及，在水稻机插环节中，对秧苗的要求越来越高，既要求秧苗个体健壮，又要求秧苗群体均匀，还要求秧苗的大小、规格适合机插要求。

但是，浙江省早稻育秧期间经常出现持续低温阴雨天气，连作晚稻播种育秧正处高温季节，单季晚稻播种育秧也常遇晴热干燥天气，不利于各季水稻正常播种育秧。除了受到天气影响，常规手工育秧的秧苗品质参差不齐，个头大小不一，排列不整，难以满足机械插秧用苗的要求，而工厂化育秧对于分散的单个农户来说投入成本大，育秧费用高，受育秧场地和育秧成本的限制，大范围推广比较困难。“机械插秧七分育三分管”，因此，育秧的规格化和标准化程度对水稻插秧机械化水平有着重要影响。

《全国农业机械化发展第十一个五年规划（2006—2010 年）》和《浙江省人民政府关于大力发展农业机械化的若干意见》把水稻规格化（标准化）育秧作为增加粮食产量，提高水稻生产全程机械化的一个重要内容。2007 年，浙江省完成水稻机插作业面积 21.5 万亩，除山区和海岛县外，全省共有 61 个县（市、区）开展了水稻机械化育插秧技术的示范推广工作，共建规格化育秧点 898 个，示范点 1412 个，涉及农户 30694 户。2011 年，浙江省将其从 2004 年开始实施的水稻良种补贴政策，调整为对粮食生产功能区内的集中育秧补贴。

集中育秧，是指由种粮大户、专业合作组织和涉农企业按照规范化、标准化的技术要求，对浸种催芽、整地播种、培育管理等环节实行统一操作的育秧模式。实行水稻集中育秧，是提高秧苗素质、打好丰收基础的关键措施，是提高抗灾能力的有效途径，也是解决当前农村水稻育秧工作中缺劳力、缺技术、缺场地的一项重要技术。

2012 年中央财政首次安排 1 亿元资金，支持南方地区（湖南、湖北、广东、广西四省）推广早稻集中育秧技术。这一补助政策的实施，不仅撬动了各级地方 7.5 亿元资金配套，而且助推了南方水稻生产方式的新变革。为切实抓好水稻集中育秧工作，遏制耕地抛荒，推进“单改双”和提高水稻单产，2012 年，浙江省决定开展“大力推广集中育秧促进水稻稳定增产”行动，省财政安排 4500 万元资金，用于补助水稻集中育秧。

2.2.2 浙江水稻集中育秧补贴政策的基本情况

为进一步提高水稻集中育秧社会化服务水平，加快推广应用水稻主导品种和壮秧增产技术，稳定水稻生产面积，提高单产水平，保障粮食安全，根据《浙江省人民政府关于切实抓好 2012 年粮食产销工作的通知》（浙政发〔2012〕10 号）精神，2012 年 5 月 31 日，浙江省农业厅、浙江省财政厅下发了《关于 2012 年浙江省水稻集中育秧补贴的实施意见》（浙农计发〔2012〕31 号），决定对水稻集中育秧实行财政补贴政策。2013 年 4 月 1 日，浙江省农业厅、浙江省财政厅又下发了《关于 2013 年浙江省水稻集中育秧补贴的实施意见》（浙农计发〔2013〕15 号），对集中育秧补贴政策进行了更新（对比请见表 2.4）。

表 2.4 浙江省水稻集中育秧补贴对象和标准

年份	2012	2013
补贴对象	应用水稻主导品种，在已建成与在建的粮食生产功能区和各级开展的水稻高产创建重点示范片内，接受一季育秧大田面积 300 亩（含）以上的粮食（含农机、植保等）专业合作社、农业服务公司、育秧专业户等服务主体提供集中育秧服务的农民（含符合条件的大户自育秧和代育秧）	在粮食生产功能区和各级开展的水稻高产创建重点示范片内，应用水稻主导品种，接受一季育秧大田面积 100 亩（含）以上的育秧专业户、家庭农场、粮食（含农机、植保等）专业合作社、农业服务公司等服务主体提供集中育秧服务的农民

续表

年份	2012	2013
补贴标准	省根据2010—2012年三年各县(市、区)已建成和在建的粮食生产功能区面积和复种指数,按每亩10元的标准确定水稻集中育秧补助资金计划 各县(市、区)要根据当地水稻生产实际情况,制定秧苗质量标准、育供秧指导价格和补助标准,按服务主体在规定补贴范围内实际集中育秧面积(折算成大田)进行补助,每亩省补助最高不超过40元	根据各地2012年水稻集中育秧补贴政策实施情况和2013年预计水稻集中育秧面积,确定2013年水稻集中育秧补助资金计划 各县(市、区)要根据当地水稻生产实际情况,制定秧苗质量标准、育供秧指导价格和补助标准,按照服务主体在规定补贴范围内实际集中育秧面积(折算成大田)进行补助,每亩省补助最高不超过40元 鼓励育秧主体为种粮中小农户集中代育秧,各地在制定当地实施意见时,对为中小农户代育秧和开展水稻集中育秧整村推进的要予以重点倾斜

由表2.4可见,浙江集中育秧补贴政策的实施范围并非全省通行,而是在粮食生产功能区和各级开展的水稻高产创建重点示范片内实行。该政策在浙江刚刚起步,仍处于微调阶段。2013年集中育秧补贴的发放门槛较2012年有所下降,从300亩降至100亩,补贴对象中新增家庭农场这一对象。此外,新的《补贴发放实施意见》鼓励育秧主体为种粮中小农户集中代育秧。这三点主要变化可反映出集中育秧政策的更新旨在惠及更多的中小农户。

浙江省集中育秧的补贴力度逐年加大,从2012年实施至今,浙江省财政累计安排1.8亿万元对集中育秧进行补贴,2012年投入4500万元,2013年增至6000万元,2014年可增至7500万元。

在实行集中育秧补贴政策的同时,浙江采取了一系列政策合力推动集中育秧的推广,包括育秧中心建设项目补贴、秧盘和育秧流水线的购置补贴等。在多项政策的共同作用下,截至2013年年底全省共建立水稻育秧中心836个。

水稻育秧中心的大批建设及机插秧技术的推广应用有效地解决了人工插秧劳动强度大、用工多等问题,而且较大程度地保证了秧苗的发芽率和成活率。例如,以往人工浸种、催芽,水稻发芽率只能保证在70%左右，一个人两天才能催250千克种谷。而使用全自动蒸汽喷淋式水稻种子催芽机，一个人每天能完成500千克稻种催芽，发芽率达95%以上。

此外，集中育秧育出的秧苗病菌少、根系壮，生长过程中不易遭病虫害，从而减少了药肥使用，顺应了生态环保的农业生产趋势。

2.3 水稻农机作业和集中育秧补贴政策在调研地区的实施情况

无论是平原、丘陵还是山区，浙江的农业生产普遍面临着农业人口逐步流向二、三产业以及农村劳力短缺的困境。人工成本已经成为水稻生产成本的主要部分。理论上，推广机械化插秧技术和集中育秧技术将有助于保证水稻产量，提高生产效率，降低生产成本。但因为地域差异，不同地区对机械化插秧技术和集中育秧技术的需求和接受度并不相同，地方农业部门的执行热情也各异。

我们以接受调研的A县、B县和C县为例，从政策细化和政策执行两方面介绍水稻农机作业和集中育秧补贴政策在三地的执行情况。

2.3.1 政策细化的差异

政策细化差异主要体现在补贴管理办法的设计上。为保证政策执行可以因地制宜，县(市)政府应该根据省、市有关促进粮食生产的政策意见和省财政厅、省农业厅《浙江省农业机械化作业环节补贴资金管理办法(试行)》(浙财农〔2012〕121号)及省农业厅《关于2012年浙江省水稻集中育秧补贴的实施意见》(浙农计发〔2012〕31号)精神，设计出一套符合当地情况的补贴管理办法。

根据实地调研和网上信息检索，调研组发现A县和C县都正式出台了相关政策文件，并在其农业部门网站上进行了公示。但调研组未收集到B县关于这两项政策的政策文件。

A县和C县的政策细化各有特色。

(1)A县

因为集中育秧、水稻机插、统防统治本质上都属于水稻种植环节中的机械化和规模化，所以水稻集中育秧和农业机械化作业环节补贴两项政策的补贴对象、补贴标准、补贴方法相似，A县在设计补贴管理实施办法时进行了整合。

A县于2012年出台了《A县水稻集中育秧及农业机械化作业环节补

贴实施意见》，就补贴对象、补贴原则、补贴标准、补贴方法、管理监督做了明确阐述。因为2013年浙江省对集中育秧补贴政策的对象和标准进行了调整，A县农业经济局、A县财政局于2013年印发了《2013年A县水稻集中育秧及农业机械化作业环节补贴实施意见》（平农经〔2013〕74号）。

通过对比省级与A县级的政策文件可以发现，A县除了在补贴标准上根据当地情况进行了政策细化，在补贴原则、补贴方法和管理监督几点上基本照搬了省级文件（见表2.5、表2.6）。

表2.5　A县水稻集中育秧补贴对象和标准

年份	2012	2013
补贴对象	应用水稻主导品种，在粮食生产功能区和各级开展的水稻高产创建重点示范片内，接受一季育秧大田面积300亩（含）以上的粮食（含农机、植保等）专业合作社、农业服务公司、育秧专业户等服务主体提供集中育秧服务的农民（含符合条件的大户自育秧和代育秧）	对全市应用水稻主导品种，为农民提供集中育秧服务，一季育秧大田面积100亩（含）以上的育秧专业户、家庭农场、专业合作社、农业服务公司等服务主体
补贴标准	水稻集中育秧补贴按服务主体在规定补贴范围内实际集中育秧面积（折算成大田）进行补助，每亩补助15元	水稻集中育秧补贴按服务主体在规定补贴范围内实际集中育秧面积（折算成大田）进行补助，每亩补助20元 对为中小农户代育秧、整村水稻集中育秧率达到60%或集中育秧面积达到800亩以上的，每亩补助30元；整村水稻集中育秧率达到90%以上的，每亩补助40元

表2.6　A县农业机械化作业环节补贴对象和标准

	2012	2013
补贴对象	应用水稻机械化插秧、油菜机械化收获作业以及全季（年）接受具有一定服务规模（全年服务面积在500亩以上）的植保服务组织农作物病虫害统防统治服务的农民	同2012

续表

	2012	2013
补贴标准	水稻机械化插秧作业环节(按亩次)、油菜机械化收获作业环节(按亩次)和水稻病虫统防统治(按种植面积)每亩各补贴40元,其中,省财政每亩各补贴16元,市财政每亩各补贴12元,镇、街道财政每亩各补贴12元 对2012年新购置的高速插秧机且台作业量达到500亩的,每亩追加补贴20元,最高不超过1.6万元/台;对新建育秧中心且供秧面积达到3000亩以上及新建20吨以上烘干中心且年烘干量达到1000吨的,每个中心补助5万元	水稻机械化插秧作业环节(按亩次)、油菜机械化收获作业环节(按亩次)和水稻病虫统防统治(按种植面积)每亩各补贴40元,其中,省财政每亩各补贴16元,市财政每亩各补贴12元,镇、街道财政每亩各补贴12元。整村水稻机插率达到90%以上的,市财政每亩各追加补贴10元 对2013年新购置的高速插秧机且台作业量达到500亩的,每亩追加补贴20元,最高不超过1.6万元/台,新购置秧盘补贴购置额的50%,单个主体最高不超过3万元;对新建育秧中心且供秧面积达到3000亩以上及新建20吨以上烘干中心且年烘干量达到1000吨的,每个中心补助5万元

(2)C县

在政策细化程度上,C县要优于A县。C县于2012年发布了《关于进一步规范粮油生产机械化作业环节补贴管理工作的通知》,于2013年发布了《关于切实抓好2013年C县水稻集中育秧补贴工作的通知》。在政策细化时,C县结合本县水稻生产特点,分别详细地规定了水稻机插、统防统治、集中育秧补贴的管理办法,不但明晰了各级职能部门的工作职责,还明确提出要对补贴对象进行资格审查。补贴方法、管理监督等流程不是简单地照搬省级文件,而是列出了明确的工作时间表(见表2.7至表2.9)。

表2.7　C县水稻机插补贴的管理办法要点

	水稻机插
补贴对象	县域内应用水稻机械化插秧、油菜机械化收获的农户及农民专业合作社
补贴标准	每亩补贴40元,其中省级财政补贴60%,县级财政补贴40%

续表

	水稻机插
基本条件	1.水稻机插作业必须具备县农机管理站登记在册的水稻机械化育插秧机械装备 2.油菜机收作业必须具备当年度检验合格的油菜籽收获机械，机手必须持证上岗
备注	水稻机插期间，县惠农资金监管小组将组织核查组对机械作业服务点进行核实，开展实地检查。各乡镇(街道)在每季作业服务结束后，对符合补贴对象、作业面积等情况在水稻机插实施村张榜公示；县农业局将适时对符合补贴对象、作业面积等情况在《今日C县》、农技110网站等媒体公示，接受群众监督

表2.8　C县统防统治补贴的管理办法要点

	统防统治
补贴对象	本县内接受一定规模(服务面积达到500亩以上)的植保、粮食、农机等合作社病虫害统防统治服务的农民
补贴标准	每亩补贴40元，其中省级财政补贴60%，县级财政补贴40%
基本条件	开展专业化统防统治服务组织应具有法人主体，股本清晰，制度健全，运作规范，有较强的植保技术综合服务能力，全年累计服务面积不少于500亩。并应在县农业局植保站备案 申请开展农作物统防统治服务(享受政府补助)的合作社，必须事先经过主管部门审核批准 收费标准：参加统防统治的农户必须根据“协议”按时支付防治费用。统防统治的收费标准按照统防统治比同类地区平均防治成本降低15%以上的要求确定。原则上不允许超高标准收费 合作社必须根据“协议”，订阅《病虫情报》，接受县植保站的技术指导；需开展田间调查，并做好田间数据记录；应由同一服务队采取统一作业形式；建立田间档案；及时进行统防统治绩效评价

表2.9　C县集中育秧补贴的管理办法要点

	集中育秧
补贴对象	县域内应用省推水稻主导品种，在已建成与在建的粮食生产功能区和各级开展的水稻高产创建重点示范片内，接受一季育秧大田面积100亩(含)以上的粮食(含农机、植保等)专业合作社、农业服务公司、家庭农场、育秧专业户等服务主体提供集中育秧服务的农民(含符合条件的大户自育秧和代育秧)

续表

	集中育秧
补贴标准	标准机插秧，标准抛栽秧多补，手插秧少补，直播田不补 按服务主体在规定补贴范围内实际集中育秧面积（折算成大田）进行补助，直接补助到接受服务的农民（含符合条件的自育秧和代育秧大户）。每亩补助最高不超过 40 元
基本条件	1. 必须是省推水稻主导品种 2. 水稻秧苗必须达到壮秧标准 3. 每亩大田秧苗必须在 80 元以内（含 80 元） 4. 接受水稻机插作业服务的农户优先

2.3.2 政策执行情况

因三县（市）统计方法不同，三地农业部门提供给调研组的资料丰富程度不同，在此仅对各地政策执行的基本情况进行描述。

（1）A 县

①农机作业环节补贴执行情况

根据 A 县农经局提供的资料，2013 年 A 县投入农机化作业补贴资金 217.63 万元，使用省财政专项补贴资金为 219.25 万元①，带动全市农机化作业收入超过 2500 万元。全市共开展水稻机械化插秧作业面积为 64237 亩，水稻病虫统防统治面积 70609 亩。有 32 家合作社申请到了水稻机插作业补贴，39 家合作社申请到了统防统治补贴。

据 A 县所属地市水稻高产验收组专家现场测产，A 县机插水稻最高亩产达到 914.2 千克（钟埭大力），应用水稻全程机械化生产的 6 号（粮油）专业合作社平均亩产超过 600 千克（种植面积 3075 亩）。据 A 县测算，水稻机械化育插秧平均节本增效 85 元/亩，油菜机收节本增效 30 元/亩，水稻病虫统防统治节本增效 60 元/亩，全市新增效益超过 1000 万元。粮食生产中，机耕率、机收率均超过 90%并保持稳步增长，机械栽植、机械烘干瓶颈达到有效突破，全年机械烘干粮食 5 万吨，粮食耕种收机械化水平增长了 1%，达到 74%。

②集中育秧补贴执行情况

自 2009 年 A 县首个育秧中心——6 号（粮油）专业合作社育秧中心

① 2014 年 1 月，A 县已通过邮政储蓄将省财政专项补贴资金 218 万元直接支付到各户的一折通账户。此外，A 县向省农业厅申请增加省财政专项补贴资金 1.2 万元。

通过专家组验收后，截至 2013 年，A 县已拥有育秧中心（大田供秧面积 500 亩以上的集中育秧点）17 个，大田供秧面积 5000 亩以上的育秧中心 5 个。2012 年和 2013 年的育秧能力分别为 7.08 万亩和 6.96 万亩，实际供秧面积分别为 5.68 万亩和 5.30 万亩，水稻集中育秧面积分别为 6.87 万亩和 6.46 万亩。[①] 2013 年 A 县集中育秧补贴金额总计 174.71 万元，共有 32 家合作社申请到了该项补贴。

③农机专业合作社发展情况

在各项农机化促进政策的激励下，A 县的农机专业合作社发展迅速，初步形成了农机社会化服务体系。通过与农经局工作人员、合作社、种粮大户和普通农户的访谈，我们发现 A 县地区农机作业服务模式主要有三种：

a. 农机作业组织（大户）与各村、户签订农机作业承包合同，提供耕、种、管、收、烘等"菜单式"机械作业服务。

b."一条龙"作业服务，各类农机作业服务主体，将服务拓展到水稻生产的全过程，在耕、种、管、收、烘等各个环节提供一条龙服务。农户只需要缴纳一定服务费，就可以完全将土地托管给各类农机作业服务主体。

c. 开展自我服务。农机合作组织（大户）通过自己承包一定的土地，利用自身优势开展自我服务。

A 县从事农机作业的合作社从 2008 年的 6 家扩展到 2013 年的 48 家，服务内容从粮食生产的耕、收发展到机耕、机种、机植保、机收、机烘等全过程。随着农机服务组织的发展，A 县的农业生产逐渐向种粮大户、农机大户和农机服务组织集中，合作社开展水稻机械化育插秧、油菜机收、病虫统防统治等农机作业量占到全市的 95%以上（见表 2.10）。农机社会化服务规模的扩大也推动了农机经营收入增加。2012 年和 2013 年，A 县合作社作业服务收入都超过 3000 万元。

表 2.10　2012 年 A 县合作社和农机服务组织作业量及其占比 单位：万亩

	A 县总计	合作组织完成部分	占比（%）
机械插秧面积	6.9	6.7	97.00
油菜机收面积	0.5	0.5	100.00

① 详见 2013 年 A 县集中育秧汇总表。

续表

	A县总计	合作组织完成部分	占比(%)
统防统治面积	6.5	6.5	100.00
机械耕作面积	32.0	6.8	21.25
机械稻麦收割面积	45.0	4.0	8.89

数据来源：A县农经局。

(2)B县

①农机作业环节补贴执行情况

因为属于浙江省欠发达地区，B县级财政比较紧张，除了2007年农机作业补贴开始实施时，B县财政配套资金到位了，以后每年县财政应该承担的40%都没有配套到位。根据B县农业局和农机站提供的数据，2013年B县合作社提供的机插服务面积为883亩，统防统治面积32769.3亩，总共应补贴134.61万元，其中，省财政承担的60%，即80.77万元(包括农机作业环节补贴2.12万元，统防统治78.65万元)已经到位。

因为地处山区，且种水稻的收益不如种茶叶，B县成片良田都被用于茶叶种植，水稻种植面积小且分散，所以水稻机械化作业在B县的推广受实际情况所限并不理想。根据B县农业局提供的数据，2013年B县机插面积883亩，分别由3家合作社完成，其中只有1家(15号谷物专业合作社)作业面积规模较大，达到648亩，其余两家分别只有110亩和125亩。

B县目前有20家提供统防统治服务的专业合作社，这些合作社一般由有经验的农户进行牵头，组成专业合作社①，向农户(主要是茶叶种植户)提供统防统治的服务并收取相关费用。目前，合作社向农民收费130元，但由于没有地方财政配套资金，B县合作社能拿到的统防统治补贴只有省里下发的24元。据B县植保站的陈站长说，合作社的成本在160～165元，所以综合来说，合作社在提供统防统治的服务上是亏的。为弥补合作社的亏损，B县安排了50万元病虫害防控经费，用于补助合作社在这方面的亏空。

此外，B县专业合作社在统防统治这一块，倾向于使用物理、生物技

① 专业合作社主要成员一般是由7个人组成(理事会3人，监事会3人)，此外还需要有1名具有专业资格认证并具有证书(人力资源和社会保障部颁发)的植保工。

术以减少化肥农药的使用。通过引进这些新的技术，可以将每年需要喷洒农药的次数从以前的4～5次减少到3次，降低了成本。

②集中育秧补贴执行情况

集中育秧补贴在B县处于刚起步阶段。据B县农业局工作人员介绍，B县2013年拿到了省里补助的8万元，但并未提供具体的育秧面积。根据《浙江省水稻集中育秧补贴的实施意见》，每亩省补助最高不超过40元的标准，可推算出B县2013年集中育秧面积至少为2000亩。根据B县统计局提供的资料，B县2011—2013年水稻种植面积和产量如表2.9所示，2013年水稻种植面积为4129公顷，即6.2万亩。可以看出B县集中育秧的力度非常弱(见表2.11)。

表2.11　2011—2013年B县水稻种植面积和产量

	2011年		2012年		2013年	
	种植面积（公顷）	产量（吨）	种植面积（公顷）	产量（吨）	种植面积（公顷）	产量（吨）
早稻	1080	6607	828	5151	825	5314
单季稻	2356	18621	2613	18735	2601	18570
连作晚稻	736	5056	819	4888	703	4618
总计	4172	30284	4260	28774	4129	28502

数据来源：B县农业局。

(3)C县

调研发现，C县地区专业合作社的农机多为自用，对外提供社会化服务的比例不高。受访合作社对补贴的申请发放流程较为熟悉。

①水稻机插补贴基本情况

C县的水稻机插补贴由农机站负责，使用机械化插秧的主要是种植面积多的种粮大户，基本不对外提供机插服务，补贴40元/亩，早中晚稻都有补贴(见表2.12)。

表2.12　2010—2013年C县机械插秧面积和补贴总额

年份	机械插秧面积(亩)	补贴总额(万元)
2010	23426	93.7
2011	21075	84.3

续表

年份	机械插秧面积(亩)	补贴总额(万元)
2012	28654	114.6
2013	36884	147.5

数据来源：C县农机站。

②集中育秧补贴基本情况

集中育秧补贴由C县农技推广中心负责。与水稻机插作业相同，C县的集中育秧也是有条件的农户为自己服务，不提供对外服务，因此所谓协议也是自己跟自己签。农户集中育秧的成本是70～80元/亩，政府的育秧指导价为80元/亩。按技术难度不同，育秧补贴标准为：早稻40元/亩，连作晚稻35元/亩，单季晚稻30元/亩(见表2.13)。

表2.13 2012—2013年C县集中育秧面积及补贴总额

年份	育秧面积(亩)				财政补贴额(元)
	小计	早稻	单晚	连晚	小计
2012	46223.28	17707.08	10883.72	17632.48	1279601.2
2013	88963.24	34618.56	19581.04	34763.64	3090995.8

数据来源：C县农技推广中心。

C县农技推广中心的工作人员表示，希望集中育秧补贴在全县推广，而非只局限在粮食生产功能区之内，此外，应该对采用机械插秧的农户重点奖励。

③统防统治补贴基本情况

统防统治补贴由C县植保站负责。C县本地水稻种植以双季稻(早晚)为多，也有单季稻，统防统治补贴为40元/亩。因为C县是欠发达地区，故省里承担60%，县里承担40%。但是，C县对早稻不予以补贴，理由是早稻打药次数少于单季稻和晚稻。C县地区统防统治单季稻每年每亩打药4～5次，晚稻一般为4次，早稻为2次。因为早稻统防统治相对成本较低，C县选择将有限的财政资金用于扶持成本较高的单季稻和晚稻病虫害防治，扩大相对补贴面积。

2013年，C县统防统治补贴面积为239027亩，涉及农户数达1059户，省财政下拨250.13万元，县财政配套144万元。

根据对合作社的访谈，证实C县地区统防统治补贴的标准为早稻

24 元/亩，中、晚稻 40 元/亩。统防统治服务指导价为 50 元/亩。据一个提供过统防统治服务的合作社(C 县 18 号合作社)反映，他们向农户收费的标准为：早稻 50 元/亩，晚稻 100 元/亩，单季稻 120 元/亩，该合作社 2013 年向 50～60 户农户提供了服务，对外服务面积总共有 300 亩。另外一个提供统防统治服务的种粮大户表示，为周围提供服务其实并不赚钱，但如果不把他 4000 亩地周围的地打上药，旁边的虫子也会飞到他的地里导致减产，因此他是在以成本价服务周围的农户。

2.4 水稻机械化作业和集中育秧补贴绩效评价与政策建议

2.4.1 政策绩效评价

(1)指标体系

根据政策特色，我们对指标体系的二级指标进行了调整(原指标体系请见总报告)，调整后的指标体系如表 2.14 所示。

表 2.14 指标体系

一级指标	二级指标
效率	政策执行成本
	政策目标完成
公平	普惠性
	公共责任
效果	知晓度
	积极性
	满意度
可持续性	资金
	使用意愿
	可替代性

(2)绩效评价

①效率不高

具体表现为：农机作业环节补贴和集中育秧补贴的执行成本偏高，补贴发放周期过长，且存在地方配套不到位的现象。

首先，补贴资金管理办法环节多，补贴发放周期长。根据浙江省下发的补贴资金管理办法，农业机械化作业环节补贴发放过程涉及签约、申报、公示、核查等多个环节。以统防统治补贴为例，从农民向合作社购买服务开始，到合作社拿到补贴为止，其中涉及2次申请/申报、2次审查/核查、3次汇总上报，1次公示，4张表格。与统防统治类似，集中育秧和水稻机插补贴也要经过这样一系列复杂的环节才能发放到农民或合作社手中。

在与A县、C县两地合作社访谈过程中，调研组都听到了关于补贴发放太慢的抱怨。为此，我们在C县受访种粮大户的帮助下，梳理了具体操作流程，计算了补贴发放周期。一般情况下，C县的水稻机插补贴从每年的4月开始申报，农户在当年的12月拿到补贴，历时8～9个月；集中育秧补贴从每年的5月份开始申报，12月公示，来年1月份补贴发到一折通上，历时8～9个月。帮我们梳理补贴申领流程和周期的种粮大户告诉我们，因为申请补贴和项目的流程复杂，他专门安排了一个工作人员负责相关事宜。由此可见，补贴申请麻烦、发放慢已经在一定程度上造成了补贴政策的效率流失。

C县水稻机插补贴操作程序如下：

第一步：农民育秧上报乡镇（育秧面积，地点，种子，村，盘数等）；

第二步：乡镇农机员核实后，签订协议（主要是合作社自己与自己签订）并交村委会盖章；

第三步：乡镇汇总核查公示（核查的办法是目测育秧面积，由此推算机插面积），上报农机站（网上公示7天）；

第四步：农机站上报县涉农资金管理委员会、县农业部门审核；

第五步：县农业局向县财政局提供《农机作业环节补贴发放清单》，县财政局直接从银行将补贴资金通过“一折通”及银行账号发放到农户或合作社。

其次，补贴资金地方配套不到位。调研发现，三地都在一定程度上存在地方配套不到位的现象。A县一级财政虽然能够保证资金到位，但其下面一些比较贫困的乡镇难以保证；B县因县级财政比较困难，对农机作业环节补贴并没有按照规定予以配套；C县水稻机插环节补贴能够保障到位，但统防统治补贴仅对晚稻和单季稻配套，对早稻无配套。

根据《A县水稻集中育秧及农业机械化作业环节补贴实施意见》规

定，水稻机械化插秧作业环节和水稻病虫统防统治每亩各补贴 40 元，其中，省财政每亩各补贴 16 元，市财政每亩各补贴 12 元，镇、街道财政每亩各补贴 12 元。但根据一些合作社（1 号（粮油）合作社、11 号（统防统治）合作社）反映，因为乡镇财力有限，地方配套的补贴金额它们通常拿不到。11 号（统防统治）合作社成员表示因为其所在的广沉镇太穷，它只能拿到统防统治 40 元/亩补贴中的 25 元/亩。这个数字让调研组成员很困惑，因为如果镇级配套没有落实，浙江省和 A 县两级财政补贴金额加起来应有 28 元/亩，合作社只能拿到 25 元/亩，说明其中还有一部分资金被截留或没到位。但该合作社成员无法提供更具体的信息。

据 B 县接受访谈的合作社（14 号农产品专业合作社、15 号谷物专业合作社）反映，合作社提供统防统治服务补贴 24 元/亩，提供机插服务补贴 24 元/亩。B 县农业局的工作人员也明白地表示，因为 B 县是欠发达地区，地方财政紧张，B 县的合作社只能拿到省里承担的 60%补贴，县级财政配套的 40%一直没有到位。

综上所述，在效率方面，农机作业环节补贴和集中育秧补贴省级补贴资金拨付跨年度且时间较长，县、乡级配套补贴不但延时且可能不到位。补贴申领流程复杂不但加大了各部门的工作量，更给农户造成了麻烦。在经过繁复的申请流程和漫长的等待后，农户却无法拿到足额的补贴，这无疑会打击农户的积极性，减损补贴的激励效果。因此，农机作业环节补贴和集中育秧补贴的效率不高。

②公平性差

具体表现为：集中育秧补贴仅针对粮食生产功能区和水稻高产创建重点示范片内的农户，普惠性不高；合作社、种粮大户是补贴的主要直接受益者，广大小散农户基本享受不到相关补贴，公共责任差。

受政策目标影响，农机作业环节补贴和集中育秧补贴的补贴对象，即政策目标群体并不是普惠性的，具有一定针对性且设有一定的补贴门槛。农机作业环节补贴的对象是应用水稻机械化插秧、油菜机械化收获作业以及全季（年）接受具有一定服务规模（全年服务面积在 500 亩以上）的植保服务组织农作物病虫害统防统治服务的农民。集中育秧补贴的对象是在粮食生产功能区和水稻高产创建重点示范片内接受一定规模（100 亩以上）集中育秧服务的农民。作为具有导向性的补贴政策，这两项政策的主要受益群体是对机械化生产有需求的或有能力自我服务的种粮大户，仅有几亩地的农户一般倾向于用传统方法自己耕种，不会使用机插、集中育秧和统防统治服务。这从问卷结果中也得到了证实，受访的三个县、市的普通农户基本上没有购买过相关农业服务。在B县、A县的87位受访者中（中小农户），82.76%没有购买统防统治服务，97.7%没有购买集中育秧服务和机械插秧服务，100%没有购买过粮食烘干服务。C县57位受访者中，只有6人购买过统防统治服务，占比10.52%；2人使用过集中育秧服务，占比3.5%；1人购买过机械插秧服务，占比1.75%。

因此，合作社、种粮大户是农机作业环节补贴和集中育秧补贴的主要直接受益者，少数购买服务的农户是间接受益者，而广大的小散农户并未从中受益。政策的公共责任并未很好地发挥。

③效果一般

具体表现为：政策知晓度在种粮大户和中小农户间的差异非常大；补贴对合作社提供农机服务作业的积极性激励效果受到合作社规模的影响；作为主要受益者，合作社和种粮大户对这两项政策的满意度较高。

两项政策在合作社和种粮大户群体中知晓度较高，达100%，在普通农户群体中知晓度却很低，基本鲜为人知。这种强烈的反差反映出政策宣传力度不足。同时，补贴发放对象、方式的针对性也是导致知晓度群体间差异较大的因素。

从农机作业环节补贴对农机作业服务推广的激励效果来看，随着土地流转规模和专业合作社规模的扩大，专业合作社对外提供农机社会化服务和进一步提升机械化水平的积极性却在减弱。经调研发现，A县和C县的水稻种植呈规模化和机械化趋势，但这种现象多存在于合作社经营的土地。目前，A县地区土地流转规模和专业合作社规模处于上升阶段，农机专业合作社在完成自有土地机械化作业的同时，仍有余力对外提供农户社会服务。农机经营收入和农机作业环节补贴是A县合作社年收入的重要部分（详见子报告六），A县的合作社有较强的积极性购置农机并对外提供农机服务。因此，A县的农机社会化服务规模不断扩大，农机经营收入不断增加。2012年，A县共实现机械化作业服务收入8000余万元。但在土地流转集中程度较高的C县，合作社主要是自我服务，而很少提供社会化服务，这主要是因为C县地区许多专业合作社生产面积较大（达千亩），合作社机械化作业能力有限，仅能够完成合作社自有农田的机械化生产，水稻机械化作业补贴虽然降低了C县的一些大型合作社的生产成本，但已经无法起到激励作用。

而对于地处山区的 B 县，受地形所限，不适宜大规模机械化作业，且种水稻收益不如种茶叶，B 县成片良田都被用于茶叶种植，水稻种植面积小且分散，水稻生产机械化推广无处落地，这两项针对水稻生产的激励政策未能够提高 B 县农民的种粮积极性，高收益的茶叶仍是 B 县的主要经济作物。

访谈中发现，因为是主要受益者，合作社和种粮大户对这两项补贴的满意度较高，但仍有合作社对补贴发放速度和地方配套资金不到位的情况进行了抱怨。中小农户因为不知道这两项政策的存在，并未向调研组提供有效的政策满意度。

④可持续性难以判断

具体表现为：中小农户对农机作业服务的使用意愿较低，合作社和种粮大户的使用意愿较高。浙江的规模化育秧和机械化插秧水平有待提高，仍需要一定的政策扶持。但现行政策的执行成本高、效率低，有待改善。

理论上，机械化作业和集中育秧作为较先进的农业生产技术能够降低水稻种植生产成本和风险，但机械化推广的难易度和效果因各地具体情况而异。鉴于浙江省目前的机械插秧率只有 20%，通过一定的政策工具来推广机械化育插秧技术仍有必要，但现行补贴手段有待改善。集中育秧补贴因为刚刚起步，规模化和产业化尚未形成，也需要一定的政策扶持。值得注意的是，这两项政策的延续需要考虑规模经济的均衡点，并不需要无限持续。

2.4.2 政策执行过程中存在的问题

在调研过程中，我们发现三地在水稻农机作业补贴和集中育秧补贴执行过程中还存在以下问题：

(1)协议签订不规范

合作社签订服务协议的积极性不高，有合作社负责人含糊地表示有时会签协议，有时并不签(受访者给出的理由是因为找不到人，再具体问就拒绝回答)。政策规定，签订协议是发放补贴程序的第一个环节，如果这个环节出现了漏洞，接下来的面积申报等环节的准确性就无法得到保障。但因为没有合作社愿意提供哪怕一份协议供我们参考，所以无法确认是否存在普遍的协议代签现象。

同时，我们也发现只有2～3亩地的小农户并不会选择使用集中育秧、机械插秧或统防统治等农机服务，而是自己人工播种、施肥、除虫。因此农机服务的服务对象主要是种粮大户和小合作社。在与7号(粮油)专业合作社的访谈中，我们得知该合作社2013年向两个合作社提供了机械插秧的服务，并未签订协议，收取的服务费是60元/亩。这两家购买机插服务的合作社本身拥有插秧机，但因为某些原因无法自己机插，它们购买机插服务后，以自我服务的形式申请了机插补贴。这种情况明显存在不规范的地方。

此外，据在B县访问到的一个农户说，他参加过统防统治，只要交100块钱给合作社就可以了，并没有签订过协议。这种情况说明B县可能也存在服务协议签订不规范的问题，但不排除向该农户提供统防统治服务的合作社没有申请统防统治补贴的可能性。

(2)农户补贴面积存在疑问，核查困难

据B县农业局提供的数据，2013年B县15号谷物专业合作社水稻机插作业面积达到648亩。但在与该合作社社长的访谈中，我们拿到的数据是该合作社自种水稻303亩，此外还对外提供了约250亩的机插服务，两者共计约550亩，与B县农业局的统计数据相差100亩，这个误差产生的原因尚不能确定。

此外，C县农业局的工作人员向我们反映，农户补贴面积核查工作难度很大，目前核查面积采用的是目测的方法，作业面积难以准确地判断。C县农机局为此要求农机员核查机插面积时拍照留底，以便检查。但是，调研组成员在看完农机站拍的一些留底照片后，发现照片也不能有效地还原现场情况。

(3)作业收费不规范，缺乏监督

在A县调研中，当问及农机作业服务政府指导价时，我们得到的回答很不统一。农经局王姓工作人员称A县没有指导价，服务价由服务购买方和服务主体协商而定。但农技推广中心的金姓工作人员称A县集中育秧没有指导价，由合作社根据当地经济水平与农户协商确定，但统防统治有最高指导价，2012年及以前为170元/亩，即农机作业服务主体提供统防统治服务在扣除40元的补贴后，最高能向统防统治服务购买方收取130元/亩。

经过对A县合作社的访谈，我们发现具有集中育秧能力的合作社通常提供包括种子、育秧、机耕、机插四项内容的打包服务，一套服务的报价在160～190元/亩，扣除机插作业环节的补贴后，向服务购买者收取120～150元不等的服务费。统防统治的报价则为130～200元不等，130元确认是扣掉补贴后实际向农户收取的费用，但有一些报价在180～200元的合作社明显高于A县的作业指导价。农业部门对此却缺乏有效的监督。

2.4.3 政策建议

集中育秧补贴和农机作业环节补贴的目的都是提高水稻生产的全程机械化水平。目前，浙江省水稻机耕、机收等指标在全国居领先地位，但机插水平还较低。对规格化育秧和机械化插秧进行补贴在一定程度上促进了水稻机插的应用推广。

但是，政策环节复杂、政策执行效率损失较大等问题降低了政策的绩效。无可厚非的是，为了保证资金的落实和规范使用，省财政部门为每项政策补贴都制定了详细且缜密的操作流程。每项政策的落实涉及多个环节，要求各级相关部门的合作、核查和监管。从技术手段上，精确地汇总和核查是可能实现的，但需要极大的人力物力，而且尚无法排除误差。但是，各级政府的行政资源是有限的，多样化的政策和繁复的程序竞相消耗有限的行政资源，增加了损耗和工作压力，延缓了单项政策补贴的落实，降低了单项政策的政策绩效，也削弱了政策合力。

针对这个问题，我们认为"头痛医头脚痛医脚"的政策改良路径难以保证政策效率和效果，改良成本过高。因此，我们建议改变政策优化路径，对现存各项政策予以整合。例如，在扶持育秧中心建设和加大农机购置补贴力度的同时，对集中育秧补贴和水稻机械化插秧补贴进行整合，将这两项具有高度相关性的补贴政策合二为一，更有针对性地激励育插秧的规模化和机械化。而实际上，在许多专业合作社的社会化服务菜单上，购种、育秧、机耕、机插四项服务已经被整合。同时，我们建议政策设计者在细化政策时能更多地从政策目标群体的角度思考问题，目前的许多操作流程不是为农民服务，而是为了政策执行规范，这种政策实际上给农民增添了麻烦而非福利。

提高水稻生产的全程机械化水平的终极目的是提升农业生产效率和农民收入，但从目前的实施效果来看，收入提高的农户多是种粮大户，广大中小农户并未因机械化水平提高而增收，种粮收益没有普遍提高，但收入差距却在扩大。此外，一些地区为提高机械化水平加快土地流转速度，这个过程中造成部分中小农户被迫“失地”，加大了农民间的矛盾。对此，我们建议各级政府不要忘记提高农业生产机械化水平的初衷，在政策设计和执行过程中更多地考虑中小农户的利益和意愿。在扶持专业合作社成长的同时警惕新“地主”的产生。

3 农业机械化促进政策的整体绩效评价

3.1 整体性政策评价

尽管农机购置补贴政策、农业机械化作业补贴政策、集中育秧补贴政策出台的时间，管理的部门，操作过程有所不同，但是从以上各个政策目标来看，都离不开提升农业机械化水平，提高农业生产效率，增加农民收入。从调研的情况来看，以上目标并没有较好地实现，A 县、B 县、C 县的机械化水平并不高（见表 3.1）。我们认为，如果单独考察各个政策的绩效，从而针对存在的问题提出政策意见势必会产生“个体理性导致集体非理性”的情况。也就是说，从单个政策来看，也许其绩效是好的，但是从政策集合来看，整体政策绩效未必尽如人意。为此，围绕以上几个政策要实现的核心目标，我们将从效率、公平、效果以及可持续性四个维度对农机化促进政策做一总体性的绩效评价，进而从整体性的角度提出优化农业机械化水平的路径。

3.1.1 效率不高

我们主要从政策目标的完成度和农机利用率两个维度来考察。农业机械化水平是政策目标完成度的主要衡量指标。在水稻生产过程中，机械化体现在机械耕地、插秧、收割等方面。调研组根据调研所获得的数据，计算得到的 A 县、B 县和 C 县的农业机械化水平，如表 3.1 所示。

表 3.1　2013 年 A 县、B 县和 C 县的农业机械化水平

	水稻播种面积（万亩）	机械耕地		机械插秧		机械收割	
		面积（万亩）	机械化率（%）	面积（万亩）	机械化率（%）	面积（万亩）	机械化率（%）
A 县	59.85	5	8.35	7.6	12.7	5	8.35
B 县	6.1935	/	/	2.8654	44.84	/	/
C 县	42.3136	29.822	70.37	4.2	10.07	30.4627	72.00

注：机耕、插秧、收割的机械化水平计算方法分别是：机耕机械化水平＝机械耕地面积/水稻播种面积；机插机械化水平＝机械插秧面积/水稻播种面积；机收机械化水平＝机械收割面积/水稻播种面积。

从表 3.1 中我们可以看出，A 县的机耕、机插、机收机械化水平均不高，B 县的机插比例虽较高，但总量太小。C 县的机耕和机收比例较高，但机插水平仍很低。为此，我们认为，实施农业机械购机补贴与农业机械作业环节补贴在提高农业生产机械化水平方面发挥的作用有限，从这一角度来看，农业机械化促进政策的绩效并不高。从农民收入的角度来看，一般中小农户较少购置生产水稻的农业机具，也就不能享受农机购置补贴的政策；同时，很多中小农户也很少购买农业作业服务，也难以享受到农机作业环节补贴的激励。占农业人口大多数的中小农户无法从从农机购置补贴政策与农机作业环节补贴政策受益，表明该政策的效率并不高。

3.1.2　公平性不高

主要体现在以下两方面：一是农机品种的差异化公平性不够，浙江各地的农业经济结构不尽相同，对农业机械的需求种类也不相同，如种粮大县与种茶大县所需求的农机种类侧重点就不相同，农机购置补贴产品目录中的产品并没有很好地结合各地的农业经济特点，而是“统一化、一刀切”方式，这对农业经济结构所需求的农机与农机购置目录中的农机相吻合的地方就比较有利，反之则不利。二是在农机作业环节收费与补贴的不公平。在收费方面，从调研的情况来看，各地虽然收取的费用有一定的差异，但是提供农机作业环节服务每年向服务对象收取的费用并没有变化，而且都是政府的最高指导价。需要强调的是，农机购置补贴政策并不鼓励每户农民都购置农机，而是让购置农机的农户带动非购置农机的农户间接受惠，购置农机的主体在购农机时享受了一定的购机补贴，为农户提供农机作业服务时也有相应的政府财政补贴，并收取一定费用（从调研的情况来看，都是政府最高指导价)，这样看来，非购机主体并没有真正享受到农业机械化促进政策的优惠。因此，我们认为农机作业收费存在不公平现象。在补贴方面，各地操作的方法大体相同，但都面临一个公平性问题，即作业补贴发放到服务提供主体产生的不公平。在调研过程中，我们发现很多农户并不清楚有农业机械化作业补贴政策，更不清楚作业补贴的标准，以及农机化作业服务的政府最高指导价格。一些提供农机作业服务的主体(主要是合作社)向农户提供服务时，存在向购买服务的主体收取政府最高指导价，但并未扣除补贴差额的现象，损害了服务购买主体的利益，也减损了政策的公平性。

3.1.3　效果不彰

我们主要从政策执行主体和政策目标群体的主观满意度考察。通过在A县、B县和C县的调研，我们发现政策的执行主体，即农业部门的工作人员对农机化促进政策的认同度不高，主要是因为工作难度大，程序烦琐，不具可操作性。在农机购置补贴方面，我们所调研的各地补贴流程都比较烦琐，从上文的补贴流程图就可以看出，这里就不再赘述。此外，农机购置补贴的规则以及目录产品每年都会发生变化，基层农机工作人员每年都要为此花费大量的时间去学习以及培训经销商，不断改变操作规则，为此耗费大量不必要但又是必需的时间和精力。在农业生产环节机械化补贴方面，主要是农机作业环节补贴的补贴面积难以准确地核实，核查工作难度大，核实工作不具有可操作性，一方面必须要执行农机化促进工程政策，另一方面由于政策设计的不合理性以及难以操作性，基层工作人员难以有效地执行，且要为此承担责任。这给基层农业部门工作人员造成了巨大的工作压力和心理负担。因此，从政策执行主体的主观满意度来看，农机化促进政策的效率并不高。

与此同时，政策受众的满意度也不高，这里需要指出的是农机化促进政策在促进合作社与种粮大户增收获利方面是显而易见，其满意度毋庸置疑都会比较高，但是合作社与种粮大户仅仅只是政策受众的一小部分，而此项政策的目标群体应是广大农户。为此，我们并不能单独考虑合作社与种粮大户的主观满意，更要考虑中小农户的政策知晓度和满意度。从调研的情况来看，普通中小农户对购机补贴与农业机械化作业补贴的满意度并不高，主要体现在，购机补贴的效率低，产品质量差，购买农业机械化作业会增加生产成本，以上几点上文已做论述，这里就不再赘述。因此，从政策执行主体和政策受众的满意度来看，农业机械促进化政策的政策效果并不好。

3.1.4 可持续性不高

基于三个市(县)的调研，农机促进化政策的效率、效果、公平性并不高，我们认为现存几项农业机械化促进政策的可持续性不高。但是，需要指出的是，促进农业生产机械化水平进一步提升是具有可持续性的，即现有的农业机械化促进政策的目标合理，但是政策操作、执行、整体性设计等因素并不有效，后者的失效使得本来有可持续性的政策目标无法实现。因此，我们建议，在现有的政策目标下，整合农机促进化政策，改变政策的实现方式，以实现农业生产机械化水平的提高。

3.2 政策建议

农业机械化促进政策的绩效，无论是政策的效率、公平，还是效果方面都没有呈现较好的状态。在农机购置补贴方面，中央、省、地方逐年增加农机购置补贴金额，但水稻生产的机械化水平并没有得到普遍的提高，而且农机的成规模保有和利用仅仅局限在合作社与部分种粮大户中，很难扩展到中小农户。水稻生产机械化作业补贴的政策目标实现程度不高，中小农户基本不购买农业机械化服务，合作社申请补贴的作业面积存在虚报多报的情况，相关管理部门监管难度大，政策落实可操作性差。整体上来看，众多中小农户在农业机械化促进政策中并不受益，而政策的实惠大部分被合作社拿走。除此之外，这些政策在执行过程中产生了大量的行政成本，造成了大量不必要的行政资源浪费。鉴于上述原因，从提升大多数中小农户使用农业机械化，减少政策执行的行政成本和使政策实施具有可操作性的角度出发。我们建议取消现行农机购置补贴与农业机械化作业补贴政策，鼓励发展农机租赁公司，用市场化的手段推动农用机械的普及和利用，加大补贴力度、改变补贴方式，加强监管。

3.2.1 鼓励农机专业合作社向农机专业租赁公司转型

目前，农机专业合作社提供农机服务已经是市场化行为，但并不规范。现有的农机专业合作社存在身份模糊、专业性不强等问题(详见子报告六)。受合作社能力所限，合作社只有在完成自有耕种面积的机械化作业之余，才能向周边农户提供农机作业服务。而随着合作社土地流转规模的扩大，其对外服务的意愿会逐渐降低（从C县的例子可以看出）。目前的农机合作社自主经营能力不强，基本靠政策补贴获利。大量的公共财政资金没有普惠到广大中小农户，而是通过各种项目和补贴成为合作社大股东的私有财产。可以想象，在取消现有政策补贴后，将有大量合作社难以维持经营，但如果继续对这类合作社进行扶持无异于饮鸩止渴，是对公共资金的极大浪费，也是对广大中小农户的不公。因此，合作社的改革势在必行。农机专业合作社的转型方向之一是成为专业的农机租赁公司。农机租赁公司必须是合法的经营主体，其建立需要经过严格的资质鉴定，要避免合作社"改头换面"套取公共资金的不良现象。农机租赁公司的分布应合理规划，还应有合理的等级划分。

3.2.2 以农机租赁公司为政策扶持对象，予以农机购置补贴

具有经营资质的农机租赁公司按照不同等级每年可以获得一定台数的高比例农机购置补贴。例如，机械化作业服务能力达千亩的农机租赁公司每年可以在政府选定的农机购置目录中挑选一台农机（作业能力越高，可选台数越多），获得高达80%的购机返还。获得购机返还的农机拥有统一编号，在农机管理部门备案，不得转卖，农机租赁公司作为农机使用权的拥有者，承担对农机的保养、维修、报废等责任，到指定报废年限需及时报废，报废时无法提供与编号相符农机则需按购机时售价退回购机返还。政府在制定农机购置目录时应充分考虑农户的需求和当地的农业生产方式特征。经营不善的农机租赁公司将无法继续获得购机补助，破产公司拥有的获得过购机返还的农机将被拍卖。

3.2.3 由市场决定农机租赁的供给与需求

在农机租赁公司的经营过程中，政府应发挥的是监管职能，而不再参与农机供给的分配。农机租赁公司除了可以在政府提供的购机目录中选购有补贴的农机外，还可以根据市场需求选择高质量的目录外产品，并可获得一定数额的政府低息贷款。农机租赁费用由租赁公司和农户自行协商决定，政府不再干预。双方应签订服务合同，公司账目需接受相关政府部门的审计。

3.2.4 培育专业的农机手

农机的使用离不开农机手，农机租赁公司除了提供农机租赁，还需要

配备专业的农机手。农机手和农机的关系可借鉴出租车驾驶员与出租车的关系。政府每年应组织针对农机手的免费培训,推广农机技术,培养专业人才。农机手和租赁公司应签订劳动合同,持证上岗。政府可以考虑对合格的农机手提供免费的人身意外保险。

3.2.5 其他税收优惠措施

例如对农机租赁公司的营业所得暂免征收企业所得税,对农机免征燃油税等。

3.2.6 建立完善的监督、惩罚、责任机制

以上农业机械化补贴形式在现实操作过程中难免会出现一些违规现象,在此过程中需要建立有效的监督、惩罚、责任机制。对违规操作,虚报、谎报的相关者进行严厉的惩罚,同时负责人也要承担相应的责任。

4 附件:高耗能农业机械报废更新补偿政策

4.1 政策背景

2007年浙江省出台《浙江省拖拉机报废更新管理办法》第四条规定拖拉机报废使用年限;第十条规定,对符合农机购置补贴政策的拖拉机更新,从农机购置专项资金中给予补贴。为此,杭州、绍兴、舟山等地相继出台一些地方性补偿政策,在一定程度上促进了当地拖拉机报废回收工作的开展。但是,实施效果并不理想,至2011年年底,近5年时间全省办理报废回收的拖拉机数量仅1万台左右,且以上道路行驶拖拉机居多。2011年5月25日浙江省第十一届人民代表大会常务委员会第25次会议修订《浙江省实施〈中华人民共和国节约能源法〉办法》(以下简称《办法》)。该办法第三十五条规定县级以上人民政府应当加强对农业和农村节能工作的资金投入,建立高耗能农业机械提前更新和淘汰补偿制度。在此背景下,2011年年底浙江省制定《浙江省高耗能农业机械报废补偿

实施办法(试行)》,并于2012年正式施行。2012年9月,浙江被农业部列为2012年全国农机报废更新补贴试点工作省份。

4.2 高耗能农业机械报废补偿政策实施方案

浙江省2012年被列为全国农机报废更新补偿试点省份,其实施方案与浙江省高耗能农业机械报废补偿实施办法有所不同。

4.2.1 中央农机报废更新实施方案

(1)总体要求。坚持"农民自愿、国家扶持、便捷高效、促进更新"的原则,鼓励和引导农业机械加快淘汰和升级换代,优化农业机械装备结构,提高农业机械技术水平和作业效率,保障安全生产,促进节能减排。

(2)补贴对象。中央报废补贴。凡本省籍从事农业生产经营的个人或直接从事农机作业的农业生产经营服务组织(以下简称"机主")所有的拖拉机、联合收割机,在本省农机化主管部门办理注册登记,按规定报废旧机并换购新的拖拉机或联合收割机,可申请享受中央报废补贴。

(3)机具种类。已在农业机械安全监理机构登记,并达到报废标准或超过报废年限的拖拉机、联合收割机。根据《拖拉机禁用与报废标准》(GB/T 16877-2008)和《联合收割机禁用和报废技术条件》(NY/T 1875-2010),小型拖拉机报废年限为10年、大中型拖拉机报废年限为15年、履带拖拉机报废年限为12年、自走式联合收割机报废年限为12年、悬挂式玉米联合收割机报废年限为10年。

(4)机具种类和补贴标准。机具种类和补贴标准如表4.1所示。

表4.1 中央农机报废更新政策机具种类和补贴标准

机　型	类　别	补贴额(元)
手扶拖拉机	皮带传动	500
	直联传动	800
轮式拖拉机	20马力以下	1000
	20～50马力(含)	2500
	50～80马力(含)	5000
	80～100马力(含)	8000
	100马力以上	11000
履带拖拉机		10000

续表

机型	类别	补贴额(元)
自走式全喂入稻麦联合收割机	喂入量0.5～1千克/秒(含)	3000
	喂入量1～3千克/秒(含)	5000
	喂入量3～4千克/秒(含)	7000
	喂入量4千克/秒以上	10000
自走式半喂入稻麦联合收割机	3行,35马力(含)以上	6000
	4行(含)以上,35马力(含)以上	16000

(5)操作程序。中央报废补贴包括报废、购机和补贴三个程序。报废程序包括申请报废、回收解体和注销登记三个环节。

首先,申请报废。机主按照规定填写《农业机械报废更新申请表》、《拖拉机停驶、复驶/注销登记申请表》或《联合收割机注销登记申请表》,向注册地(未注册的向户籍所在地)县级农机化主管部门农机管理机构提出报废和注销申请。

其次,回收解体。机主将拟报废的农业机械交售给农业机械回收单位(以下简称"回收单位")。回收单位对报废农业机械进行整机拍照,核对并填写《报废农业机械销毁证明》,并向机主出具《报废农业机械回收证明》(以下简称"回收证明"),收回拖拉机登记证书、农业机械号牌和行驶证并交当地农机管理机构。没有回收单位的地区,可采取农机管理机构集中监销的办法,按规定拍照、核对录入相关信息、收回牌证,组织力量对报废农业机械的主要零部件进行破坏性处理,并向机主出具《回收证明》。

第三,注销登记。机主持《回收证明》到当地农机管理机构办理注销登记手续。

购机程序。申请中央报废补贴的机主需按照《浙江省2013年农业机械购置补贴实施意见》(浙农计发〔2013〕8号)的规定购置新机,并依法在当地农机化主管部门办理注册登记。报废一台旧机,可以获得优先申请更新一台拖拉机或联合收割机的购机补贴资格。

(6)补贴程序。补贴程序包括申请补贴、审核公示和资金拨付三个环节。

首先,申请补贴。机主凭身份证明、《回收证明》、《农业机械报废更新申请表》,向县级农机化主管部门提出补贴申请,申请中央报废补贴的机主还需出具购机凭证(销售确认表和购机发票)。

其次，审核公示。县级农机化主管部门按规定审核合格后，由补贴对象所在乡镇(街道)负责公示 7 天，无异议后由所在乡镇政府(街道办事处)在公示单上盖章确认。中央报废补贴和省级报废补偿公示可同时进行，已进行其中一项公示的可不再另行公示。

第三，资金拨付。中央报废补贴资金在 2013 年下拨的中央农机购置补贴资金中列支。省级报废补偿资金另行下拨。2012 年结余资金继续使用。县级农机化主管部门定期将资金结算审核意见报同级财政部门，经财政部门复核无误后，由县级财政部门通过“一折通”或银行账号将资金直接拨付给补贴对象。县级农机化主管部门、财政部门于 10 月底前将中央报废补贴和省级报废补偿资金使用情况和相关拨付材料报省农业厅、省财政厅，抄送省农机局。

具体流程如图 4.1 所示。

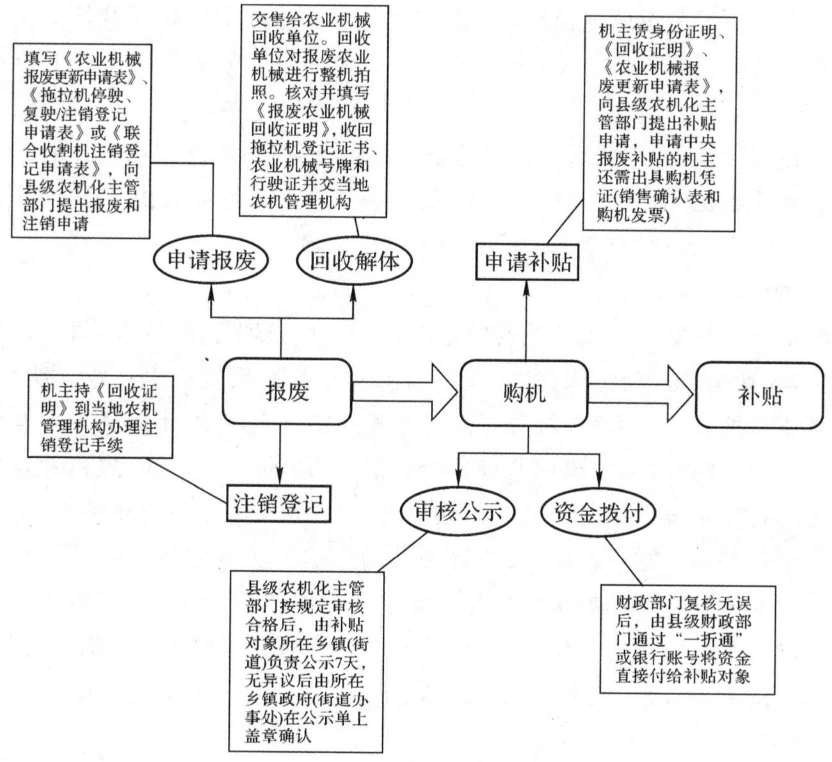

图 4.1　中央农业机械报废更新政策的流程

4.2.2 浙江省高耗能农机报废补偿政策实施方案

(1)补偿对象

本省籍从事农业生产经营的组织和个人所有的拖拉机(包括手扶拖拉机、轮拉机、履带式拖拉机和拖拉机运输机组),在本省农机主管部门办理注册登记,参加年度安全技术检验,按规定办理报废手续的,均可申请享受经济补偿。

(2)机种类型

①手扶拖拉机12年;②小型轮式拖拉机14年;③大中型轮式拖拉机16年;④小型变型运输机9年;⑤大中型变型运输机12年;⑥大中型链轨式拖拉机15年;⑦全挂拖车16年;⑧半挂拖车12年。其中,小型与大中型按发动机动力14.7千瓦进行划分,对于安全技术检验合格并符合排放标准的拖拉机,可延长报废期限1～2年,延长期满后立即报废。

(3)补偿标准

拖拉机报废按照拖拉机种类和发动机功率大小实行定额补偿。具体补偿标准为:14.7千瓦以下拖拉机1500元/台,14.7千瓦(含)以上拖拉机3500元/台。

补偿资金省与县(市、区)财政按以下比例承担:欠发达地区补偿资金由省财政承担70%,县(市、区)财政承担30%;其他地区由省财政承担40%,县(市、区)财政承担60%。

(4)审核程序

申请。从事农业生产经营的组织和个人在办理好报废拖拉机注销登记后,农业生产经营组织凭组织机构代码证和《报废拖拉机回收证明》到辖区所在地县(市、区)农机管理部门办理补偿资金申请,个人凭本人有效身份证明和《报废拖拉机回收证明》到辖区所在地县(市、区)农机管理部门办理补偿资金申请。申请时需填写《拖拉机报废补偿资金申请表》。

审核公示。县(市、区)农机管理部门依据有关规定和当地拖拉机报废年度实施计划,对申请者资格、《报废拖拉机回收证明》等材料进行审核,符合规定的,列为经济补偿对象,并在补偿对象所在乡(镇、街道)张榜公示一周无异议后,由乡(镇、街道)政府在公示单上盖章确认。

(5)项目资金管理与监督

年度实施计划。县级农机管理部门开展本地报废拖拉机数量排查摸底工作,于每年10月底前将下年度报废计划数报当地财政部门和市级农机管理部门，市级农机管理部门汇总后以农业（农机）局文件形式报省农业厅。省农业厅会同省财政厅，根据预算规模和各地上报的计划要求，于每年6月底前下达全省拖拉机报废计划台数和资金控制数，并按控制数的70%预拨资金。各市根据省下达的年度拖拉机报废计划台数，制定本地区拖拉机报废年度实施计划，组织实施。年度实施计划应包括各县（市、区）报废拖拉机的数量、机型和实施方案。

资金结算。各县（市、区）农业（农机）、财政主管部门于每年9月底前将全年拖拉机报废和补偿资金使用情况及报废拖拉机补偿清单报省农业厅、省财政厅，并抄送省农机管理局。经省农业厅审核和省财政厅复核后拨付市、县（市、区）。各地要严格按照补偿对象和标准，规范操作，通过"一折通"及时将补偿资金发放到户。

信息上报制度。各县（市、区）农机管理部门严格按规定的项目、内容和要求，于每季度结束5日内上报至当地财政部门和市级农机管理部门；市级农机管理部门汇总后，于每季度结束后10日内上报至省农机管理局。

监督检查制度。财政、农业（农机）主管部门明确拖拉机报废补偿工作的投诉机构，向社会公布投诉电话，接受人民群众的监督。严格检查拖拉机报废年度实施计划和实施方案执行情况，对违反报废程序和补偿资金违反规定使用的，及时予以纠正，并追究相关责任人责任。县级农机管理部门要建立报废经济补偿拖拉机档案，落实专人负责。档案内容包括申请者身份证明复印件、报废拖拉机回收证明、补偿资金申请表、公示材料、补偿资金拨付证明等。省财政厅、省农业厅适时对资金实施情况进行抽查。

具体流程如图4.2所示。

4.3 浙江省高耗能农业机械报废补偿政策实施情况

高耗能农业机械报废补偿属于省级补贴政策。2012年，浙江省共计使用农机报废更新补贴资金1759万元，其中宁波市1540万元；直接用于报废补贴403万元，其中宁波市365万元。截至2012年12月12日，浙江省农机总动力达到2461.2万千瓦，拥有拖拉机33.59万台（其中运输型拖拉机17.20万台、纯农田拖拉机16.39万台）、联合收割机1.84万

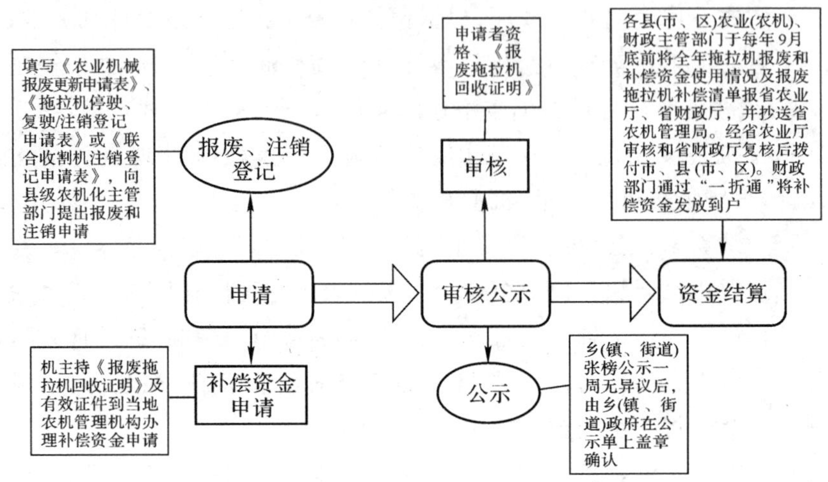

图 4.2 浙江省高耗能农业机械报废补偿流程

台、插秧机 0.76 万台。浙江省 47.8%的上道路行驶拖拉机、58.5%的农田作业拖拉机和 10%左右的联合收割机已经达到报废期限。

截至 2013 年 11 月 10 日统计，浙江省共计报废拖拉机、联合收割机 890 台，其中：拖拉机 589 台、联合收割机 301 台，更新拖拉机 618 台、联合收割机 272 台，共计使用中央报废更新补贴资金 929.7 万元，其中用于报废补贴 258.4 万元（宁波市 50.1 万元）。浙江省共计报废拖拉机 9968 台，使用各级财政补贴资金 2179 万元，其中：省级 813 万元、地方配套 1366 万元。

4.3.1 高耗能农业机械报废补偿政策在平原地区的实施情况：以 A 县为例

在 A 县，每年该项补贴涉及的资金额度不大，2012 年中央补贴 0.4 万元，省财政补贴 1.5 万元，市财政补贴 2.45 万元，报废高耗能农业机械 25 台套；2013 年省财政补贴 3 万元，市级财政补贴 4.5 万元，报废高耗能农业机械 104 台套。A 县高耗能农机报废更新实施办法与《浙江省高耗能农业机械报废补偿实施办法（试行）》一致（见表 4.2）。

表 4.2　2012—2013 年 A 县高耗能农业机械报废补贴资金

年份	补贴内容	中央补贴金额（万元）	省补贴金额（万元）	市补贴金额（万元）	报废台套（台）
2013	报废更新	0.00	3.00	4.50	104
2012	报废更新	0.40	1.50	2.45	25

数据来源：A 县农机站。

4.3.2　高耗能农业机械报废补偿政策在山区的实施情况：以 B 县为例

B 县高耗能农业机械报废补偿政策首先经过农机站委托乡政府在各乡镇摸底调查，上级政府有报废指标，根据摸底和上级政府的指标，农机站制定报废计划上报并上级主管部门，上级主管部门根据实际情况拨款。补贴金额数量不大，2013 年省拨款 13 万元，县级配套 5.52 万元。

4.3.3　高耗能农业机械报废补偿政策在丘陵地区的实施情况：以 C 县为例

C 县高耗能农业机械报废补偿政策从 2012 年开始实施，2012 年中央补贴 5500 元，省财政补贴 18900 元，县财政补贴 8100 元，其中报废手扶拖拉机 11 台，上道路拖拉机 3 台。2013 年，中央补贴 22.85 万元，报废小型拖拉机 69 台，收割机 30 台；省财政补贴资金 15.12 万元，县级配套资金 6.48 万元，报废手扶拖拉机 144 台。截至 2014 年 5 月 20 日，C 县手扶拖拉机在册数 1508 台，联合收割机在册数 227 台。

C 县高耗能农业机械报废补偿操作流程如图 4.3 所示。农户从申请报废到拿到补贴至少需要 10 个月。

4.4　高耗能农业机械报废更新补偿政策的绩效

4.4.1　政策效率低

在政策绩效方面，我们从政策目标完成度与政策受益面两个方面来考察。

从政策目标完成度来看，首先，中央农机报废更新补贴政策目标不明确，农业部 2012 年制定《2012 年农机报废更新补贴试点工作实施指导意见》指出，“为进一步优化农机装备结构，推动农机节能减排，减少农机事

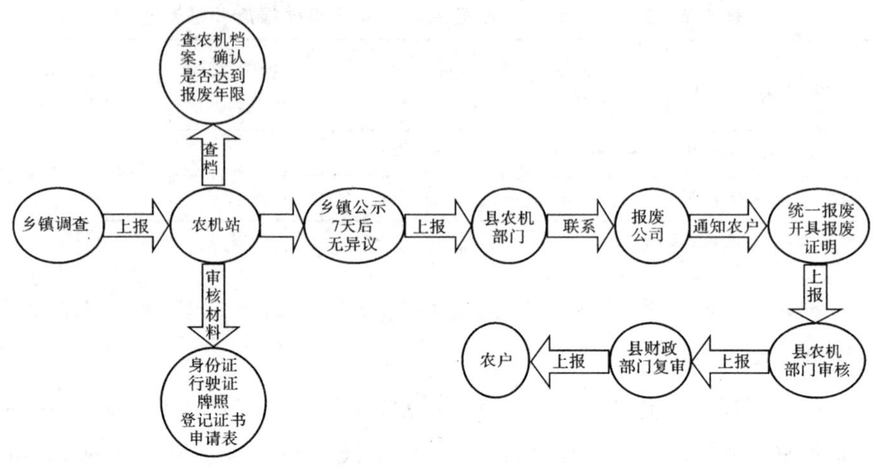

图 4.3　C 县高耗能农机报废流程

故隐患”，并没有清晰定位农机报废更新补贴的政策目标，以致 2012 年与 2013 年浙江省仅有 2372 台拖拉机、联合收割机申请报废更新补贴，包括更新的购机补贴资金，全省使用资金比例仅达到资金总量的 38.4%。以 B 县为例，农机报废率为 2.8%（不包括达到报废年限的收割机）。A 县高耗能农业机械报废更新的数量并不多，2012 年报废 25 台，2013 年报废 104 台。截至 2013 年年底，A 县联合收割机 473 台，大中型拖拉机 159 台，乘坐式高速插秧机 116 台，粮食烘干机 42 台。在 C 县，截至 2014 年 5 月 20 日，手扶拖拉机在册数 1508 台，联合收割机在册数 227 台。主要原因是：报废的旧机具与新机具有较大差异，新机有完整的产品说明书、机具铭牌、发动机号、机架号等标识，补贴分类可以细化，而旧机往往缺少上述资料，实地核查难度大。一些农机在农机站的备案不齐全，加上一些农机的购买时间长，资料丢失，无法获得基础性数据和准确把握达到报废年限的农机数量。

从受益面的角度来看，该项政策的受益面小，当前高耗能农机报废更新补贴政策的补贴范围仅限于拖拉机和收割机，如烘干机、插秧机等农机还不能享受报废补贴。此外，报废拖拉机或联合收割机只能购置拖拉机或联合收割机，因 B 县、A 县两地拖拉机或联合收割机新购数量有限，使得政策的惠及面不广，受益主体不多。

4.4.2　政策公平性低

我们主要从差异化公平的角度考察，高耗能农业机械报废更新补偿政策的差异化公平性较低。上文已说明，A 县、B 县、C 县达到报废年限的农机基础性数据无法获得。2013 年 A 县高耗能农业机械报废更新补贴资金为 7.5 万元，而 B 县则为 18.52 万元，C 县为 44.45 万元。在无法获得农机报废更新基础性数据的情况下分配补贴资金额度是一种不公平的表现。此外，从补贴对象来看，当前政策主要补贴拖拉机与收割机，对烘干机、插秧机等大型耗能农机没有报废更新补贴，这也体现了差异的不公平性。

4.4.3 政策效果差

以政策执行效果与政策受众满意度评价，结论如下：

第一，政策的可操作性差。主要表现在政策执行主体面临着“报废”与“不报废”的两难困境；以及报废年限长与使用年限短、报废年限短与使用年限长的矛盾。例如，一些机主主动申请对达到报废年限的农机进行报废，按规定报废的机具必须要有牌照、行驶证、发票等，但是达到报废年限的农机户主很难保存以上的报废前置材料，在报废时不能提供相关材料。如果农机站在机主提供报废材料不齐全的情况下审核通过，给予报废。那么纪检审计部门在核查后，农机局会因为违规操作而承担责任，使得机主想报而不能报。再如，农机主管部门想让机主报而机主不愿报，机主不愿意报废的原因有两点，报废程序烦琐，时间成本大、达到报废年限且能继续使用的农机报废后所获得收益远远低于购置新农机的成本。以小型手扶拖拉机为例，报废补贴 1500 元，回收解体公司对机具解体收费 600～800 元/台，报废机器运输到解体公司运输费 300～500 元，报废最后能获得 200～600 元不等的补贴。此项政策在实际操作过程中程序手续过于烦琐，从申请报废补贴到拿到补贴需要长达 10 个月，一些农户为了拿补贴，往往会因为材料不齐全来回折腾，耗费较多的时间，因此也不愿意主动申请报废。再如农户购置一台大型的收割机或者拖拉机需要花 15 万～25 万元不等的成本，一台达到报废年限但还能继续使用的收割机能够拿到 3500 元的补贴，农户再购置新的收割机也有一定的补贴，但是报废与更新所获得的补贴远远低于其购置新机的成本，在原有机器能继续使用的情况下，农户就不愿意主动报废更新机具。调研情况表明，高耗能农业机械报废更新政策遇到了两对较为尴尬的矛盾，一方面是报废年限长与使用年限短的矛盾，以列入报废计划的收割机为例，根据省里规定的收割机报废年限是 9～15 年不等。但是，在实际操作过程中，购机目录里国产的收割机一般使用年限3～4年，等不到报废的年限就早已“夭折”，按规定提前损坏的收割机并不能报废，使得机主想报废而不能报废。另一方面是报废年限短与使用年限长的矛盾。以上道路的拖拉机为例，其使用年限远远超过达到报废的年限，由于报废或所获得的补贴远远低于购置新机的成本，所以就产生了农机部门想让机主报废而机主不愿报废的局面。

第二，地方改变操作规则。尽管所调研的A县、B县和C县的农机管理部门强调报废工作、报废所需的材料严格按照中央与省级部门的要求操作。尤其是在C县，农机管理部门的工作人员说：“凡是申请报废的机具，我们都要查看其报废年限是否达到，如果达不到报废年限的不给予报废。”但是，在访谈一位报废过机具的种粮大户时，他告诉我们：“我的收割机使用了4年，坏了就拿去报废。”基层农机部门为了应付上级部门下达的报废指标，在现有政策无法激励机主报废更新农机时，基层部门也只能变通政策的执行方式，改变操作规则，报废不能使用而非达到报废年的机具。

第三，政策执行者与政策受众的满意度低。由于“报废”与“不报废”的两难困境，报废年限长与使用年限短、报废年限短与使用年限长的两对矛盾使得政策的执行者与政策受众都不满意，一方面是想报废而不能报废，另一方面想让报废而不愿报废。

4.4.4 政策可持续性难以判断

基于对浙江省典型地区的调研，我们认为高耗能农业机械报废更新政策的目标完成度较低，效果差，公平性不够，政策受众使用意愿低，其可持续性较差。但是，该项政策受到浙江省政府的高度重视，《浙江省实施〈中华人民共和国节约能源法〉办法》(以下简称《办法》)第三十五条规定，县级以上人民政府应当加强对农业和农村节能工作的资金投入，建立高耗能农业机械提前更新和淘汰补偿制度，其资金可持续性较强。但光有政府资金支持但效果不彰的政策是不是能够持续进行，我们很难做出判断。

4.5 政策建议

4.5.1 明确政策目标，解除报废与更新绑定

从中央高耗能农业机械报废更新政策来看，其政策目标定位不够清

晰，建议把促进农机报废作为政策的直接目标，鼓励报废。同时，应当解除报废与更新的绑定形式，现行的中央高耗能农业机械报废政策规定，农民报废农具后必须要购买指定的机型才能拿到报废补贴，而且补贴的金额不多，购置新的农机成本大，严重影响农民报废更新的积极性。

4.5.2 适当增加补贴对象，取消硬性的报废年限

现行的高耗能农业机械报废更新政策的补贴对象只针对达到报废年限的拖拉机与联合收割机，不同的机型有不同的报废年限。对于因故损坏，或经修理和调整后，仍不符合安全技术要求，排气污染及噪声不符合在用拖拉机排放标准的，以及需提前报废的拖拉机和联合收割机等并没有纳入补贴范围。此外，建议根据各地农业经济结构特点另行确定补贴机型，实行差异化补贴，适当增加补贴对象。当前《联合收割机禁用和报废技术条件》、《拖拉机禁用与报废标准》规定不同型号的拖拉机与联合收割机的报废年限在 10～15 年不等，浙江省规定不同型号的手扶拖拉机、轮式拖拉机、变型运输机、拖车、链轨式拖拉机报废年限在 9～16 年。在现实操作过程中，一些农具达到报废年限但还可以使用或者经过简单的修理也能正常工作，农户并不愿意主动报废。与其如此，还不如将农机报废年限延长，加大对不能使用及报废更新的农具的补贴力度，鼓励更多的人参与报废与更新。此外，应当缩短收割机的报废年限，由于收割机作业的特点，消耗磨损大，使用寿命短，从调研的情况来看，国产收割机一般能使用 4～5 年，收割机的报废年限无法鼓励报废收割机，无任何实际意义。为此，应当视各地的情况而调整收割机报废的年限，报废年限的设置应当在收割机可使用的年限范围内，或者对不能使用的收割机也实施报废政策。

4.5.3 适当放宽申请报废所需的材料

在调研过程中，我们发现一些想报废达到报废年限的机具因为无法提供齐全的材料而不能申请报废补贴。以 C 县为例，申请报废的机主需要提供：身份证、行驶证、牌照、登记证书和申请表。较多的农户无法完全提供这些材料，因为达到报废年限的农机至少有 10 年左右，对于大多数农户来说要保存牌照、登记证书、行驶证达 10 年之久是比较困难的。由于材料的限制，使得一些想报废而且达到报废年限的农机无法得到报废补贴，这与政策的目标是背道而驰的。因此，我们建议放宽申请报废所需

的材料，如能够在农机档案里查找出申请报废农机的年限，确实达到报废年限的，建议应当给予报废。

4.5.4 建立有效领导机制，统一协调资源

当前农机报废更新政策难以落实的原因之一是农机基础性数据获取难度大，从县级农机主管部门的人、财、物力来看，并不能有效地核实农机的基本情况，而且，县级农机部门不是乡镇政府的直接领导单位，不能有效调动乡镇政府开展工作。为此，为更加有效落实农机报废更新政策，建议在县级政府层面成立有效的农机促进化工程领导小组，统一调配，协调资源，明确权责分工，有效开展农机报废更新政策落实工作。

2014年4月28日，调研组成员与浙江省农机局局长座谈时，局长很坦诚地说道："现在我的工作重心不在农业机械报废更新上，而是农机购置，因为中央农机报废更新政策的目标并不明确，不具有可操作性，在报废与更新环节存在很多的问题，规定要更新才能报废，而且更新补贴的农机必须与报废的一致，这样农户就不愿意报废"，因此，农机局实施农机报废更新政策也只是象征性完成任务，并没有认真研究如何更好地实施该项政策，不把该项政策当作工作的重点。所以，在A县、B县和C县调研时我们看到的情况就比较容易理解了。

（执笔人：袁波、胡凤乔）

子报告三：政策性农业保险政策调研报告

——以水稻为例

政策性农业保险是为了保障农业生产稳定和农民收入，但在实施过程中，却存在农户自愿投保参与率不高、农户保费收缴难和查勘定损难等问题，致使政策偏离目标。本研究在对浙江省水稻生产过程的政策性农业保险深入调研的基础上，对政策绩效进行全方位的评价，并提出相应的政策建议。

1 政策性水稻保险的沿革

1.1 政策性农业保险

农业是一个传统风险产业，农业生产和经营过程中存在许多能够导致损失的不确定性，这种不确定性一般是难以预测的，即便可以预测人力也无法抗拒。农民抵御灾害的能力比较脆弱，农业风险的威胁对农民生活水平的提高存在重大影响。为了减少农业风险、保障农民收入。作为具有分散农业风险、减少农民收入波动和保障农业生产稳定多重功能的农业保险应运而生。由于农业保险损失频率和损失程度较高，要实现农业保险业务的财务平衡，保险费率会很高，靠农民自身难以承担，需要政府出台相关的补贴政策进行扶持。

政策性保险是政府为实现特定的宏观经济目标或推行特定的产业政策，运用商业保险的原理并给予扶持政策而开办的不以营利为目的的保险。政策性保险包括社会政策保险和经济政策保险。

政策性农业保险是农业保险与政策性保险相结合的产物。政策性农业保险由保险机构经营，对种植业、畜牧业、渔业等农业产业在生产过程中因遭受特定自然灾害、事故或者疫病所造成的经济损失进行赔偿，并由国家给予财政补贴、受税收优惠等政策支持的保险活动。政策性农业保险将财政手段与市场机制相对接，是政府救灾的一种创新方式，可提高财政资金使用效益、分散农业风险、促进农民收入可持续增长。为世贸组织所允许的支持农业发展的“绿箱”政策①。

1.2 政策性农业保险的特征

根据运作方式的不同，保险可以划分为商业性保险及政策性保险（见图 1.1）。政策性保险的特性体现在其与商业性保险的差异上（见表 1.1）。由于农业保险自身的弱质性、保险公司经营农险业务力不从心、道德风险、逆向选择等难以分散的市场失灵问题，导致商业化模式难以维持。为帮助农民支付保费，缓解农业保险的供需矛盾，财政部、省级及省级以下财政部门通过保费补贴等调控手段，对参保农户给予一定比例的补贴，使保费达到保险公司和农民都能接受的水平，并协同农业、水利、气

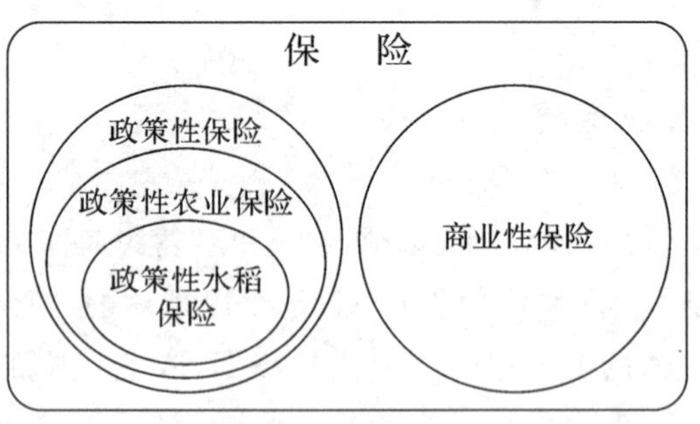

图 1.1　保险的划分及其关系

① “绿箱”政策是指政府通过服务计划，提供没有或者仅有最微小的贸易扭曲作用的农业支持补贴。详见：http://baike.baidu.com/view/95084.htm? fr=aladdin.

象、宣传等部门，引导和鼓励农户、龙头企业、专业合作经济组织参加保险，积极推动种植业保险业务的开展，调动多方力量共同投入，增强水稻种植业的抗风险能力以及灾后修复能力。

表 1.1　商业性保险及政策性保险的差异

类　别	商业性保险及政策性保险的差异	
	商业性保险	政策性保险
目标	迎合市场需求，以营利为目的	保证经济协调发展、维持社会稳定、不以营利为目的
经营主体	由商业性保险机构经营	由政府直接组织，或由政府成立的专门机构经营，在政府的指导下经营
资源配置方式	市场机制配置资源	政府运用财政、税收等非市场化的政策工具配置资源
政府作用	市场运作，无须政府介入	政府引导、扶持
保费负担	投保人全额支付	政府补贴部分保费，或者承担部分兜底责任
典型经营项目	机动车保险、企业财产保险、意外伤害险等	社会保险、农业保险、存款保险等

1.3　政策性水稻保险的相关政策

1.3.1　政策依据

(1)政策性保险

2002 年修订的《中华人民共和国农业法》将农业保险第一次界定为"政策性保险"。随后，中央每年的一号文件中，都对政策性农业保险有所提及(见表 1.2)。

(2)政策性农业保险补贴

最早见于 2004 年《中共中央国务院关于促进农民增加收入若干政策的意见》，提出对于试点地区"有条件的地方可对参加种养业保险的农户给予一定的保费补贴"。

表 1.2　中央一号文件涉及政策性农业保险的内容

年份	文件名称	重要内容
2004	《中共中央国务院关于促进农民增加收入若干政策的意见》	对于试点地区"有条件的地方可对参加种养业保险的农户给予一定的保费补贴"
2005	《中共中央国务院关于进一步加强农村工作提高农业综合生产能力若干政策的意见》	"扩大农业政策性保险的试点范围，鼓励商业性保险机构开展农业保险业务"
2006	《中共中央国务院关于推进社会主义新农村建设的若干意见》	"通过龙头企业资助农户参加农业保险""国十条"指出，要将农业保险作为支农政策的一种创新
2007	《中共中央国务院关于积极发展现代农业扎实推进社会主义新农村建设的若干意见》	明确提出"各级财政对农户参加农业保险给予保费补贴"
2008	《中共中央国务院关于切实加强农业基础建设进一步促进农业发展农民增收的若干意见》	中央财政根据一号文件的精神，发布了《中央财政种植业保险保费补贴管理办法》和《中央财政养殖业保险保费补贴管理办法》两个重要文件，正式开启了中国政策性农业保险之旅
2013	《中共中央、国务院关于加快发展现代农业，进一步增强农村发展活力的若干意见》	提出"健全政策性农业保险制度，完善农业保险保费补贴政策，加大对中西部地区、生产大县农业保险保费补贴力度，适当提高部分险种的保费补贴比例"

2006 年《中共中央国务院关于推进社会主义新农村建设的若干意见》提出，"通过龙头企业资助农户参加农业保险"。

2007 年《中共中央国务院关于积极发展现代农业扎实推进社会主义新农村建设的若干意见》，明确提出，"各级财政对农户参加农业保险给予保费补贴"。

2008 年中央财政根据一号文件的精神，发布了《中央财政种植业保险保费补贴管理办法》和《中央财政养殖业保险保费补贴管理办法》两个重要文件，正式开启了中国政策性农业保险之旅。

2013 年《中共中央、国务院关于加快发展现代农业，进一步增强农村发展活力的若干意见》，提出，"健全政策性农业保险制度，完善农业保险保费补贴政策，加大对中西部地区、生产大县农业保险保费补贴力度，适当提高部分险种的保费补贴比例”。

(3)政策性水稻保险

政策性水稻保险是政策性农业保险的一个险种，是国家继减免农业税以后推出的又一重大惠农政策，通过以政府为主导、商业保险公司为承办主体、农业生产者互保为补充、财政给予适当保费为补贴的政策性农业保险(见图 1.1)。

1.3.2 浙江省政策性农业保险

2006 年 3 月 13 日，浙江省政府、试点县(市、区)政府及新成立的农险共保体三方在杭州签订了政策性农业保险试点项目协议书，标志着浙江省政策性农业保险试点工作正式启动。首批试点的县(市、区)分别为：宁波慈溪市、温州瑞安市、嘉兴桐乡市、嘉兴平湖市、湖州德清县、绍兴上虞市、台州温岭市，金华永康市、舟山定海区、衢州龙游县和丽水缙云县。试点工作一开始，水稻就被列入 9 种保险品种①之一，保险补贴比例为 50%。

2007 年，全省新增临安、余杭等 22 个省级试点，共保试点由原来的 11 个扩大到 32 个。

2008 年，浙江省进一步扩大试点范围，把政策性农业保险覆盖范围扩大到全省有农业生产的 86 个县(市、区)，水稻保险补贴比例由 50%增加到 75%。

2009 年，为贯彻党的十七届三中全会和中央一号文件精神，进一步巩固和开始落实政策性水稻保险试点成果，颁发了《浙江省人民政府关于推进政策性农业保险的若干意见》(浙政发〔2009〕26 号)文件。文件中明确要加大保费补贴力度，中央、省和县(市、区)财政安排专项资金，对参加政策性农业保险的农户给予保费补贴。其中，水稻保费由财政补贴 90%。欠发达和海岛地区由中央、省和县财政分别承担 35%、45%和 10%，其他地区由中央、省和县财政分别承担 35%、30%和 25%。预期通过几年的努力，使得全省政策性农业保险主要品种大户参保率达到 70%以上，参保品种农业增加值占全省农业增加值的 60%以上，为现代农业

① 2006 年试点起步阶段的保险品种为：水稻、生猪、鸡、鸭、大棚蔬菜、西瓜、柑橘、林木、淡水养殖。

发展和农民创业致富提供有力保障。

2011年，浙江省为进一步健全政策性农业保险体系，颁布了《浙江省人民政府办公厅关于建立政策性农业保险巨灾风险准备金制度的通知》（浙政办发〔2011〕8号），规定“政策性水稻保险基本费率从5%提高到7.5%，其保费财政补贴比例调整为：欠发达及海岛地区中央、省、县按35∶48∶10分担，其他地区按35∶32∶26分担，农户自负7%”。

2012年，为进一步健全政策性农业保险体系，扩大保险品种范围，增强农业抵御风险能力，促进农业现代化建设，根据《浙江省人民政府关于推进政策性农业保险的若干意见》，颁布了《浙江省人民政府办公厅关于鼓励开展特色农业保险品种试点工作的通知》（浙政办发〔2012〕14号），省政府鼓励各地按照风险可控原则，积极探索开展特色农业保险品种试点工作。

2013年颁发的《关于进一步完善政策性农业农房保险工作的通知》（浙发改综体〔2013〕597号）中规定：“水稻保险金额由原来200、400元/亩提高到400、600元/亩，保险条款、费率及各级财政保费补贴比例不变。”同时，从2013年起，政策性农业保险超赔5倍封顶风险分担政策取消，由省共保体全额承担实际赔偿责任，不再实行二次赔款赔付和年终封顶系数转换后结算方式，实行一次赔付。取消政府超赔责任，省、县（市、区）政府不再分担超赔责任。相应取消原巨灾风险准备金中政府超赔基金积累，超过当年农险保费1.2倍以上部分的政府超赔基金调整为政策性农业保险巨灾风险准备金积累。

针对2013年罕见的夏季连续晴热高温天气造成的旱灾，在2014年2月20日印发的《关于进一步完善政策性农业农房保险工作的通知》（浙发改综体〔2014〕70号）中明确了旱灾标准，增设水稻等保险的高温干旱责任；并且调整水稻每次事故的相对免赔率：从30%下调为20%，降低了理赔标准。

具体的相关政策如表1.3所示。

表 1.3　2006—2013 年浙江省相关政策

年份	文件名称	与水稻相关内容
2006	《浙江省人民政府关于开展政策性农业保险试点工作的通知》(浙政发〔2006〕17 号)	保费补贴率：水稻保费补贴为 50%。
2008	《浙江省人民政府关于在全省开展政策性农业保险的通知》(浙政发〔2008〕22 号)	1. 保费补贴率：水稻保费补贴为 75% 2. 财政补贴：由省财政与欠发达地区按“六四”比例分担，与其他地区按“四六”比例分担 3. 保险基础费率：5%
2009	《浙江省人民政府关于推进政策性农业保险的若干意见》(浙政发〔2009〕26 号)	1. 加大保费补贴力度。中央、省和县(市、区)财政安排专项资金，对参加政策性农业保险的农户给予保费补贴 2. 水稻保费由财政补贴 90%。欠发达和海岛地区由中央、省和县财政分别承担 35%、45% 和 10%，其他地区由中央、省和县财政分别承担 35%、30% 和 25%
2011	《浙江省人民政府办公厅关于建立政策性农业保险巨灾风险准备金制度的通知》(浙政办发〔2011〕8 号)	1. 调整费率。水稻保险费率从 5% 提高到 7.5% 2. 调整保费财政补贴比例。欠发达及海岛地区中央、省、县按 35∶48∶10 分担，其他地区按 35∶32∶26 分担；农户自负 7%
2012	《浙江省人民政府办公厅关于鼓励开展特色农业保险品种试点工作的通知》(浙政办发〔2012〕14 号)	
2013	《关于进一步完善政策性农业农房保险工作的通知》(浙发改综体〔2013〕597 号)	水稻保险金额由原来 200、400 元/亩提高到 400、600 元/亩，保险条款、费率及各级财政保费补贴比例不变

政策性水稻保险在浙江省的实施情况

2.1 政策性水稻保险的实施方法

2.1.1 操作程序(见图 2-1)

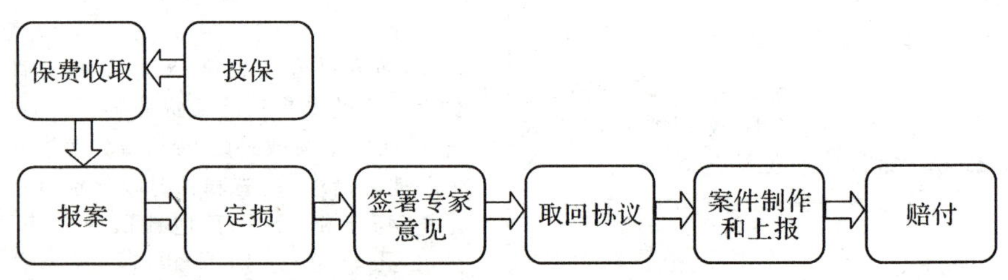

图 2-1 浙江政策性水稻保险操作流程

政策性水稻保险在浙江以"共保体"模式实施,主要环节和关键因素如表 2.1 所示。

表 2.1 浙江省政策性水稻保险操作程序

保险公司	投保人	投保资金	赔付方式	受益人
共保体	农户	补贴资金、农户性承担	有限责任赔付	投保人
人保财险 60%、中华联合 10%、太平洋产险 8%、平安产险 8%、天安 5%、永安 3%、华安 2%、安邦 2%、大地 1%、太平产险 1%	投保农户水稻投保标准:水稻种植规范标准和技术管理要求,种植面积在 20 亩(含)以上的正常生长的水稻	投保资金来源: 1. 中央 35%、省 32%、县(市) 26%三级财政补贴 2. 农户自行承担保险费 7%	以二次赔付的方法实施风险责任 5 倍封顶,政府和共保体分担农业经营风险	

2.1.2 实施方法

2006—2008 年为浙江省政策性水稻保险的试行阶段,保险范围、保费基本费率及保险补贴比例一直在进行调整。在试点的基础上，2011年，《浙江省人民政府办公厅关于建立政策性农业保险巨灾风险准备金制度的通知》(浙政办发〔2011〕8号)出台，对政策性水稻保险的实施办法进行了确定，如表2.2所示。

表 2.2 政策性水稻保险现行实施办法

主要目标	建立健全政策性农业保险工作长效机制，提高农户投保率、政策到位率和理赔兑现率，实现"尽可能减轻农民保费负担"、"尽可能减少农民因灾损失"的目标要求，推动政策性农业保险又好又快发展
基本原则	政府引导、市场运作、自主自愿、协同推进
保险标的	符合水稻种植规范标准和技术管理要求，种植面积在20亩(含)以上的正常生长的水稻
保险责任	自然灾害责任： 台风、暴风、暴雨、龙卷风、洪水、冰雹、扬花期低温(2014年新增高温)
	病虫灾害责任： 稻瘟病、纹枯病、稻曲病、稻飞虱、螟虫、白叶枯病、矮缩病
相对免赔额	1. 投保人、被保险人及其家庭成员的故意行为，包括但不限于自行毁掉或放弃已发生部分损失的保险水稻 2. 战争、敌对行动、军事行为、武装冲突、罢工、骚乱、暴动、恐怖活动 3. 他人的故意破坏行为
	对于下列损失，保险人也不负责赔偿： 1. 因种子质量造成的损失 2. 保险水稻收割后的损失 3. 不属于保险责任范围内的其他一切损失
保险金额	每亩保险金额与保险合同载明的保险水稻种植面积的乘积。每亩保险金额可以为200元或400元，投保人从中自行选择确定保险水稻的每亩保险金额
保险费	保险费＝每亩保险金额(元/亩)×基础保险费率(%)×保险面积(亩)×承保区域系数
赔偿处理	在保险期间内，保险标的发生保险责任范围内的植株死亡，保险人按照每亩保险金额与损失赔偿比例(见表2-3)和水稻生长期赔偿比例(见表2-4)约定的比例的乘积确定每亩的赔偿金额

具体赔偿处理依据及标准见表2.3及表2.4。

表2.3 水稻损失赔偿比例

植株死亡比例	赔偿百分比
0～30%(含)	0%
苗期30%～50%(含)或 苗期后30%～60%(含)	按实际植株死亡比例
苗期50%以上或 苗期后60%以上	100%

表2.4 水稻生长期赔偿比例

生长期	赔偿百分比
苗期	50%
结期后	100%

注:每亩赔偿金额=每亩保险金额×损失赔偿比例×生长期赔偿比。

2.2 风险区域的划分与保费计算

从2011年开始,浙江省政策性水稻保险的保险费计算公式为:保险费=每亩保险金额(元/亩)×基础保险费率(%)×保险面积(亩)×承保区域风险系数。2011年至2013年保险金额分为200元/亩或400元/亩两档,投保人可从中自行选择确定保险水稻的每亩保险金额,2013年保险金额提升为400元/亩或600元/亩。

浙江省保监会将全省11个地市划分为三大风险区域,在收取保费时,实行差别费率。其中一类风险区为:温州市和台州市,承保区域系数为1.3;二类风险区为舟山市,承保区域系数为1.2;三类风险区为:杭州市、宁波市、嘉兴市、湖州市、金华市、绍兴市、衢州市和丽水市8市,其承保区域系数为1.0。具体承保区域风险系数见表2.5。

表2.5 承保区域系数

风险区域类别	承保区域	承保区域系数
一类风险区域	温州市、台州市	1.3
二类风险区域	舟山市	1.2
三类风险区域	杭州市、宁波市、嘉兴市、湖州市、 金华市、绍兴市、衢州市、丽水市	1.0

2.2.1 一类风险区域

浙江省一类风险区域为温州市和台州市，其承保区域系数为1.3。保险费计算公式为：保险费＝每亩保险金额(元/亩)×基础保险费率(%)×保险面积(亩)×承保区域风险系数(1.3)。表2.6详述了2011—2013年，保费金额为200元/亩与400元/亩两档，以及2013—2014年，保费金额为400元/亩与600元/亩两档时一类风险区域政策性水稻保险每亩保费及其计算方式(见表2.6)。

表2.6 一类承保区域保费计算方法 单位：元

年　份	保险金额	承保区域系数	具体计算
2011—2013	200	1.3	200×7.5%×1×1.3=19.5
	400	1.3	400×7.5%×1×1.3=39
2013—2014	400	1.3	400×7.5%×1×1.3=39
	600	1.3	600×7.5%×1×1.3=58.5
承保区域：温州市、台州市			

2.2.2 二类风险区域

浙江省二类风险区域为舟山市，其承保区域系数为1.2。保险费计算公式为：保险费＝每亩保险金额(元/亩)×基础保险费率(%)×保险面积(亩)×承保区域风险系数(1.2)。表2.7详述了2011—2013年，保费金额为200元/亩与400元/亩两档，以及2013—2014年，保费金额为400元/亩与600元/亩两档时二类风险区域政策性水稻保险每亩保费及其计算方式(见表2.7)。

表2.7 二类承保区域保费计算方法 单位：元

年份	保险金额	承保区域系数	具体计算
2011—2013	200	1.2	200×7.5%×1×1.2=18
	400	1.2	400×7.5%×1×1.2=36
2013—2014	400	1.2	400×7.5%×1×1.2=36
	600	1.2	600×7.5%×1×1.2=54
承保区域：舟山市			

2.2.3 三类风险区域

浙江省三类风险区域为杭州市、宁波市、嘉兴市、湖州市、金华市、绍兴市、衢州市和丽水市 8 市，其承保区域系数为 1.0。保险费计算公式为：保险费＝每亩保险金额（元/亩）×基础保险费率（%）×保险面积（亩）×承保区域风险系数（1.0）。表 2.8 详述了 2011—2013 年，保费金额为 200 元/亩与 400 元/亩两档，以及 2013—2014 年，保费金额为 400 元/亩与 600 元/亩两档时三类风险区域政策性水稻保险每亩保费及其计算方式（见表 2.8）。

表 2.8　三类承保区域保费计算方法

年份	保险金额	承保区域系数	具体计算
2011—2013	200	1.0	200×7.5%×1×1.0＝15
	400	1.0	400×7.5%×1×1.0＝30
2013—2014	400	1.0	400×7.5%×1×1.0＝30
	600	1.0	600×7.5%×1×1.0＝45
承保区域：杭州市、宁波市、嘉兴市、湖州市、金华市、绍兴市、衢州市和丽水市			

2.3　保费补贴

浙江省政策性水稻保险补贴，实行中央—省—县（市）三级补贴。对于发达地区，中央补贴 35%、省级补贴 32%、县（市）配套 26%、农户自行承担保费 7%。对于欠发达地区，中央补贴 35%、省级补贴 48%、县（市）补贴 10%、农户自行承担保费 7%。相对于欠发达地区，中央级补贴比例不变，省级补贴较发达地区多 16%，县（市）级补贴较发达地区减少 16%。①

以下对 2011—2013 年及 2013—2014 两个时间段内，发达地区与欠发达地区政策性水稻保险参保农户，选择不同档保费金额时，每亩所得补贴进行详述。补贴计算公式：补贴金额＝每亩保险金额（元/亩）×基础保险费率（%）×保险面积（亩）×承保区域风险系数×补贴比例。

① 参照《浙江省人民政府关于完善省对县（市）财政体制的通知》（浙政发〔2008〕54 号）规定，省政策性农业保险财政补贴欠发达和海岛地区为以下 32 个县（市）：金华市、衢州市、丽水市、舟山市、淳安县、永嘉县、洞头县、平阳县、苍南县、文成县、泰顺县、安吉县、兰溪市、武义县、磐安县、龙游县、江山市、常山县、开化县、岱山县、嵊泗县、天台县、仙居县、三门县、龙泉市、青田县、云和县、庆元县、缙云县、遂昌县、松阳县、景宁县。

2.3.1 2011—2013 年每亩保费补贴情况

2011—2013 年，浙江省政策性水稻保险可选保费金额为 200 元与 400 元两档，以承保区域范围最广的三类承保区域为例。

当农户选择 200 元保费金额时，所需保险费为 15 元。发达地区农户每亩保险所得的补贴分别为：中央补贴 35%，5.25 元；省级补贴 32%，4.8 元；县(市)补贴 26%，3.9 元。欠发达地区农户每亩保险所得的补贴分别为：中央补贴 35%，5.25 元；省级补贴 48%，7.2 元；县(市)补贴 10%，1.5 元。

当农户选择 400 元保费金额时，所需保险费为 30 元。发达地区农户每亩保险所得的补贴分别为：中央补贴 35%，10.5 元；省级补贴 32%，9.6 元；县(市)补贴 26%，7.8 元。欠发达地区农户每亩保险所得的补贴分别为：中央补贴 35%，10.5 元；省级补贴 48%，14.4 元；县(市)补贴 10%，3 元。详细补贴比例及补贴金额见表 2.9。

表 2.9 2011—2013 年保费补贴情况 单位：元

年份	保费金额	地区	基础费率	保险费	政府补贴					
					中央		省		县(市)	
					比例	金额	比例	金额	比例	金额
2011—2013	200	发达地区	7.5%	15	35%	5.25	32%	4.8	26%	3.9
		欠发达地区	7.5%	15	35%	5.25	48%	7.2	10%	1.5
	400	发达地区	7.5%	30	35%	10.50	32%	9.6	26%	7.8
		欠发达地区	7.5%	30	35%	10.50	48%	14.4	10%	3.0

2.3.2 2013—2014 年每亩保费补贴情况

2013 年，浙江省政策性水稻保险可选保费金额变为 400 元与 600 元两档，以承保区域范围最广的三类承保区域为例。

当农户选择 400 元保费金额时，所需保险费为 30 元。发达地区农户每亩保险所得的补贴分别为：中央补贴 35%，10.5 元；省级补贴 32%，

9.6 元；县(市)补贴 26％，7.8 元。欠发达地区农户每亩保险所得的补贴分别为：中央补贴 35％，10.5 元；省级补贴 48％，14.4 元；县(市)补贴 10％，3 元。

当农户选择 600 元保费金额时，所需保险费为 45 元。发达地区农户每亩保险所得的补贴分别为：中央补贴 35％，15.75 元；省级补贴 32％，14.4 元；县(市)补贴 26％，11.7 元。欠发达地区农户每亩保险所得的补贴分别为：中央补贴 35％，15.75 元；省级补贴 48％，21.6 元；县(市)补贴 10％，4.5 元。详细补贴比例及补贴金额。见表 2.10

表 2.10　2013—2014 年保费补贴情况　　单位：元

年份	保费金额	地区	基础费率	保险费	政府补贴					
					中央		省		县(市)	
					比例	金额	比例	金额	比例	金额
2013—2014	400	发达地区	7.5％	30	35％	10.50	32％	9.6	26％	7.8
		欠发达地区	7.5％	30	35％	10.50	48％	14.4	10％	3.0
	600	发达地区	7.5％	45	35％	15.75	32％	14.4	26％	11.7
		欠发达地区	7.5％	45	35％	15.75	48％	21.6	10％	4.5

2.4 “共保体”模式

根据《中央财政种植业保险保费补贴管理办法》第三章保护措施，第十四条“各省、自治区、直辖市要因地制宜探索切实可行的投保模式，坚持尊重农户意愿与提高组织程度相结合，采取多种形式组织农户统一投保、集中投保”。2006 年，浙江省根据本省种植业的具体情况，因地制宜，以共保体模式开展政策性农业保险试点工作。

根据浙江保监局《浙江省政策性农业保险试点共保体试点实施方案》，浙江省政府授权两家及两家以上商业保险公司，以共保体模式经营运作全省政策性农业保险项目，按照章程约定的比例，分摊保费、承担风险、享受政策，共同提供服务的保险组织形式。共保体成员由“首席承保人”和“共保人”组成，以商业保险运作模式，实施对农业保险的承保、理赔、结算、风险准备金提存等。浙江省共保体由人保、中华联合、太平洋、平安、天安、永安、华安、安邦、大地和太平产险10家财产险公司组成，它们分别认购了60％、10％、8％、8％、5％、3％、2％、2％、1％和1％，其中占最大比重的省人保财险受共保体委托作为“首席承保人”，具体经营政策性农业保险的日常业务。

根据巨灾风险状况和商业保险公司的承受能力，共保体将通过调整赔付方式实行有限责任赔付。政策性农业保险的经营者风险责任：浙江农业保险经营风险在全省范围内实现统筹，业务采用二次赔付的方法实施风险责任5倍封顶，政府和共保体分担农业经营风险；共保体承担农险保费2倍以内的全部赔偿责任；农险保费2倍以上至3倍的赔偿责任由政府与共保体按1∶1比例分摊；农险保费3倍以上至5倍的赔偿责任由政府与共保体按2∶1比例分摊；超过5倍的，政府不承担赔付的责任。这样就对风险的最大赔付额度进行了封顶。共保体各成员之间按照章程约定，除按比例承担风险责任以外，享有对盈余部分红利的分配权；按照约定的承保份额拥有对政策性农业保险项目经营利益的终极所有权。并根据不同品种在不同地域风险程度的高低，将全省划分为三大风险区域，实行差别费率。

2.5 财政补贴支出

2009—2014年6年间，中央、省级及地方三级财政资金，对于政策性农业保险补贴及政策性水稻保险补贴金额均呈现快速增长(见表2.11和图2.1)。

2009年至2014年，中央政策性保险的财政补贴，由1894万元增加到22225万元，增加了20331万元；省级财政补贴，由5604万元增加到21191万元，增加了15587万元；地方财政补贴由6095万元增加到14127万元，增加了8032万元。对于浙江省政策性水稻保险，2009年至2014年，中央财政补贴，由1130万元增加到8023万元，增加了6893万元；省级财政补贴，由1093万元增加到9082万元，增加了7989万元；地方财政补贴由679万元增加到4676万元，增加了3997万元，其中2011年到

2012 年上升尤为明显。这是因为 2011 年颁布了《浙江省人民政府办公厅关于建立政策性农业保险巨灾风险准备金制度的通知》(浙政办发〔2011〕8 号),对种植业品种费率及财政补贴比例进行了调整,一方面将水稻保险费率从 5%提高到 7.5%;另一方面,调整保费财政补贴比例,欠发达及海岛地区中央、省和县按 35%、48%和 10%分担,其他地区按 35%、32%和 26%分担;农户自负 7%①。

表 2.11 2009—2014 年浙江省各级政策性水稻保险补贴情况 单位:万元

年份	中央财政补贴		省级财政补贴		地方财政补贴	
	农作物	水稻	农作物	水稻	农作物	水稻
2009	1894	1130	5604	1093	6095	679
2010	2213	1216	5614	1183	5967	765
2011	3884	1952	7839	2026	7814	1251
2012	10894	3554	12995	3998	10529	2010
2013	18348	6395	16970	7129	11836	3806
2014	22225	8023	21191	9082	14127	4676

数据来源:浙江省财政厅。

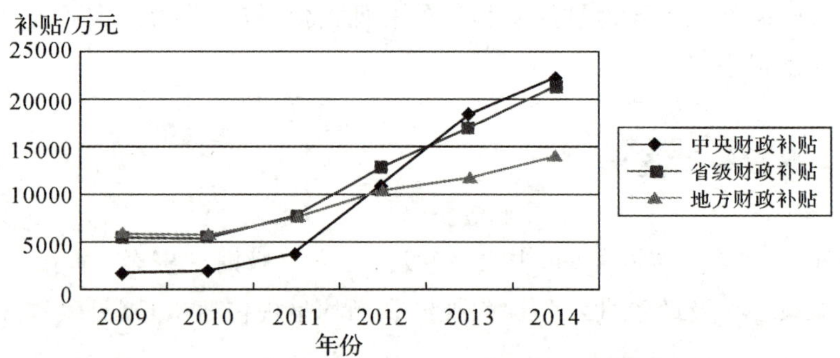

图 2.1 2009—2014 年浙江政策性农业保险补贴情况

从图 2.1 可以看出,政策性保险设立以来,无论是从农作物政策性保险来看还是从政策性水稻保险来看,各级财政补贴数额均呈现快速增长,反映了补贴种类不断增多,补贴力度不断增强的情况(见图 2.2)。

① 数据来源:浙江省财政厅。

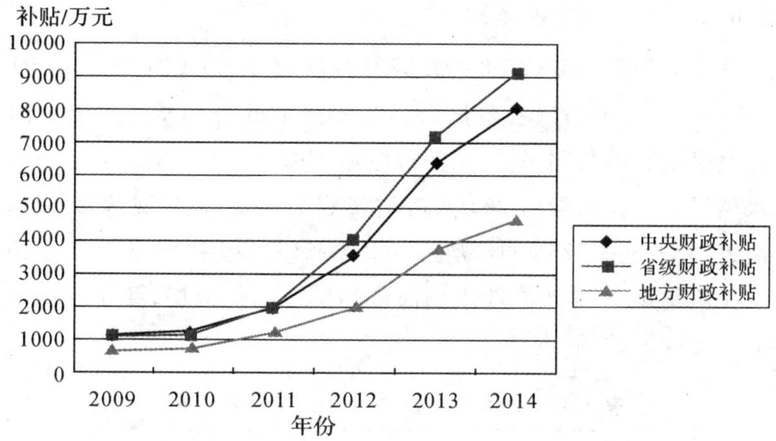

图 2.2　2009—2014 年浙江省政策性水稻保险补贴情况

2.6　政策性水稻保险政策实施情况实地调研

调研小组共走访了 3 个县(市)的农业管理部门，12 个行政村，28 个水稻规模化种植或服务组织(种粮大户、家庭农场、合作社)，144 个农户，以了解政策性水稻保险政策在浙江省内的具体实施及执行情况(见图 2.2)。

调研情况显示，由于各县(市)地理位置、地形特征、经济发展情况，农作物种植情况等存在差异，不同地区间政策性水稻保险的补贴比例、行政成本、投保情况、保费收取方式不一。

省内平原地区，水稻种植面积大且多为连片种植，其保费收取方式符合文件规定；山区和丘陵地区，相关工作人员反映，行政成本高于收取的保费金额，政策落地困难，在具体执行时，为了完成上级下达的指标，县(市)财政采取代付农户自付保费的形式，完成政策目标。

2.6.1　各县(市)补贴比例不一

在本次调研中，我们选取了发达地区与欠发达地区的典型县(市)作为调研对象，以 A 县、C 县和 B 县为例。作为欠发达地区的 C 县、B 县，其政策性水稻保险补贴的中央补贴比例为 35%、省级为 48%、县(市)为 10%，符合政策性水稻保险补贴比例。作为其他地区的 A 县，其政策性水稻保险补贴的中央补贴比例为 35%，省级为 32%、县(市)为 26%。

2.6.2 各县(市)投保情况

A 县作为产粮大县,其水稻政策性保险是从 2006 年开始实行的,并于 2007 年由原来的省级自费试点转为省级财政补助试点。由中国人民财产保险股份有限公司 A 县分公司数据得知:2006—2013 年,7 年间,政策性水稻保险投保亩数由 30158 亩增长到 70678 亩(详见表 2.12),总保险金额由 20 万元增长到 318 万元。本次调研过程中,保险公司受访人员小倪称无法提供 A 县政策性水稻保险的历年赔付数据,并建议调研小组去省发改委获取数据。①

表 2.12 2006—2013 年 A 县政策性水稻保险

年份	2006	2007	2008	2009	2010	2011	2012	2013
亩数(亩)	30158	28135	28860	47900	31944	37000	71616	70678
保费(万元)	30	28	58	96	64	112	214.9	318

数据来源:中国人民财产保险股份有限公司 A 县分公司。

B 县的水稻政策性保险是从 2012 年开始实行的,至今共实施了两年。调研过程中,保险工作人员拒绝向调研组提供水稻政策性保险在 B 县的收取和赔付数据。

C 县的水稻政策性保险是从 2006 年开始实行的,属于浙江省农业政策性保险第一批试点地区。2009—2013 年,C 县水稻承保数量由 11.19 万亩增加到 12.58 万亩,保险费由 223.82 万元增长到 377.31 万元,赔款金额由 35.81 万元增长到 134.51 万元②(见表 2.13)。

表 2.13 2009—2013 年 C 县政策性水稻保险

年份	承保数量(万亩)	保险费(万元)	赔款(万元)
2009	11.19	223.82	35.81
2010	3.29	65.89	7.25
2011	3.85	117.42	20.20
2012	7.32	223.51	43.36
2013	12.58	377.31	134.51

① 数据来源:中国人民财产保险股份有限公司 A 县分公司。

② 数据来源:中国人民财产保险股份有限公司 B 县分公司。

2.6.3 各县(市)保费收取方式不同

根据《关于进一步完善政策性农业农房保险工作的通知》(浙发改综体〔2014〕70号),扣除中央—省—县(市)三级财政补贴后,农户需自行承担保费的7%。但在实际调研中我们发现,由于各地区地形的差异、水稻种植分散性、农户自行承担保费部分收取成本高等原因,各县(市)政策性水稻保险保费的收取方式存在差异,部分县(市)级财政直接代付了农户自行承担的保费部分。

据B县发改局王主任介绍,由于B县地处山区,水稻种植面积零碎、分散,执行人员在核算了收取7%的保险费成本后(人工费、摩托车油费等),发现收取农户自行承担的7%保费的成本大于收取的金额本身,保险展业工作量大,为了及时完成上级下达的政策性水稻保险率达到80%的指标,县里选择最低的保险金额(即400元),对实际水稻种植面积的80%进行投保,县财政直接配套除了中央和省两级补贴之外的17%的保费。

同样作为欠发达地区的C县,在考虑到保费的征收成本高,为了保证保费收取的及时到位,C县政策性保险协调小组(由农业局、发改局、保险公司三方组成,由发改局管理)商议决定,全县实行"15+X"的形式,即将全县262个村划分为15个乡,以乡为单位上报参保水稻亩数,其中X是指大户,即除了15个乡之外,大户单独投保,各个乡和大户可自行选择保险数额。

作为平原地区的A县,水稻田多为大面积连片田地,且大户较多,政策性水稻保险农户在政策性水稻保险保费收取的工作上则较符合省级规定。

3 政策绩效评价

调研小组根据实地调研情况,从效率、公平、效果和可持续性四方面对政策性农业保险的政策绩效进行评价。

3.1 效率低

3.1.1 政策目标完成度难以判断

一方面，在访谈过程中，据政策性水稻保险相关工作人员反映，政策目标完成度较好，但因为调研组没有看到具体数据，所以无法进行判断。但是在深入访谈的过程中得知，各县（市）对政策目标的达成多是为了完成上级下达的目标，并没有考虑到当地农户的真实需求，也不关心保险的赔付情况。

另一方面，在政策执行时，为了达成政策目标，强制大户投保，违背了《浙江省政策性农业保险共保体水稻种植保险条款》实施时，“政府引导、市场运作、自主自愿、协同推进”的基本原则。

3.1.2 政策执行成本高

根据保费计算方式：农户自行承担保费＝每亩保险金额（元/亩）×基础保险费率（％）×保险面积（亩）×承保区域风险系数×承担比例。

如表 3.1 所示，以处于承保区域系数 1.0 的三类风险区域的 B 县为例，其补贴标准为中央补贴 35％，省 48％，县（市）10％，农户自行承担保费 7％。当农户选择保险金额为 200 元、400 元、600 元时，所需承担的每亩保费分别为 1.05 元、2.1 元和 3.15 元。

政策性保险保费具体收取人员在核算了收取 7％的保险费成本（人工费、摩托车油费等）后，发现收取保费的行政成本远大于保费。为节省行政成本，B 县选择由县级财政代为支付。C 县因处于丘陵地区，同样面临收取保费的行政成本高于保费的困境，因此也选择了由县级财政代为支付。

表 3.1 农户承担保费金额 单位：元

年 份	保险金额	保险费	农户承担保费比例（％）	农户承担保费
2011—2013	200	15	7	1.05
	400	30	7	2.10
2013—2014	400	30	7	2.10
	600	45	7	3.15

3.1.3 保险收取方式影响保险的知晓度

如上节所述，作为浙江省典型山区地区的B县，其水稻种植面积零碎、分散，执行人员在核算了收取7%的保险费成本后(人工费、摩托车油费等)，发现收取农户自行承担的7%保费的成本大于收取的金额本身。

保险展业工作量大，为了及时完成上级下达的政策性水稻保险率达到80%的指标，县里选择由县财政直接配套除了三级补贴之外的17%的保费。这导致B县的政策性水稻保险的投保率虽然达到了80%，但是作为政策受益者的农户却不知自己的水稻已被投保，在受灾后也不会想到去索赔，这一保费收取方式导致政策性农业保险的知晓度低，未发挥减轻农业风险的实际作用，只是流于形式。

3.2 公平性差

3.2.1 差异性公平性考虑不足

政策性水稻保险补贴作为政府农业保险补贴政策，其考量标准之一即公平性。在政策设计时，浙江省政策性农业保险虽然将全省11个地市划分为三大风险区域，在收取保费时，实行差别费率，期望以低风险区域的盈利来弥补高风险区域的亏损。这个设计虽然在一定程度上体现出差异性公平，但更多的是考虑降低整体风险，对风险较小的区域并不公平。

如以A县为代表的平原地区、以B县为代表的山区地区和以C县为代表的丘陵地区三类风险区域，相对于温州、台州、舟山等高风险区域，其水稻受灾的概率较小。风险系数1.3的一类风险区、风险系数1.2的二类风险区和风险系数1.0的三类风险区之间的差异性公平没有得到较好的体现。

3.2.2 公共责任缺失

根据《浙江省政策性农业保险共保体水稻种植保险条款》，政策性水稻保险的保险标的为，“符合水稻种植规范标准和技术管理要求，种植面积在20亩(含)以上的正常生长的水稻”，即种植面积小于20亩的小户及散户无法享受该项补贴。

这就造成一种不公平的情况：相对富裕的群体(如大户、合作社、家庭农场主等)享受到补贴，降低了生产风险。但是，经济条件处于相对弱势的散户却无法享受该项补贴，甚至全额自费都无法享受保险政策，当灾害发生时，只能自行承担损失，加大了水稻种植的风险和成本。

这样的制度安排，一定程度上规避了种植大户、合作社以及家庭农场主种植水稻的风险，鼓励了农业大规模生产。但是，农业政策性保险的目标在于创新政府救灾方式，提高财政资金使用效益。分散农业风险，促进农民收入可持续增长，构建一个农业风险的保障机制。鉴于这一目标，对投保人设置高门槛有失公平，公共责任缺失。

3.3 效果差

3.3.1 满意度差

(1)赔偿标准不合理

在对A县3号(粮油)专业合作社进行访谈时，大户介绍，他一个人承包2200亩土地用于种植水稻，由于A县处于平原地区，地租一年1000元，高于浙江其他地区，因此其水稻的种植成本高，加之大面积的水稻种植，他最担心的就是发生灾害。他向我们介绍说，2013年，A县发大水，损失严重，但是保险公司现场勘察后给出的定损结果是受灾没有达到减产30%的赔偿标准，不予赔付。

(2)勘察不及时，定损不满意

该大户表示，他对于政策性水稻保险的赔付标准非常不满意，他认为，将每次事故相对免赔额制定为每亩水稻植株死亡比例的30%是不合理的。一方面，保险公司的受灾鉴定不及时，整个A县只有两个人负责受灾鉴定，受灾后，大批水稻被淹在田里，由于人手不够，保险公司勘察人员来定损时田间的水已经退去，这时受灾最严重的时候已经过去，加之水稻田也进行了一定的自我修复，无法反映受灾的实际情况；另一方面，受灾之后的水稻不仅产量会下降，质量也会下降，这些粮食不能再作为口粮出售，只能用于饲料，其价格较口粮低了很多，农户的损失不仅是粮食产量上的减损，还有粮食出售时单价的损失。

对此，该大户认为损失不能仅仅以减产30%作为评定指标，还应出台相关的品质衡量指标。他认为，政策性水稻保险没有达到实际的作用，表示若不是当地农经局强制对大户投保，即使有补贴，自己也不会买保险。

3.3.2　政策受众和政策执行主体回应性差

在本次调研过程中，调研小组对政策性水稻补贴的四个参与主体：农经局工作人员、种粮大户、散户和保险公司人员对于政策性水稻保险的意见及态度进行了汇总。

农经局工作人员、种粮大户、散户都表示对保险不满意，但是保险公司人员对于政策性水稻保险的满意度高，认为保险造福了农户，使农户得到了应有的赔偿，可是却拒绝提供具体赔付数据(见表 3.2)。

表 3.2　保险各参与主体意见反馈表

受访者	意　见	态　度
农经局工作人员	1.农户自付 7%保费，收取成本大 2.受灾后鉴定人手不足，整个 A 县就 2 个人，无法及时定损 3.如何度量损失有待考虑 4.保险公司和农户之间，农户处于弱势 5.赔偿少于政府的补贴	1.认为钱被保险公司赚取了，农户没有得到应有的利益 2.应优化相关定损及赔付标准
大户	1.被迫交保费，并非自愿 2.受灾了得不到赔偿 3.赔付标准不合理 4.损失鉴定不及时 5.赔款时间周期长	1.很不满意，不愿意再投保 2.认为投不投保都一样
散户	1.种植面积不达 20 亩无法投保、 2.不知道保险信息 3.认为不公平	1.无法投保不公平 2.无法享受补贴，不公平
保险公司人员	满意	认为保险很好，农户得到了应有赔偿

3.4　可持续性难以判断

3.4.1　资金可持续性高，持续增加

由表 2.11 2009—2014 年浙江省各级政策性水稻保险补贴情况可知，中央—省—县(市)对于政策性水稻保险的金额持续增加，资金可持续性高。

3.4.2 使用意愿低，现有产品无法满足

为了积极支持解决“三农”问题，完善农村金融服务体系，逐步构建市场化的种植业生产风险保障体系，提高大宗农作物灾后恢复生产的能力，减少农民农业种植的风险，国家支持在全国范围内建立种植业保险制度。对于靠天吃饭的农业，希望规避农业生产的风险，但是根据调研组调研情况，目前现有的政策性农业保险，由于赔付标准不合理、赔付周期长、知晓度低等问题，无法满足农户对于保险的需求。

需要指出的是，浙江省的政策性农业保险体系仍在完善，2013 年罕见的夏季连续晴热高温天气造成的旱灾，省发改委在 2014 年 2 月 20 日印发的《关于进一步完善政策性农业农房保险工作的通知》中明确了旱灾标准，这一系列的完善措施有助于政策性水稻保险的可持续发展。

4 政策建议

4.1 扩大政策受益群体范围

政策性农业保险作为政府农业补贴政策，属于政府宏观经济政策的一个组成部分，在规避种养大户、合作社、家庭农场等的种植风险、兼顾农业大规模生产、国家福利最大化目标的同时，应体现农户福利的最大化。浙江省的政策性农业保险应根据政府财力状况，从主要面向种养大户、合作社、家庭农场，逐步向小农户、散户过度。扩大财政补贴的覆盖面、尽可能地覆盖广大农民，降低处于劣势地位的散户的种植风险，让更广大的农民享受到政策的补贴，构建一个更加公平的农业风险保障机制，达到真正的普惠。

4.2 调整承保区域风险系数

浙江省实行共保体的制度安排，实行全省统筹机制，期望以低风险区

域的盈利来弥补高风险区域的亏损，虽然划分了三级风险区域，并制定了承保区域风险系数，但是其 1.3、1.2、1.0 之间的差异并不能弥补受灾后赔付的损失差异。应调整承包区域风险系数，加大不同区域间承保风险系数的差异。

4.3 因地制宜，下达任务指标

不同地区政策目标达成指标应合理分配。如 B 县属于三级风险区域，其受灾风险较小，政策目标达成指标应因地制宜，地方农业部门适当自主，而非盲目完成上级下达的指标。

4.4 优化保费收取方式

B 县具体执行人员在核算了收取 7%的保险费成本后（人工费、摩托车油费等）发现，收取保费的成本大于保费，所以县财政直接帮农户支付了 7%的农户自行承担保费，即县政府配套 17%的保险费。这就导致了县政府帮农户交了保费，但是农户却不知道自己的水稻被保险了。在实际调研过程中，调查的 42 个对象都不知道有政策性水稻保险，更加不知道政策性水稻保险的具体内容，这一执行方式极大地影响了补贴的知晓度，但也反映出了一个很实际的问题，即基层工作执行存在着实际困难。建议优化保费收取方式，加大宣传，增加补贴政策的知名度。

4.5 按照实际损失赔付

依据《政策性水稻保险现行实施办法》规定，在保险期间内，当植株死亡比例在 0～30%，保险公司免赔，需农户自行承担植株死亡的亏损，不合理。

鉴于 2013 年罕见的夏季连续晴热高温天气造成的旱灾，省发改委在 2014 年 2 月 20 日印发《关于进一步完善政策性农业农房保险工作的通知》，调整水稻每次事故的相对免赔率：从 30%下调为 20%，降低了理赔标准，仍有下降空间，应修改政策性水稻保险的赔付标准，去掉保险公司免赔条款，按照实际损失赔付。

4.6 加强宣传,提高投保意识

加强宣传,提高投保意识表现在两个方面:一方面,提高工作人员对于政策性水稻保险重要性的认知;另一方面,要加强对农户的宣传。具体执行中,一是要宣传政策性水稻保险是一项重要的支农惠农政策,是有补贴的;二是详细解释保险条款,使农民知道在什么情况下能获得赔偿,受灾后应该如何报案,保护事故现场,让农民了解水稻保险,接受水稻保险,受益水稻保险;三是结合其他县(市)近年来受灾赔偿的案例,让农民看到参加水稻保险所带来的实惠,从而提高其投保意愿。

(执笔人:杨婧雯)

子报告四：种粮大户补贴政策调研报告

——稻麦种植大户直补、省级储备早稻订单奖励、水稻最低收购价政策

提高农民收入，促进农业规模化经营，是农业补贴政策的最主要目标。作为规模经营的重要方式，鼓励种粮大户发展有助于推动农业生产的多元化发展。政府对大户的补贴不仅是为了调动和保护粮食生产方的积极性，也是促进传统小农经营向现代化规模经营转变的重要导向。基于此，本课题组对种粮大户补贴政策进行了前期研究和实地调研。本报告选取的三项政策中，稻麦种植大户直补是只针对种粮大户的直接补贴，省级储备早稻订单奖励、水稻最低收购价政策是涉及大户利益较多的政策，本报告旨在了解该类政策的实施情况，评价政策绩效，并提出相应的政策建议。

1 政策由来和内容简介

本报告研究的种粮大户补贴政策包括稻麦种植大户直补、省级储备早稻订单奖励、水稻最低收购价政策三项政策。稻麦种植大户直补是对全年种粮面积 20 亩及以上的种粮大户的直接补贴政策。省级储备早稻订单奖励是浙江省的粮食直补政策，对按订单合同交售省级储备早稻谷的种粮农户进行补贴。水稻最低收购价政策是当稻谷市场价格低于国家规定的最低价格标准时，由国家指定的粮食企业以最低价入市收购。早

稻订单奖励和水稻最低收购价政策并不是只针对种粮大户的补贴，但是由于种粮大户粮食产量较大，因此对其影响比较大。这三项政策的目标都是为保障农民收益，提高种粮积极性，鼓励规模经营。

1.1 政策由来

农民是种粮的主力军，为稳定、提高粮食产量，保障国家粮食安全，需要保持农民种粮积极性，鼓励规模化的经营。然而，我国人多地少的国情导致小农生产仍是我国粮食生产的主要方式，特别是在浙江，户均耕地面积常在 5 亩以下。影响浙江农民种粮和扩大生产规模积极性的因素包括以下几方面：一是粮食生产周期长、季节性强，田间管理需要持续人工投入，因为农村青壮年劳动力大量流失，浙江存在较为严重的季节性或常年性的土地抛荒；二是粮食市场价格较低，种粮收益低下，农民种粮难以致富；三是由于耕地面积有限和分散，农民从粮食生产中获得的经济价值较低，小农户在保障家庭基本口粮的情况下，扩大粮食种植面积的积极性不高，动力不足；四是规模生产的成本投入较大，亩均生产成本约 800 元（不含土地流转），土地成本亩均约 550 元，种粮农民在粮食生产上的投资回报缓慢、风险高，仅凭个人能力难以维持大规模生产经营。

2004 年，在我国粮食产量连续 6 年下滑的背景下，中共中央、国务院出台了一号文件《中共中央国务院关于促进农民增加收入若干政策的意见》。文件指出“为保护种粮农民利益，要建立对农民的直接补贴制度。2004 年，国家从粮食风险基金中拿出部分资金，用于主产区种粮农民的直接补贴。其他地区也要对本省（区、市）粮食主产县（市）的种粮农民实行直接补贴。要本着调动农民种粮积极性的原则，制定便于操作和监督的实施办法，确保补贴资金真正落实到农民手中”。

为配合 2004 年中央一号文件内容，考虑到种粮大户面临资金短缺、粮食生产成本较高、粮食生产风险大等问题，浙江省 2004 年出台了稻麦种植大户直补政策，粮食补贴转入生产过程，由暗补变明补，由间接补贴变为直接补贴。

根据 2004 年中央一号文件内容，针对稻谷市场，国家发展和改革委员会、财政部、农业部、国家粮食局、中国农业发展银行等部门联合印发了《关于印发 2004 年早籼稻最低收购价执行预案的通知》和《关于印发

2004年中晚稻最低收购价执行预案的通知》，首次启动了早稻和中晚稻最低收购价政策。由于2004年公布的稻谷最低收购价格低于市场价格而未启动，稻谷最低收购价预案从2005年正式启动。

2009年中共中央、国务院出台了一号文件《关于促进农业稳定发展农民持续增收的若干意见》，为贯彻文件精神，鼓励发展粮食规模经营，保护农民种粮积极性，稳定地方储备轮换粮源，浙江省粮食局、农业厅、财政厅三家联合发布了《关于印发〈2009年浙江省省级储备早稻奖励实施办法〉的通知》（浙粮〔2009〕10号），出台了省级储备早稻订单奖励。

产业结构的调整导致农村劳动力大量转移，农民发生了分化，出现了部分种粮农户对扩大土地经营面积的需求与部分农户不愿耕种土地而有偿提供土地的供需关系，浙江省为种粮大户创造了良好的政策环境，从中央到地方对粮食生产进行经济上的保护和补助，积极推行粮食国家订购制度，严禁粮地抛荒，为种粮大户创造了良好环境。

1.2 政策内容

1.2.1 稻麦种植大户直补

稻麦种植大户直补是浙江省的粮食直补政策。2004年起，为落实中央对粮农直接补贴政策，稳定粮食生产，鼓励规模经营，浙江省出台了稻麦种植大户直补的政策。稻麦种植大户直补是指对全年稻麦种植面积20亩以上的种粮大户给予每亩30元的直接资金补贴。稻麦种植大户直补的补贴依据是浙江省财政厅和浙江省农业厅每年联合发文的《关于预拨××××年稻麦种植大户直接补贴和水稻良种补贴资金的通知》。

1.2.2 省级储备早稻订单奖励

早稻订单奖励政策的目标是进一步促进早稻生产，鼓励发展粮食规模经营，保护农民种粮积极性，稳定地方储备轮换粮源，是一项扶粮惠农政策，属于浙江省的粮食直补政策。早稻订单奖励是指按订单合同交售省级储备早稻谷的种粮农户（订单农户）给予每50千克30元的直接资金补贴。省级储备早稻订单奖励的补贴依据是省粮食局、省农业厅、省财政厅联合下发的《关于认真做好××××年订单粮食工作的通知》。

1.2.3 水稻最低收购价政策

水稻最低收购价政策是中央政策，为保护农民种粮积极性，促进粮食生产发展，在粮食主产区实行最低收购价政策。水稻最低收购价政策的根本目的在于保护农民的种粮积极性和种粮利益，在水稻价格过低的情况下保障农民种粮的最低收入是该政策的最主要作用。水稻最低收购价政策的补贴依据是国家发展和改革委员会、财政部、农业部、国家粮食局、中国农业发展银行等部门联合印发的《关于印发××××年早籼稻最低收购价执行预案的通知》和《关于印发×××× 年中晚稻最低收购价执行预案的通知》。

2 政策实施情况

2.1 浙江省的实施情况

2.1.1 稻麦种植大户直补

(1)补贴对象和标准

稻麦种植大户直补的补贴对象为全年稻麦种植面积 20 亩以上的大户(含经县级农业部门审查认定，报省、市农业部门备案的规范化粮食专业合作社以及杂交稻制种基地农户)，补贴标准从 2004 年的按稻麦实种面积每亩 10 元，提高到 2012 年的每亩 30 元，其中省财政承担 25 元，市、县(市、区)财政承担 5 元。对种植油菜面积 5 亩及以上的农户，省财政按实种面积给予每亩 20 元的直接补贴。表 2.1 为近两年稻麦种植大户直补的补贴标准。

表 2.1 稻麦种植大户补贴对象和标准

年份	政策	对象	标准	备注
2004	稻麦种植大户直补	全年稻麦种植面积 20 亩以上的种粮大户等	10 元/亩	含经县级农业部门审查认定，报省、市农业部门备案的规范化粮食专业合作社以及杂交稻制种基地农户

续表

年份	政策	对象	标准	备注
2014	稻麦种植大户直补	全年稻麦种植面积 20 亩以上的种粮大户等	30 元/亩	补贴对象含规范化粮食专业合作社和杂交稻制种基地农户

根据表 2.1,从补贴对象来看,浙江省稻麦种植大户直补的补贴对象一直为全年稻麦种植面积 20 亩以上的种粮大户、合作社,政策实行以来没有变化。从补贴标准来看,2004—2014 年政策实行期间,补贴标准只提升了一次,但提升幅度较大,从 2004 年的每亩 10 元提高到 2012 年的每亩 30 元,每亩补贴标准提高了两倍。

(2)管理部门和操作程序

省级稻麦种植大户直补的补贴发放和资金管理由农业厅负责。操作程序为各乡镇(街道)组织种粮大户在晚稻插种结束后,向村委会上报实际种粮面积,由村委会公示一周以上,无异议后,报乡镇(街道),各乡镇(街道)粮油责任农技员对各村上报的大户及分品种插种面积进行抽查核实,登记造册,统计汇总,经经办人签字和乡镇政府、街道办事处盖章后上报上级农业局。上级农业局、财政局核实各乡镇(街道)种粮大户户数、承包及流转面积、稻麦复种面积后下达资金补贴文件,各村必须将种粮大户的承包及流转面积、大小麦、早稻、单季稻及连作晚稻种植面积,拟补贴资金在醒目位置张榜公示一周以上,并附举报电话。如无异议,则将补贴金额上报银行通过"一折通"的形式将种粮大户补贴资金直接发放到户。图 2.1 为稻麦种植大户直补资金发放流程。

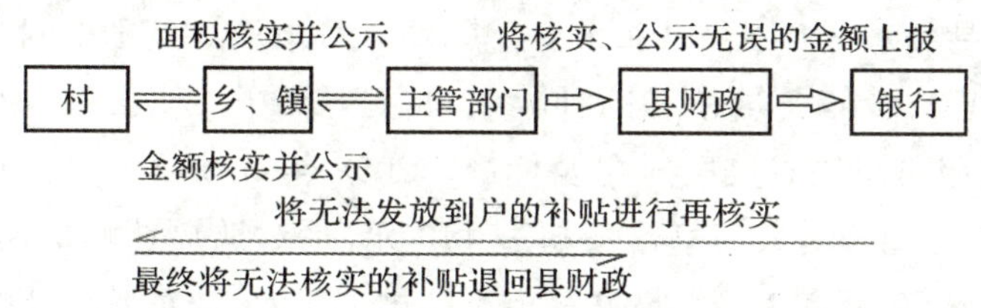

图 2.1　稻麦种植大户直补资金发放流程

(3)资金支出

浙江省稻麦种植大户直补省级支出资金从 2004 年的 1709.1 万元逐年上升到 2014 年的 10500 万元,增加了 8790.9 万元。2004—2014 年,省财政累计安排补贴资金约 7.2 亿元,有力地促进了全省粮食生产的稳定发展。表 2.2 为 2004—2014 年浙江省稻麦种植大户直补每年资金支出，图 2.2 为 11 年间的资金支出趋势。2007—2009 年稻麦种植大户的资金支出有大幅度的增加，近 4 年来资金支出比较稳定，2012—2014 年间有很小幅度的回落。

表 2.2　2004—2014 年浙江省稻麦种植大户直补资金支出　单位：万元

年份	2004	2005	2006	2007	2008	2009	2010	2011	2012	2013	2014
支出	1709.10	2222.86	2230.00	2230.00	5000.00	7941.45	8319.02	10342.50	10519.96	10831.21	10500.00

数据来源：浙江省财政厅农业科统计数据。

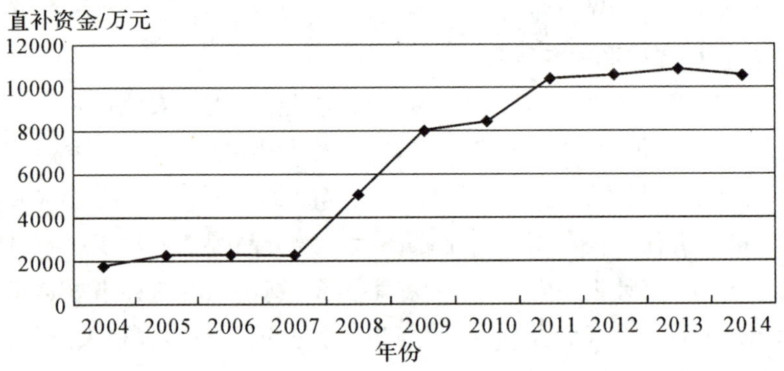

图 2.2　2004—2014 年浙江省稻麦种植大户直补资金支出趋势

2.1.2　省级储备早稻订单奖励

(1)补贴对象和标准

省级储备早稻订单奖励的范围为承担省级储备早稻订单收购任务的粮食主产县(市、区)，主要为衢州、金华、绍兴等地区。奖励的对象为按订单合同交售省级储备早稻谷的种粮农户(订单农户)。表 2.3 为 2009—2014 年省级订单稻谷奖励对象及标准。2009 年对种粮大户的订单奖励为每 50 千克 20 元，最高每亩不超过 140 元，是对散户补贴的两倍；2011 年增加到每 50 千克 25 元，最高每亩不超过 175 元，是对散户补贴的 1.67 倍。2012 年起对基地农户实行与种粮大户相同的补贴，每 50 千克 30 元，最高每亩不超过 240 元。2014 年起增加了对小麦、晚稻和杂交稻的补贴种类。对大户的补贴明显高于对散户的补贴，表现出比较明显的鼓励规模经营的政策导向。

表 2.3　2009—2014 年浙江省省级订单稻谷奖励对象及标准

2009 年订单稻谷奖励对象及标准		
对象	标准	限额
交售省级储备早稻谷的种粮大户、粮食专业合作社社员	每 50 千克 20 元	按订单最高每亩不超过 140 元
交售省级储备早稻谷的一般农户	每 50 千克 10 元	按订单最高每亩不超过 70 元
2011 年订单稻谷奖励对象及标准		
对象	标准	限额
交售省级储备早稻谷的种粮大户、粮食专业合作社社员	每 50 千克 25 元	按订单最高每亩不超过 175 元
交售省级储备早稻谷的一般农户	每 50 千克 15 元	按订单最高每亩不超过 105 元
2012 年订单稻谷奖励对象及标准		
对象	标准	限额
交售省级储备早稻谷的种粮大户、粮食专业合作社社员	每 50 千克 30 元	按订单最高每亩不超过 240 元
交售省级储备早稻谷的一般农户	每 50 千克 20 元	按订单最高每亩不超过 160 元
交售订单水稻种子的制种基地农户	每 50 千克 30 元	按订单最高每亩不超过 240 元
2014 年订单稻谷奖励对象及标准		
对象	标准	限额
交售省级储备小麦的种粮农户、家庭农场、粮食专业合作社社员	每 50 千克奖励 30 元	按订单最高每亩不超过 150 元
交售省级储备早稻谷的种粮农户、家庭农场、粮食专业合作社社员	每 50 千克奖励 30 元	按订单最高每亩不超过 240 元
交售省级储备晚稻谷的种粮农户、家庭农场、粮食专业合作社社员	每 50 千克奖励 20 元	按订单最高每亩不超过 180 元

续表

交售订单杂交稻种子的制种基地农户	每 50 千克奖励 30 元	按订单最高每亩不超过 300 元
交售订单常规水稻种子的制种基地农户	每 50 千克奖励 30 元	按订单最高每亩不超过 240 元

从补贴对象来看，2009—2011 年浙江省省级储备水稻订单奖励补贴对象为交售省级储备早稻谷的种粮大户、粮食专业合作社社员，交售省级储备早稻谷的一般农户；2012 年新增了交售订单水稻种子的制种基地农户；2014 年又新增了交售省级储备小麦的种粮农户、家庭农场、粮食专业合作社社员，交售省级储备晚稻谷的种粮农户、家庭农场、粮食专业合作社社员，交售订单常规水稻种子的制种基地农户。从补贴标准来看，2009—2014 年，针对种粮大户的省级储备早稻订单奖励标准一共提高了两次：2009 年为 20 元/50 千克，2011 年 25 元/50 千克，2014 年 30 元/50 千克。补贴标准有一定的提高，频率为 1～2 年提升一次，但提升幅度较小。

(2)管理部门和操作程序

省级早稻储备订单奖励补贴发放和资金管理由省粮食局和农业厅负责。首先在收购前，财政部门将奖励资金预拨到相关金融机构。收购期间，当地国有粮食购销企业在收购的次日，将前一天交售早稻农户的收购奖励清册直接送给当地有关金融机构，金融机构按照收购奖励清册在一个工作日内将奖励资金打入售粮农户的“一折通”。订单奖励必须及时足额发放到农户的手中。省级有关部门会不定期与定期相结合抽查，对于违反规定，虚报早稻种植面积、套取奖励资金的，一经发现和查实，除追回当年奖励资金外，将取消下一年度订单签订资格。对截留、挤占、挪用奖励资金的，将视其情节轻重给予相关责任人党纪、政纪处分。原则上所有售粮农户的奖励资金都要通过“一折通”发放。不同地方根据实际情况，发放程序有所不同。图 2.3 为省级早稻储备订单奖励的补贴发放流程。

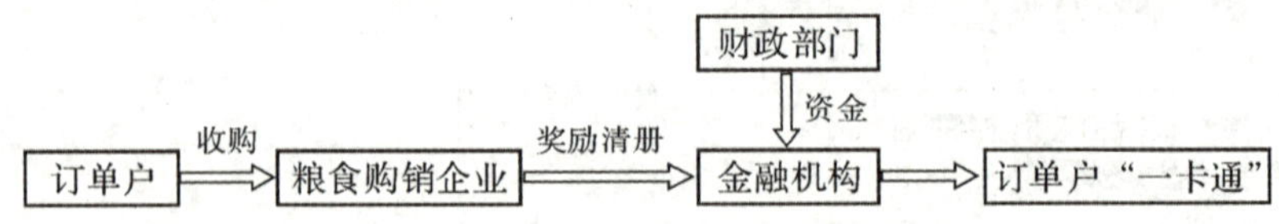

图 2.3　省级早稻储备订单奖励补贴发放流程

(3)资金支出

浙江省在2009年首次对订单早籼谷实行奖励，省级资金由浙江省财政厅支出。省级支出资金从2009年的6194万元逐年上升到2014年的8364万元，2010—2012年间每年都有一定幅度的增加，此后两年小幅度回落，资金支出总体来说较平稳。表2.4为2009—2014年省级早稻储备订单奖励资金支出，图2.4为6年间资金支出变化趋势。

表2.4　2009—2014年浙江省省级储备早稻订单奖励资金支出单位：万元

年份	2009	2010	2011	2012	2013	2014
支出	6194	6260	7470	8964	8964	8364

数据来源：浙江省财政厅农业科统计数据。

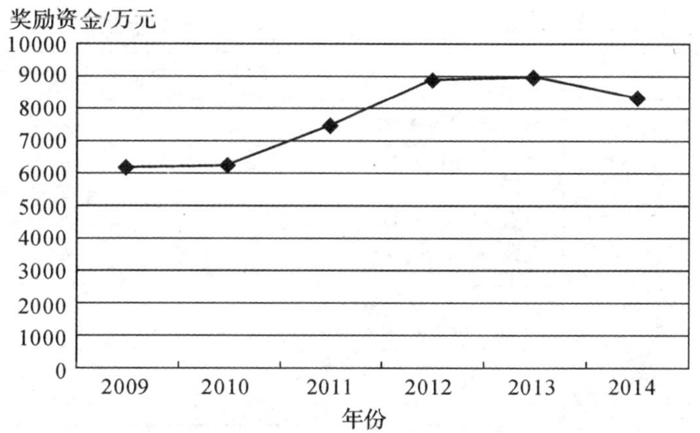

图2.4　2009—2014年浙江省省级储备早稻订单奖励资金支出趋势(万元)

2.1.3　水稻最低收购价政策

(1)补贴对象和标准

当水稻的市场价格低于规定的最低价格时，政府指定的收储点要补贴给交售符合质量标准的水稻的农户最低收购价。最低收购价是指承担最低收购价水稻收购任务的收储库点向农民直接收购的到库价格。以2013年生产的国标三等水稻为标准品，具体质量标准按稻谷国家标准(GB1350—2009)执行，即水稻水分14.5%以内，出糙率77%～79%(含77%，不含79%)，整精米率55%～58%(含55%，不含58%)，杂质1%以内，谷外糙米2%以内，黄粒米1%以内。非标准品早籼稻的具体收购价格水平由委托收购企业根据等级、水分、杂质等情况，按照《国家计委、国家粮食局、国家质检总局关于发布〈关于执行粮油质量标准有关问题的规定〉的通知》(国粮发〔2001〕146 号)有关规定确定。对整精米率达不到相应质量等级标准下限要求的，每低 1 个百分点扣价 0.75%；不足 1 个百分点不扣价；高于标准规定的不增价。

2004 年的早籼稻、中晚籼稻和粳稻的最低收购价格分别为每 50 千克 70 元、72 元和 75 元。10 年来，早籼稻最低收购价格从 70 元上调到 132 元，增幅达 88.6%；中晚籼稻最低收购价格从 72 元上调到 135 元，增幅达 87.5%；粳稻最低收购价格从 75 元上调到 150 元，增幅最大，达到了 100%。表 2.5 为 2004—2014 年水稻最低收购价格补贴标准，图 2.5 为 11 年间上调趋势。

表 2.5　2004—2014 年水稻最低收购价格补贴标准

年　份	稻谷种类	补贴(元/50 千克)
2004—2007	早籼稻	70
	中晚籼稻	72
	粳稻	75
2008	早籼稻	77
	中晚籼稻	79
	粳稻	82
2009	早籼稻	90
	中晚籼稻	92
	粳稻	95
2010	早籼稻	93
	中晚籼稻	97
	粳稻	105
2011	早籼稻	102
	中晚籼稻	107
	粳稻	128
2012	早籼稻	120
	中晚籼稻	125
	粳稻	140

续表

年　份	稻谷种类	补贴(元/50 千克)
2013	早籼稻	132
	中晚籼稻	135
	粳稻	150
2014	早籼稻	135
	中晚籼稻	138
	粳稻	155

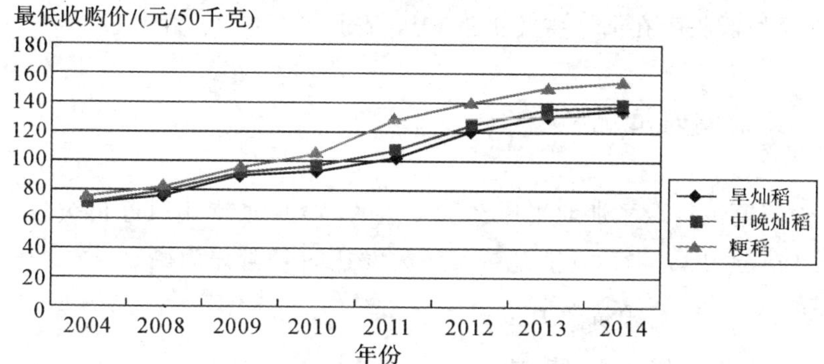

图 2.5　2004—2014 年水稻最低收购价上调趋势

从表 2.5 可以看出，在水稻最低收购价出台的前几年，补贴价格基本维持不变。从 2008 年开始，每年的补贴价格逐渐增加。主要原因有：一是粮食生产成本逐年增加。近年来，化肥、农药、种子等农业生产资料每年都呈现上涨态势，机耕、机收，以及农业用工费用也居高不下，这些都造成了粮食生产成本增加。如果每年不适当提高粮食最低收购价格，势必挫伤农民种粮积极性，在农村就会造成田地撂荒现象，从而影响国家粮食安全。二是物价水平每年都在上涨。粮食作为商品的一种，也会随着其他商品价格的上涨而上涨。如果价格总水平过快上涨，而粮价不上涨，农民种粮积极性就不高。但是即便水稻最低收购价逐年向上调整，其涨幅也远远低于农民纯收入的涨幅，而农民纯收入的涨幅主要来源于养殖和务工收入等。

(2)管理部门和操作程序

国家从 2004 年开始实行水稻最低收购价政策，属于中央级别的补贴政策，由国家发展和改革委员会、财政部、农业部国家粮食局、农业发展银行、中储粮总公司共同负责，执行地区包括安徽、江西、湖北、湖南、辽宁、吉林、黑龙江、江苏等，浙江并不包括在其中。根据浙江省支农惠农政策，凡市场价低于最低收购价的，国有粮食购销企业按订单以最低收购价收购省内种植户生产的稻谷。浙江省的主要管理部门为省粮食局，收购企业为省级地方储备粮管理公司。

但是我们在调研中了解到，省财政厅农业科的资金支出统计中，并没有2004年至今的关于水稻最低收购价政策的财政支出，实地调研的三个地区也基本没有执行过该政策，仅A县在2014年执行了一次。也就是说，水稻最低收购在浙江省几乎没有执行过。

2.2 实地调研情况

本课题组选取了浙北平原经济发达的A县、浙南山区经济欠发达的传统产粮县B县、浙西丘陵地带经济欠发达的C县作为调研样本。

2.2.1 稻麦种植大户直补

(1)补贴标准和受益范围

按照稻麦种植大户直补政策，A县、B县和C县三地的补贴对象都为全年稻麦种植面积20亩以上的种粮大户，补贴标准为30元/亩的直接补贴(省25元+地方5元)，但B县由于地方财政无力配套支出，大户只能得到25元/亩的补贴。

据统计，A县2012年共有大户865户，种粮面积7.33万亩(包括复垦面积)；2013年共有大户878户，种粮面积7.92万亩(包括复垦面积)。2012—2013年，A县的种粮大户户数增加了13户，增幅1.5%，种粮面积增加了5900亩，增幅8%。2013年，B县大户总数为104户，C县大户总数为701户。符合全年稻麦种植面积20亩以上标准的农户都能获得稻麦种植大户直补。[①]

(2)资金支出

三地中只有B县的补贴资金完全依赖上级下拨，为158万元，A县和B县当地财政都有配套资金支出。A县上级下拨资金362万元，市财政

① 数据来源：A县农经局、B县农业局和C县农业局统计数据。

70 万元。C 县上级下拨 310.25 万元，县财政配套支出 50 万元。[①] 表 2.6 为三地具体补贴资金来源情况。

表 2.6 A 县、B 县和 C 县 2013 年稻麦种植大户直补资金来源 单位：万元

地区	上级下拨	当地财政
A 县	362	70
B 县	158	无
C 县	310.25	50

(3)补充政策

B 县和 C 县都没有出台稻麦种植大户直补的县级配套政策。

A 县的配套政策有优秀售粮大户评定，是指对表彰的大户给予农资奖励。优秀售粮大户是以奖代补的补贴政策，补贴标准为 500 千克尿素/户，奖励范围为评选出的 8 户售粮大户，资金全部出自 A 县地方财政，约合 1 万元。操作流程为由收储公司推荐后，A 县粮食局进行确认审核，然后由供销社为大户发放尿素。具体见表 2.7。

表 2.7 A 县优秀售粮大户评定具体情况

政策名称	级别	上级下拨资金	A 县配套资金	补贴标准	受益范围	流程
优秀售粮大户评定	A 县	无	4000 千克尿素(约 1 万元)	500 千克/户，主要为补贴中储粮	8 户售粮大户	收储公司推荐→公示→表彰→供销社发放尿素

2.2.2 省级储备早稻订单奖励

(1)补贴标准和受益范围

A 县地区不种早稻，所以实行的是省级晚稻订单奖励，本报告中将它视为补充政策。

B 县的补贴标准为：散户 0.4 元/千克、最高每亩不超过 180 元，大户 0.6 元/千克、最高每亩不超过 240 元。B 县 2013 年有种粮大户 104 户，均为订单户。2013 年，B 县的水稻种植面积 6.2 万亩，但省储备任务为每

① 数据来源：A 县财政局、B 县财政局和 C 县财政局统计数据。

年收购5000吨。[1] 这个任务量对B县这个种茶大县很难完成。实际情况是该县所在地市除了一个县外，其他县都难以完成，主要从江西、安徽购买，包括县级的储备粮也需要从外地购买。

C县的补贴标准为：散户0.4元/千克、最高每亩不超过160元，大户0.6元/千克、最高每亩不超过240元。C县2013年有种粮大户700户，其中订单户为41户（以村合作社名义申报，实际有3913户农户）。2013年水稻种植面积为36.5349万亩，水稻产量为1.9352万吨，每年订单量在1.7万吨左右。[2] 调研中了解到，C县比较可观的奖励不但鼓励了早稻的种植，也鼓励了倒卖粮食的行为。农户申请到了订单，然后跑到江西去以最低收购价买粮（早稻订单奖励是省级政策，江西没有，所以是以最低价出售），将粮食运回浙江以"最低价＋订单奖励价"出售，倒卖量大的话可以从中获利不少。

B县、C县两地补贴标准在散户的最高限额上略微有所差异。C县的受益面较高，约为87.85%，B县实际订单量远远大于粮食产量，不存在受益面的统计意义。表2.8为两地具体的补贴标准和受益范围，其中C县的受益面以订单量与水稻产量的比例计算。

表2.8　2013年B县、C县省级储备早稻订单补贴标准和受益范围

地区	补贴标准	受益范围	总数	受益面
B县	散户0.4元/千克、最高每亩不超过180元，大户0.6元/千克、最高每亩不超过240元	104户	104户	/
C县	散户0.4元/千克、最高每亩不超过160元，大户0.6元/千克、最高每亩不超过240元	17000吨	19352吨	87.85%

(2)资金支出

B县的补贴资金是完全由上级下拨的，为300万元。[3] C县上级下拨105.48万元，县财政配套支出41万元，约占上级下拨资金的40%。[4]

(3)补充政策

C县设有县级粮食储备，其中包括早稻0.75万吨，收购价格和标准

① 数据来源：B县农业局统计数据。
② 数据来源：C县农业局统计数据。
③ 数据来源：B县粮食局。
④ 数据来源：C县财政局。

以及发放流程等参照省级订单奖励。

A县实行的是省级晚稻储备当地奖励，补贴标准为0.24元/千克，最高每亩不超过96元。A县2012年和2013年订单户均为104户，全部属于种粮大户。A县现有种粮大户878户，农户总户695091户，订单奖励受益比例很小，仅为11.25%。订单受益面积为2.4483万亩，水稻种植总面积为32.63万亩，受益比例仅为7.5%。[①] 由于A县省级储备订单指标较少，只能提高订单门槛，将大户标准提高为全年粮食种植面积50亩及以上。A县省级晚稻订单奖励的资金由上级下拨74万元，地方财政支出96万元。

A县实行的与订单奖励相关的政策有"粮食订单信用等级评定"，这是A县县委根据省相关文件而发文设立的补贴政策。该政策的补贴对象为根据一定标准评出的A级用户和AA级用户，补贴标准分别为10元/吨和15元/吨。2013年评定有A级28户、AA级27户，共约占订单户总数的50%。该奖励的资金全部由A县财政支出，2013年支出40750元。该奖励的发放程序为：首先由收储公司推荐大户，但是没有明确的推荐标准；然后由街道农技部门对推荐名单进行确认后，交由工商部门和粮食部门进行审核；审核通过后进行公示；公示如无异议则将奖励发放到"一折通"中。晚稻订单奖励和粮食订单信用等级评定的具体内容见表2.9。

表2.9　A县2013年订单奖励具体情况

政策名称	级别	上级下拨资金	A县配套资金	补贴标准	受益范围	流程
省级储备晚稻订单奖励	省级	无	96万元	240元/吨，最高不超过每亩400千克	104户种粮大户，24483亩	收购→结算→补贴发放到一折通
粮食订单信用等级评定	县级	无	40750元（2013年数据）	A级10元/吨，AA级15元/吨	A级28户，AA级27户，都是种粮大户	收储公司推荐→街道农技部门确认→工商、粮食部门审核→公示→发放到一折通

数据来源：A县粮食局。

① 数据来源：A县粮食局。

2.2.3　水稻最低收购价政策

2014年前，A县、B县和C县三地的水稻市场价格都高于规定的最低收购价，因此都没有执行过该政策。但是由于2013年A县水稻收购价格与最低收购价持平，2014年市委发文中提及要实行水稻最低收购价政策。截至2014年7月，A县早稻市场价格为2.2元/千克，补贴价格为2.70元/千克；晚稻市场价格3.06元/千克，补贴价格为3.10元/千克；如果从东北运米，按最低标准收购，政府在运输环节补贴140元/吨。[①]资金来源于A县财政，由政府指定的收储公司对农民交售符合质量标准的水稻进行收购。

3 政策总体绩效评价

根据总报告的指标设计，本报告将从效率、公平、效果和可持续性四个维度对种粮大户补贴政策进行总体绩效评价。

3.1　效率较高

3.1.1　订单奖励发放及时，时间效率高

省级储备订单奖励的在各地的发放时间效率较高。据A县粮食局工作人员介绍，订单奖励在粮食收储后第二天就能到账，从图2.3省级早稻储备订单奖励补贴发放流程中可以看出，从订单户交售粮食到补贴发放到订单户的"一折通"中，仅需2～3个工作日。

3.1.2　鼓励了规模经营，稳定了粮食储备

对于种粮大户而言，每亩可以拿到稻麦种植大户直补30元，早稻订单奖励240元[②]，对于亩均销售收入不足2000元的水稻生产增收效果明

① 数据来源：A县粮食局。

② 农业部门工作人员和农民均表示亩产400千克。

显。省级储备早稻订单奖励的主要政策目标是促进早稻生产，稳定储备粮源。C县2013年的早稻产量为19352吨，订单量为17000吨。调研中了解到，如果没有订单奖励，C县可能就没那么多人种早稻了，一位大户说："早稻不赚钱，那么中晚稻就更不要想（赚钱）了，订单补贴对种粮大户来说是重要的收入来源。"B县为完成订单指标需要从江西、安徽购买粮食。外地购买粮食以完成储备指标虽然有悖于促进浙江省粮食生产这一政策目标，但如果没有订单奖励，B县及其他以经济作物为主的县（市）就更加难以完成省级储备粮的任务，这也从另一个角度说明订单奖励有效地保障了省级储备粮的来源。

3.1.3 订单拉动早稻生产，大户直补受益面广

产粮大县C县的早稻生产基本由省级储备早稻订单奖励拉动。每年对早稻订单的安排实际上也就是对早稻生产任务的安排。调研中了解到，如果没有早稻订单奖励，粮农不会去种早稻，因为早稻既买不上价钱又不好吃。因此从拉动生产这一关系来看，订单奖励的受益面较广。2013年C县的订单比例仅占产量的87.86%的主要原因是订单数量较上一年减少了，但是粮农都不愿放弃订单利益，还是按照往年情况生产，造成了一部分早稻没有拿到订单奖励的情况。而B县由于种茶利润远高于种植水稻，因此订单奖励完全起不到激励作用，订单多早稻少，受益面也很高。所有调研人员访谈过的大户、合作社、家庭农场都拿到了稻麦种植大户直补。由此可判断稻麦种植大户直补的受益面很高。

3.2 公平性较差

3.2.1 地区间公平性不足，差异性公平较差

地区间的公平性较差主要体现在省级储备早稻订单奖励的指标分配方面，一是各县市间分配不公平，二是县、市再分配给乡镇是分配不公平。订单指标由省农业厅按惯例分配给各县、市，但是各县、市中有些粮食产量高于订单量，而有些指标量高于粮食产量，例如B县无法完成每年5000吨的订单任务，需要从外地购买来完成任务。[①] 订单指标分配应该

① B县发改局体改科科长向调研组成员反映，松阳近年来都通过外地购粮完成订单，尽管如此，松阳也不愿意失去省级储备粮仓储地的资格，因为这样可以解决一批人的就业问题。

因地制宜,才能实现各地区间的公平性。而从县、市到乡镇的指标二次分配,则存在着更大的随意性。

3.2.2 大户散户分配不均,公共责任不足

稻麦种植大户的补贴对象就是种粮大户,政策目标群体排除了小面积的粮食种植者,从公共责任的角度来说,这个政策的设计在大户和散户之间就是不公平的。但从促进规模化的角度讲,大户直补就是为了促进规模化经营,人群间的公平并不是该项资金的首要任务。省级储备早稻订单奖励的补贴对象是按订单合同交售粮食的订单户,理论上来说,大户和散户都有机会拿到订单指标,都在补贴对象的范围里。但在实地调研中发现,实际上种粮大户、合作社或家庭农场比散户更容易拿到订单奖励。并且从补贴标准来说,大户获得的订单奖励为 0.6 元/千克,而散户仅为 0.4 元/千克。公共责任并没有得到很好的体现。

3.3 效果存在差异

3.3.1 大户直补程序烦琐,农作物种类和面积核实难度高

以 A 县为例,稻麦种植大户直补的发放主要分为五个步骤,如图 2.1 所示,每一个步骤都要进行核实和公示,补贴金额要经过主管部门和县财政局两次核实。财政局通过银行将补贴资金发放至各户,通常会由于“一折通”卡号错误、身份证号码错误或名字错误等原因出现一些无法发放到户的情况。这种情况下县财政会通知农业部门,农业部门再将核实任务落实到该乡镇,乡镇去村里找可能存在的补贴对象。若寻人未果资金再层层退回县财政。这一过程十分烦琐,耗时很长,行政成本极高。调研中了解到,在村里对大户的种粮面积进行统计时,常会出现谎报、虚报的情况,以骗取更多的大户补贴。同良种补贴和农资综合补贴类似,种植面积很难进行核准,降低了资金的使用效率。

3.3.2 对以经济作物为主的地区激励作用不明显

省级储备早稻订单奖励对种粮大县来说是重要的收入来源,正如前文所述,该项奖励极大地促进了 C 县的早稻生产。但对以其他经济作物为主要农业收入的地区来说,并没有很强的激励作用。如 B 县是茶叶大县,农户都以种茶为主,种茶的收入(5000~10000 元)远高于订单奖励取得

的补贴(240 元),因此订单奖励并不能鼓励 B 县的农民多种水稻(见图 3.1)。

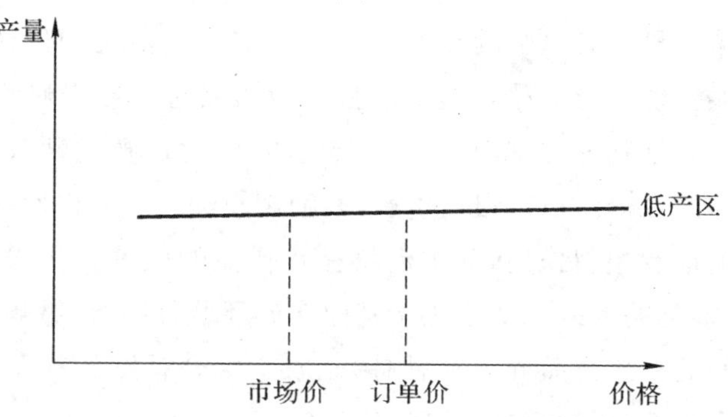

图 3.1 经济作物为主地区粮食产量与价格的关系

3.3.3 大户直补满意度高,订单奖励满意度低

种粮大户对稻麦种植大户直补的满意度较高。调研中采访的大户对大户直补的满意度都比较高,普遍认为种粮大户补贴切实地提高了他们的收入。在对大户、合作社和家庭农场做调研时,多数负责人在讲述自己可以享受的补贴时会主动提到订单奖励和大户补贴。订单奖励由于金额大,当指标数不能满足当地农民的种植意愿时,在指标分配上容易出现纠纷,没有拿到订单的农户会有不满情绪。此类情况反而使得政策的满意度不高。

3.4 可持续性高

3.4.1 使用意愿高

由于补贴力度较大,农户对省级储备早稻订单奖励和稻麦种植大户直补的使用意愿很高。政策的执行者一方面对这种提高农民交订单早稻积极性的政策表示支持,但另一方面也对政策产生的副作用表示担忧——购粮交订单并不是浙江省出台这项政策的初衷。有趣的是,几乎所有其他补贴政策的执行者都认为应加大自己负责的补贴的力度,但省级储备早稻订单奖励的政策执行者却认为正是如此高的补贴滋生了倒卖行为。C 县粮食局负责人认为应该调低订单奖励力度,让外省运粮进来无利可图,这样才能充分保护本省粮农利益,促进早稻生产积极性。综合政策执行者与目标群体的感受，上述两项政策使用意愿是很高的。

3.4.2　订单奖励可替代性低，大户直补可替代性高

省级储备早稻订单奖励是各项补贴当中唯一出现的价格政策，该项政策有效地实现了稳定储备粮源轮换的政策目标。在激励生产方面，价格政策的优势是其他类型政策难以取代的，因此可替代性较低。稻麦种植大户直补的目标为稳定粮食生产，鼓励规模经营。若以此为目标，现行的多种政策都有相似作用，如推动机械化作业的政策。从增加收入的角度来看，直接补贴的效果似乎优于其他作业环节补贴，但给规模化种植的粮农增收的效果通过差异化良种补贴、农资综合补贴的补贴标准也可以实现。综合来看，大户直补的可替代性较高。

3.4.3　资金可持续性不明朗

稻麦种植大户直补包括省级财政下拨和地方配套两部分。省级储备早稻订单奖励资金全部来自于省财政。欠发达地区（如B县）会出现地方配套跟不上的情况。这两项政策没有法律保障，比较难判断资金的可持续性。

3.5　水稻最低收购价政策绩效评价

通过在A县、B县和C县三地的调研，我们了解到，水稻最低收购价的价格大部分情况都低于市场价，政策几乎没有实际执行过。2004年至今，仅A县在2014年执行过一次。鉴于该政策的特殊现象，我们对其做单独的绩效评价。

(1)效率一般。效率一般主要原因是政策的目标完成度差，而其收益面广。国家实行水稻最低收购价政策是为保护农民种粮积极性，促进粮食生产发展。但是，调研数据表明，80％以上的受访者种粮并不受水稻补贴政策的影响，大部分散户种粮仅仅只是满足自己的口粮。因此，这一政策的目标完成度较差。

尽管水稻最低收购价在我们调研的三个县中，只有一个县在2014年执行过一次，当水稻市场价格低于规定的最低收购价时，农户去指定的收储公司能以最低收购价交售粮食，都能拿到最低收购价的补贴。因此，我们任务政策的收益面广大。

(2)公平性高。水稻最低收购价政策的执行前提条件是水稻市场价低于最低收购价，对不同地区、不同农户的收购标准是一样的，因此公平性很高。水稻最低收购价保障的是最差情况下全体农民的利益，公共责任较高。

(3)效果差。由于水稻最低收购价水平制定得很低，水稻市场价格几乎一直高于最低收购价，而市场价格本身又很低，所以在保护农民种粮积极性，促进粮食生产发展上的效果很差。并且鲜有执行，其回应性和满意度也较低低。

(4)可持续性低。水稻最低收购价实际执行次数少，效果不佳，存在感低；而且大多数情况最低收购价都低于市场价，在这种情况下，不难知晓，大部分农户不愿以水稻最低收购价的价格卖给粮食收储公司。因此，政策的使用意愿低。在可替代性方面，由于现有的水稻补贴政策繁多，大多数政策的目标都是保护农民种粮的积极性，提高农民收入。所以，我们认为该政策的可替代性较高。

4 政策建议

种粮大户补贴的政策绩效评价表明，该政策的效率高，公平性差，效果差异大，可持续性高。在公平方面存在差异化公平不够，大户散户订单分配不均等现象；在效果方面存在操作流程烦琐，政策受众对个政策的满意度差异大等问题。基于此，我们提出了如下对策建议。

4.1 因地制宜分配指标，轮流分配指标名额

4.1.1 因地制宜分配订单指标

调研发现，省级储备粮订单奖励指标分配并不合理，脱离各地的水稻种植情况，如B县2013年的储备粮任务是5000吨，根本无法完成，只能从外地购买。因此，省级储备粮订单奖励的指标分配，应该考虑各地具体生产情况，因地制宜，结合各地实际水稻生产水平来分配。对现有的指标

分配可以做适当的调整，增加水稻高产地区的储备任务，减少水稻低产区的指标，各地区之间进行适当的调整。或者出台地方政府间可以购买指标的政策，在一定范围和价格内允许指标流动，提高指标分配的灵活性。

4.1.2 轮流分配订单指标名额

在我们调研的三个县中，A 县没有种植早稻，就没有省级早稻储备订单指标任务，B 县的订单指标能满足农户的订单需求，而 C 县则无法满足。因此，在 C 县地区出现订单分配不公平的现象，一些与订单分配主体关系较好的农户就能拿更多的指标，而其他人拿到的订单量较少或者不能拿到订单。因此，我们建议在订单量无法满足农户的需求时，应当规范订单分配，根据一定的组织方法，每年安排不同的农户（大户与散户）轮流获得订单指标，把轮流分配订单以制度的形式固化。

4.2 简化政策执行程序，调整补贴面积统计

4.2.1 简化大户直补的发放程序，缩短补贴资金发放周期

稻麦种植大户直补的补贴发放程序步骤多，环节繁杂，经手部门多，行政成本比较高。为了提高大户直补发放的效率，我们建议对补贴程序进行一定的简化，将两次核实、公示的过程简化为一次，缩短补贴资金的发放周期。

4.2.2 提前统计补贴面积，加强面积核定监督

通过对三个县的调研，我们了解到，种粮大户直补政策的补贴面积统计通常在农作物收割以后。这容易发生谎报、虚报的情况。因此，我们建议，种粮大户的补贴面积核定应当在农作物收割之前。同时，应当加强对统计情况的规范和监督，建立有效的监督机制，加大对谎报、虚报行为的惩罚力度。

4.3 提高水稻最低收购价

从我们调研的情况来看，水稻市场价格一般都高于早稻最低收购价，该政策在浙江省几乎没有执行。水稻市场价高于水稻最低收购及并不表示水稻市场价较高，而是规定的水稻最低收购价标准非常低，这样就无法

有效调动农民种粮积极性、促进粮食生产发展，提高农民收入。因此，我们建议根据水稻的市场价格，动态调整水稻最低收购价，把最低收购价的水平提高，以市场价格持平，以此提高农民收入。

4.4 整合补贴资金，提高补贴价格

种粮大户补贴的最终目标是提高农民收入，促进粮食生产。对种粮大户的补贴政策种类繁多，包括良种、农资综合、农机购置、农业机械化等补贴，几乎覆盖了水稻生产的每一个环节，但是直接水稻价格的补贴较少。而且对水稻生产过程的补贴操作流程烦琐，管理部门凌乱，行政成本较大。为此，我们建议减少对水稻生产过程的补贴，增大对水稻价格的补贴，将水稻生产环节的部分政策与项目补贴转移到水稻价格上，提高种粮农民的种粮收益。

（执笔人：朱方思宇）

子报告五：耕地保护及相关政策调研报告

耕地是重要的粮食生产资料，也是保障粮食安全的基础。随着我国人口的持续增长以及工业化、城镇化的快速发展，由此而引发的用地需求也迅速增长，经济社会发展中的土地资源瓶颈日益突出。在经济建设发展的同时，人均耕地面积不断减少。人多地少，土地资源短缺，采矿等生产建设活动破坏了大量土地，耕地质量也总体呈现下降趋势，耕地保护已日渐成为焦点。为保护耕地，国家早已出台了一系列耕地保护政策措施，但效果并不显著。浙江省作为耕地资源较为匮乏的省份，有效实施耕地保护、合理使用耕地资源显得尤为重要，其不仅关乎粮食安全和经济发展，更是可持续发展战略得以实现的必要条件。

基于此，本课题组针对耕地保护政策进行了前期研究和实地调研，由于耕地保护政策种类繁多、"亮点纷呈"，本调研报告仅选取涉及耕地保护的重大项目，旨在了解该类政策的实施情况、存在的问题及整体绩效，进而提出优化耕地保护政策的对策建议。

1 耕地保护政策概述

2014 年中央一号文件强调，抓紧构建新形势下的国家粮食安全战略，严守 18 亿亩耕地红线。在此之前，中央经济工作会议、中央城镇化工作会议、中央农村工作会议相继部署、坚持“以我为主、立足国内、确保产能、适度进口、科技支撑”的国家粮食安全战略，明确耕地红线必须坚守，耕地数量、质量都要保证。党中央、国务院对耕地保护工作给予了前所未有的重视，坚守18亿亩耕地红线在当前和今后相当长的一段时期内都是国土资源管理的重中之重。

1.1 耕地保护的概念及实质

耕地保护的概念至今仍没有一个严格和确切的定义，其内涵也随着时间的推移而不断发展和深化。概括地讲，耕地保护是指耕地保护主体一般是各级政府，基于粮食安全、土地生产力保持、生态环境的保护等多方面的考虑，采取各种手段，对于耕地数量、耕地质量进行保护，以达到经济发展、社会稳定、可持续发展的长远目标。[①] 全面把握耕地保护的内涵，是做好耕地保护工作的关键。目前，我国耕地保护的内容主要涵盖以下几方面：

数量保护是耕地保护最基本的内容之一，也是耕地保护最基本的要求。土地资源具有有限性和固定性的特征，耕地资源更具稀缺性。耕地数量保护主要是保证现有的耕地总量与人均耕地数量不减少。随着经济的发展和城市化水平的提高、非农建设用地的增加、农业结构的调整等对保有现有耕地数量形成了威胁，人口数量的增长加剧了人均耕地数量的下降。

质量保护是耕地保护的重点内容之一，其耕地质量决定着耕地生产力的高低。数量保护是耕地保护的“显性”方面，质量保护是耕地保护的“隐性”方面。如果只注重耕地数量的保护，势必造成耕地数量的“隐形”流失。其主要内容包括：改善土壤肥力，高标准基本农田建设，水稻产业提升等。

生态保护是耕地保护内涵的延伸。主要为了保护生物的多样性、涵养水源、净化空气、保持生态景观等，避免大量化肥农药的使用对土壤造成了污染与破坏；“毁林造田”和“围湖造田”等违法行为引起的土地沙化、水土流失而造成土地生产力的退化和破坏耕地生态的平衡。

---

① 黄海阳.我国耕地保护政策的绩效分析.四川师范大学硕士学位论文，2012.

简单地说，耕地保护的实质就是保护粮食的综合生产能力。耕地是农业生产的基础，人类利用耕地生产出人类所必需的粮食，以及工业生产所需的原材料。在现代社会，我国乃至全世界工业生产值都已经或者正在赶超农业产值，但以耕地利用为基础的农业生产是不可替代的，是人类生活、生存所必需的。因此，耕地保护的实质就是保护人类赖以生存的农业生产力。就我国而言，保护耕地的基本出发点和归宿点都在于满足粮食需求。

1.2 耕地保护政策的变迁

耕地保护在我国真正得到关注是在改革开放以后，耕保政策也随着经济社会的发展而不断完善。1986 年随着国家土地管理局的成立结束了多部门分散管理土地的局面，1998 年国土资源部成立，强化了土地管理的体制基础，而 2004 年国务院《关于深化改革严格土地管理的决定》(以下简称 28 号文)的颁布，为市场经济条件下加强土地管理指明了方向。因此，本文根据上述事件将改革开放以来耕地保护政策的变迁简单划分为四个阶段。

1.2.1 耕地保护的萌芽期(1978—1985 年)

1978—1985 年是我国改革开放的初期，一些大中型工程的兴建和农民建房，使耕地面积减少速度加快。政府发现了耕地减少的苗头，因此开始强调耕地保护。1978 年《政府工作报告》提出要通过开荒，促使耕地面积逐年增加。1981 年《政府工作报告》提出“十分珍惜每寸土地，合理利用每寸土地”应是我们的国策，并要求基本建设和农村建房不能乱占滥用耕地。1982 年中央一号文件将保护耕地视为与控制人口一样重要的国策，并要求严格控制各类建设占地；该年《政府工作报告》还将滥占耕地建房看作当时农村中必须刹住的一股歪风。1983 年中央一号文件在将“耕地减少”列为当时农村一大隐患的同时，明确提出要“严格控制占用耕地建房”和“爱惜每一寸耕地”。为落实中央政府的要求，相关部门陆续颁布了一些有助于耕地保护的法规、规章，但数量并不多，如 1982 年颁布的《国家建设征用土地条例》也涵盖了耕地保护内容。但是，这一时期的政策只是散见于一些重要文件和报告中，总体上服从于保证建设用地的需求，常以牺牲耕地为代价，虽也稍有提及实施措施但不具体，多停留在概念上，而缺少配套措施。

1.2.2　耕地保护的起步期(1986—1997年)

1986—1997年我国经济社会转型，经济快速发展，建设用地需求旺盛，耕地流失加快。1986年国家土地管理局成立以后，我国开始探讨如何制定耕地保护政策并陆续出台相关政策。如1986年制定的《土地管理法》，对建设用地审批和毁坏耕地处罚等做了规定。1994年国务院制定了《基本农田保护条例》，随后四年的政府工作报告中都一直强调要建立健全基本农田保护制度。1996年开始提出了“实现耕地总量动态平衡”。为了更好地保护耕地资源，1997年第一次在《刑法》中设立了“破坏耕地罪”、“非法批地罪”和“非法转让土地罪”。总体上来看，这一时期我国逐渐认识到耕地保护的重要性，并多次在政府工作报告中提及耕地保护，且陆续制定了一些政策，但是耕地保护政策缺乏系统性，与其他政策之间的协调性不够，受到比较利益的极大冲击，实施中过度依靠行政手段，执行效果欠佳。

1.2.3　耕地保护的发展期(1998—2003年)

这一时期我国工业化和城市化进程加快带来了用地需求的增加，我国又进入了一个耕地快速流失期。为更好地保护耕地，1998年新成立了国土资源部，并重新修订了《土地管理法》，首次以立法形式确认了“十分珍惜、合理利用土地和切实保护耕地是我国的基本国策”，并以专门章节规定对耕地实行特殊保护。同年，国务院修订了《土地管理法实施条例》和《基本农田保护条例》，标志着我国初步构建起耕保政策体系。1999—2003年，国土资源部发布了一系列相关文件来进一步保护耕地资源，如2003年的《关于严禁非农业建设违法占用基本农田的通知》，是对破坏耕地保护行为颁布的针对性文件。这一时期我国的耕地保护政策体系得到了初步构建，实施手段日趋多样化，但耕地保护政策常常被地方政府所曲解，在执行上就容易变形。

1.2.4　耕地保护政策的完善期(2004年至今)

这一时期，我国工业化城镇化迅猛发展，新农村建设全面展开，基础设施建设加快，以及改善环境诉求增加等，耕地保护压力剧增，但采取的措施总体上遏制了耕地骤减的势头。

2004年中央继续强调各级政府落实耕地保护政策，强调依法管理和加快征用制度的改革。2005 年的中央文件开始强调耕地的质量保护和基本农田保护。为了提高地方政府耕地保护的责任，国务院颁布了《省级政府耕地保护责任目标考核办法》，并在随后的时间内加强该办法的实施。为了更好地实施耕地的总量平衡政策，国土资源部发布了《耕地占补平衡考核办法》，将各级政府的实施情况进行定量考核。2008 年 4 月 29 日，财政部、国家税务总局发布了《关于有机肥产品免征增值税的通知》(财税〔2008〕56 号)。该政策的发布对农业施肥结构的调整、农业生态环境的改善等方面具有重要意义。2009 年 12 月国土资源部发布《中国耕地质量等级调查与评定》，标志着我国耕地保护和管理从此进入数量、质量两手并举的新阶段。2012 年 4 月和 6 月，国土资源部又分别出台了《关于加快编制和实施土地整治规划大力推进高标准基本农田建设的通知》和《关于提升耕地保护水平全面加强耕地质量建设与管理的通知》，耕地质量保护已逐渐成为我国土地规划的工作重心。这一时期我国耕地保护政策的科学内涵在不断深化，由着重耕地数量保护到强调耕地质量保护和生态保护并举。

1.3 浙江省耕地保护政策

当前，建立耕地保护激励机制的实践主要体现在三个方面，即建设性补偿，主要以土地整治资金的方式补贴各地开展土地整治和高标准基本农田建设，实现以建设促保护的目的；农户激励性补偿，在一些省区市先后开展试点，对耕地保护的农户或单位直接给予经济补偿，有效激发了农民保护耕地的积极性；区域性补偿，主要是通过调整中央分成的新增建设用地使用费的分配方式，明确按各省基本农田面积、补充耕地数量等因素进行分配，这种方式确保了耕地保护任务轻的地区缴得多分得少，耕地保护任务重的地区缴得少分得多，体现了区域性补偿的思路。

1.3.1 浙江省耕地保护政策选取及介绍

广义的农村耕地保护激励机制包括对耕地保护、基本农田保护和农村土地综合整治等实施的激励机制。[①] 但实际调研中由于耕地保护举措种类繁多，较难界定，而其中耕地保护类重大项目主要针对保护耕地资

① 国土资源部网站."耕地保护"http://www.mlr.gov.cn/zt/2006tudiri/5.htm,2006-06-25.

源，率先发展现代农业、打造千亿斤粮食产能工程，以及推动浙江省农业农村乃至全省经济社会发展。因此本次调研选取了浙江省涉及耕地保护的具有典型性的重大项目，包括土地复垦、垦造耕地、耕地保护补偿、高标准农田建设、水稻生态补贴、水稻产业提升、商品有机肥推广应用、农业综合开发土地治理项目以及农村土地综合整治项目等。

本次调研所选取的 9 个耕地保护项目政策的基本内容如表 1.1 所示。

(1)土地复垦

《土地复垦规定》于 1989 年 1 月开始实施，明确了土地复垦的概念以及“谁破坏、谁复垦”的基本原则。该政策于 2011 年变更为《土地复垦条例实施办法》，并进一步细化和落实条例规定，明确了土地复垦的激励方式，即土地复垦义务人积极主动复垦的税收激励，社会投资者、土地权利人以及地方政府复垦的经费补贴。①

(2)耕地保护补偿

“建立耕地保护补偿机制”由“十二五”规划纲要明确提出，并且从中央到地方进行了不同形式的补偿实践。浙江省为进一步加强土地管理也于 1995 年出台了《浙江省耕地保护目标管理责任书》，与各市政府分别签订管理责任书，采取责任制考核，突出低丘缓坡综合开发利用、滩涂围垦造地、农村建设用地复垦、土地整理等四个造地重点。

(3)垦造耕地项目

为了达到耕地平衡的目的，“垦造耕地”项目于 2008 年起在浙江省各地区全面展开，2011 年 10 月浙江省政府颁布《关于加强和改进垦造耕地工作的通知》，各县因地制宜，制定了具体的补贴、管理方式，旨在弥补各地区计划指标的不足，加强交通、水利、能源等基础设施建设，为工业化、城市化提供土地保障。

(4)高标准农田建设项目

2011 年 10 月国土资源部印发《高标准基本农田建设规范(试行)》，明确了高标准基本农田建设的目标、任务、原则、建设内容与技术要求、建设程序等，首次从国家层面规范高标准基本农田建设工作。2012 年 3 月

① 国土资源部.土地复垦条例实施办法(第五章 土地复垦激励措施).2011.

表 1.1　耕地保护项目政策基本内容一览表

政策分类	政策名称	政策目标	政策内容	主管部门/执行部门	依据政策法规
耕地数量保护	土地复垦	保护土地资源，合理利用土地，改善生态环境	坚持科学规划、因地制宜、综合治理、经济可行、合理利用的原则。复垦的土地应当优先用于农业	国土部门/乡镇政府	《土地复垦规定》、《浙江省土地复垦办法》、《农业综合开发土地复垦项目管理暂行办法》、《土地复垦条例》、《土地复垦条例实施办法》
	耕地保护补偿	建立耕地保护共同责任机制，实现耕地保护、节约用地、执法监管，构建土地管理新格局	合理布局科学规划加强计划管理；完善耕地保护共同机制；集约用地批后建设；严厉打击违法用地	国土部门/乡镇政府	《基本农田保护条例》、《浙江省基本农田保护条例》、《浙江省建立完善耕地保护共同责任机制构建土地管理新格局实施方案》
	垦造耕地	耕地保护；耕地占补平衡；经济社会发展	根据项目区（块）内的地形、地貌等实际情况，合理规划田（地）块的平整宽度与高程；配置田间配套工程和水土保持工程	国土部门/乡镇政府	《B县人民政府关于进一步加强和改进垦造耕地工作的通知》、《丽水市低丘缓坡垦造耕地项目规划设计技术细则》
耕地质量保护	高标准农田建设	建设集中连片、设施配套、高产稳产、生态良好、抗灾能力强、与现代农业生产和经营方式相适应的高标准基本农田	科学编制土地整理规划和建设方案；做好土地调查评价和权属管理工作；严格执行项目建设标准；加强项目实施监管和管护	国土部门/乡镇政府	《关于加快编制和实施土地整治规划大力推进高标准基本农田建设的通知》、《加快推进500个高标准基本农田示范县建设的意见》

续表

政策分类	政策名称	政策目标	政策内容	主管部门/执行部门	依据政策法规
耕地质量保护	水稻生态补贴	进一步推进粮食生产功能区建设，稳定和发展水稻生产	粮食生产功能区的管护，包括功能区内沟、渠、路、泵站等基础设施的修复，沟渠的清理、疏通，以及其他公共设施的维护	农业部门/乡镇政府	《关于开展浙江省粮食生产功能区水稻生态补贴试点的实施意见》（浙农计发〔2012〕25 号）
	水稻产业提升	以全面提升水稻产业条件、建设吨粮田为核心，以保障市场供应和增加农民收入为目标。实现水稻产业区域化布局、专业化生产、社会化服务、规模化经营	改善千亩以上粮食生产功能区的田间基础设施，建成一批育秧中心和烘干中心，推进粮食生产的全程社会化服务	农业部门/乡镇政府	财政部办公厅《关于做好 2011 年财政支持现代农业生产发展工作的通知》（财办农〔2011〕19 号），浙江省农业厅、财政厅《关于下达 2011 年现代农业生产发展资金水稻产业提升项目建设计划的通知》（浙农计发〔2011〕51 号），《浙江省现代农业生产发展资金和项目管理实施细则》（浙财农〔2011〕336 号）
	商品有机肥推广应用	加快畜禽粪便无害化处理和资源化利用，提高耕地质量，保护环境	各市、县、区农业局、财政局通过招标的方式选取两家省内有机肥生产厂家，将有机肥推广给合作社、种植大户。对使用有机化肥的合作社、种粮大户实行财政补贴，补贴金额为欠发达地区 200 元/吨、其他地区 150 元/吨	农业部门/乡镇政府	《浙江省商品有机肥推广应用实施办法》（浙农计发〔2011〕53 号）

续表

政策分类	政策名称	政策目标	政策内容	主管部门/执行部门	依据政策法规
耕地综合治理	农业综合开发土地治理项目	加强农业基础设施和生态建设，提高农业综合生产能力，保证国家粮食安全	以中低产田改造、高标准农田建设为重点，围绕粮食生产功能区、现代农业园区和特色优势农产品产业带建设，通过山、水、田、林、路综合治理，水利、农业、林业、科技措施综合配套	农业综合开发办公室/乡镇政府	《关于农业综合开发的若干政策》(国办发〔1994〕72 号)、《国家农业综合开发资金管理办法》(财农综字〔1994〕2 号)、《关于改革和完善农业综合开发若干政策措施的意见》(财发〔2003〕93 号)
	农村土地综合整治项目	增加耕地数量，提高耕地质量，改善农村生产及生活条件，促进农业规模经营，产业集聚发展，推进城乡一体化进程的目标	以土地整理复垦开发和城乡建设用地增加挂钩为平台，引导、聚合各类涉农资金，推动“田、水、路、林、村、房”综合整治	国土部门/乡镇政府	2010 年中央一号文件有关“加大统筹城乡发展力度，支持农村住房建设，加快新农村建设步伐”的精神和《关于深入开展农村土地综合整治工作、扎实推进社会主义新农村建设的意见》(浙委办〔2010〕1 号)、《关于加快实施农村土地综合整治项目的通知》浙土资发〔2010〕14 号

国务院批准实施《全国土地整治规划(2011—2015年)》后，国土资源部、财政部联合下发了《关于加快编制和实施土地整治规划 大力推进高标准基本农田建设的通知》，开始了新一轮土地整治和高标准基本农田建设举措。国家标准委等部门于2014年6月披露了国家质检总局和国家标准委批准发布的《高标准农田建设通则》国家标准，通过农村土地整治建设形成集中连片、设施配套、高产稳产、生态良好、抗灾能力强，与现代农业生产和经营方式相适应的基本农田。

(5)水稻生态补贴项目

为进一步推进粮食生产功能区内水稻生产的基础设施完善与优化，引导和促进水稻生产的稳定和发展，根据《关于开展浙江省粮食生产功能区水稻生态补贴试点的实施意见》(浙农计发〔2012〕25号)，浙江省于2012年开始实施水稻生态补贴政策，该政策属于省级政策性补贴。补贴对象为全省已建成和当年在建、种植一季以上水稻的粮食生产功能区，按照每亩10元的标准给予补助，补贴资金主要用于粮食生产功能区的管护，包括功能区内沟、渠、路、泵站等基础设施的修复，沟渠的清理、疏通，以及其他公共设施的维护。

(6)水稻产业提升项目

为了进一步发展水稻生产，提高水稻产量和效益，推动水稻产业转型升级，根据浙江省农业厅、财政厅《关于下达2011年现代农业生产发展资金水稻产业提升项目建设计划的通知》(浙农计发〔2011〕51号)以及《浙江省现代农业生产发展资金和项目管理实施细则》(浙财农〔2011〕336号)要求，浙江省统筹各级财政资金1.85亿元就水稻产业进行定向扶持，于2011年开始实施水稻产业提升项目。该项目以全面推进粮食生产功能区建设，提升水稻产业生产条件、保障粮食市场供应和增加种粮农民收入为目标，通过改善粮食生产功能区的田间基础设施，建成一批育秧中心、烘干中心，着力推进粮食生产的全程社会化服务，实现水稻产业区域化布局、专业化生产、社会化服务、规模化经营。

(7)农村土地综合整治

农村土地综合整治是指在一定区域内，以土地整理复垦开发和城乡建设用地增减挂钩为平台，对田、水、路、林、村进行综合整治。通过农村土地综合整治的推动，从而实现增加耕地数量，提高耕地质量，改善农村生产及生活条件，促进农业规模经营、产业集聚发展，推进城乡一体化进程的目标。该项目由2008年10月召开的党的十七届三中全会中明确提出，“大规模实施土地整治，搞好规划、统筹安排、连片推进”。2009年，为贯彻落实党的十七届三中全会精神，实现“保红线、保增长”的目标，推出了“开展土地整治，实施‘万村土地整治’示范工程”，农村土地综合整治被正式写入了2009年中央一号文件及温家宝总理的政府工作报告。

(8)农业综合开发土地治理项目

20世纪80年代，为缓解人地矛盾，改善农田生产条件，突破农业生产特别是粮食生产徘徊不前的局面，国务院决定自1988年开始立项实施农业综合开发土地治理项目。1988—1993年统称为农业综合开发项目；1994年起，农业综合开发项目分为土地治理项目和多种经营项目两类；1999年起，农业综合开发项目分为三类，增设科技示范项目；2004年起，农业综合开发项目分为两类，即土地治理项目和产业化经营项目，不再设立科技示范项目。农业综合开发土地治理项目以土地资源为对象，以加强农业基础设施和生态建设，提高农业综合生产能力，保证国家粮食安全为主要目标，以中低产田改造为重点，建设旱涝保收、稳产高产、节水高效的高标准农田为建设内容。扶持对象主要是农民。其主要特点是按区域统一规划，按项目进行管理，实行山水田林路综合治理，水利、农业、林业、科技等措施综合配套，实现经济、社会、生态效益的统一。

(9)商品有机肥推广应用

商品有机肥的政策目标就是将有机肥通过财政补贴的方式推广给农民使用，让农民在使用过程中认可有机肥，改变种植习惯，长此以往达到改善耕种质量的要求。自2004年起，中央连续6年的一号文件号召要大力加强耕地质量建设，努力培肥耕地地力。2008年4月29日，财政部、国家税务总局发布了《关于有机肥产品免征增值税的通知》(财税〔2008〕56号)，该政策的发布对农业施肥结构的调整、农业生态环境的改善等方面具有重要意义。2009年的中央一号文件更是明确提出了“开展鼓励农民增施有机肥奖补试点”，2011年浙江省政府也颁布了《商品有机肥推广应用实施办法》。

1.3.2 耕地保护政策分类

根据耕地保护政策的目标、内容及发展，我们将调研选取的耕地保护类政策进行分类。如表1.2所示，耕地保护项目政策可以按其政策目标分为耕地数量保护、耕地质量保护及耕地综合整治三大类。

表 1.2　耕地保护项目政策类型

主管部门	国土部门	国土部门	农业部门	农业综合开发办公室	国土部门
政策	垦造耕地、土地复垦、耕地保护补偿	高标准基本农田建设	水稻生态补贴、水稻产业提升、商品有机肥推广应用	农业综合开发土地治理	农村土地综合整治
类型	耕地数量保护	耕地质量保护		耕地综合整治	

首先国土部门通过"垦造耕地"和"土地复垦"等政策，增加耕地面积，实现了耕地从无到有；又通过"耕地保护补偿"和"基本农田保护"等措施稳定耕地面积从而维持耕地面积。在此基础上，国土部门、农业综合开发机构、农业部门通过"高标准基本农田建设"、"农村土地综合整治"、"农业综合开发土地治理"、"水稻产业提升"、"水稻生态补贴"、"商品有机肥推广应用"等政策，改善农业生产基础设施条件，维护耕地生态平衡，提升耕地质量。此外，农业综合开发办公室主管的"农业综合开发土地治理项目"和国土部门实施"农村土地综合整治项目"则从整体上系统、综合考虑耕地数量、耕地质量及耕地生态的保护，推动耕地保护从数量保护向数量、质量和生态"三位一体"的保护转变，以适应"三农"工作的新发展。

2 耕地保护政策的实施

2.1　耕地保护政策在全国的实施情况

从近几年的实际执行情况来看，我国虽然将耕地保护提升到国家战略高度，相继出台了大量关于耕地保护的政策法规，但是全国的耕地面积却大规模减少，特别是城市建设任意占用耕地现象严重。我国虽然为耕地保护制定了严格的政策体系，但是其执行结果并未达到预期目标。地方政府执行耕地保护政策时有法不依、执法不严现象还大量存在，有的地方政府甚至带头占用、破坏耕地，中央对地方政府的耕地违法现象监督不够。农民和村集体因为耕地的产权不清晰，对耕地保护的积极性不高。社会对耕地保护的重要意义认识不够深入，耕地保护政策的执行环境还不是非常有利。

2.1.1 耕地数量减少

资料显示，由于耕地后备资源严重不足，我国耕地面积急剧下降。截至 2010 年，我国耕地面积约为 18.26 亿亩，相比 1997 年的 19.49 亿亩，减少了 1.23 亿亩，平均每年减少 0.49%。根据预测，到 2020 年，我国耕地的保有量还将较目前减少 7%。截至 2009 年，我国生产建设活动和自然灾害共损毁土地 1.3 亿多亩，其中，生产建设活动损毁 1.1 亿多亩，自然灾害损毁 2100 多万亩；已复垦面积为 3000 多万亩，但还有 1 亿多亩尚未得到复垦。同时，每年生产建设活动新损毁的土地约几百万亩，其中 60%是耕地或其他农用地。此外，我国各级政府，特别是县一级涉及耕地的土地违法面积居高不下。农村耕地保护和土地复垦的激励机制明确了政策最终受益方为实施保护或复垦的项目单位，可以是单位及个人、村集体或县、乡(镇)政府。数据表明，县级政府，以及单位、个人也是涉及土地违法最多的群体。据表 2.1 显示，2001—2010 年的 10 年中，县域各级政府平均每年耕地违法面积近 6400 公顷，分别是省级政府的 17 倍和市级政府的 14 倍，县级涉及土地违法的土地面积中近一半是耕地；另一方面，单位及个人，在土地违法中涉及耕地的违法面积和比例也是常年居高不下，在 10 年中没有明显下降趋势，如表 2.1 所示。

表 2.1 全国土地违法中涉及耕地情况数据统计 单位：公顷，%

年份	省级政府		市级政府		县级政府		单位、个人	
	耕地面积	比例	耕地面积	比例	耕地面积	比例	耕地面积	比例
2001	238.87	90.26	670.76	44.63	4498.57	42.96	5873.55	37.85
2002	1368.71	92.08	446.79	52.13	3881.31	45.53	8968.10	43.34
2003	97.21	47.38	1266.5	51.86	8163.38	45.81	23748.11	49.57
2004	52.48	74.25	333.42	31.00	12505.76	65.60	32323.79	53.38
2005	193.42	30.08	293.71	42.46	4582.07	52.88	20824.6	49.36
2006	240.39	73.71	426.74	34.98	9057.04	44.22	33683.46	47.98

续表

年份	省级政府		市级政府		县级政府		单位、个人	
	耕地面积	比例	耕地面积	比例	耕地面积	比例	耕地面积	比例
2007	1038.13	59.69	431.70	23.72	9284.99	41.95	32983.71	44.95
2008	113.40	25.04	303.02	47.17	4953.24	43.61	5835.50	12.91
2009	103.52	22.84	268.51	53.08	3703.73	52.84	12963.59	43.21
2010	360.06	68.92	212.63	43.67	3361.22	50.86	14096.01	37.58
平均值	380.619	58.425	465.378	42.47	6399.131	48.626	19130.04	42.01

注：表中“比例”是指全国土地违法中涉及的耕地面积与土地违法总面积的百分比。

资料来源：《中国国土资源年鉴》(2002—2011 年)。

2.1.2 耕地质量总体偏低

“目前我国耕地质量‘低、费、污’问题严重，而耕地面积又在逐年减少，如果不能确保 18 亿亩耕地红线，不能解决耕地质量问题，势必威胁到国家粮食安全。”中国农业科学院农业资源与农业区划研究所副所长张维理博士对此十分焦虑。[①] 根据国土资源部 2009 年 12 月发布的《中国耕地质量等级调查与评定》报告显示，我国耕地评定分为 15 个等别，1 等耕地质量最好，15 等最差，全国耕地质量平均等别为 9.80 等，等别总体偏低。如图 2.1 所示，优等地、高等地、中等地和低等地面积占全国耕地评定总面积的比例分别为 2.67%、29.98%、50.64%和 16.71%。[②]全国耕地低于平均等别的 10～15 等地占调查与评定总面积的 57%以上；全国生产能力大于 1000 千克/亩的耕地仅占 6.09%。可见，我国中低等地所占比重较大，耕地质量总体明显偏低。同时，相当数量的耕地利用不充分，土地复垦率偏低。资料显示，我国土地复垦率虽然由 1987 年的 1%提高到 2011 年的 25%左右，但相比国外仍处于低水平，如美国、澳大利亚、加拿大等国家的土地复垦率均达到了 50%以上，而一些欧洲国家如法国、德国早在 19 世纪 20 年代便开始大规模开展土地复垦，目前这些国

---

① 孙英兰. 中国耕地质量现状调查：污染土壤占五分之一. 新华网，http://sannong.cntv.cn/special/lszz/20111027/107330.shtml. 2011-10-27.

② 吕苑鹃. 国土资源部发布中国耕地质量等级调查与评定成果. 中华人民共和国国土资源部，http://www.mlr.gov.cn/xwdt/jrxw/200912/t20091225_700937.htm. 2009-12-25.

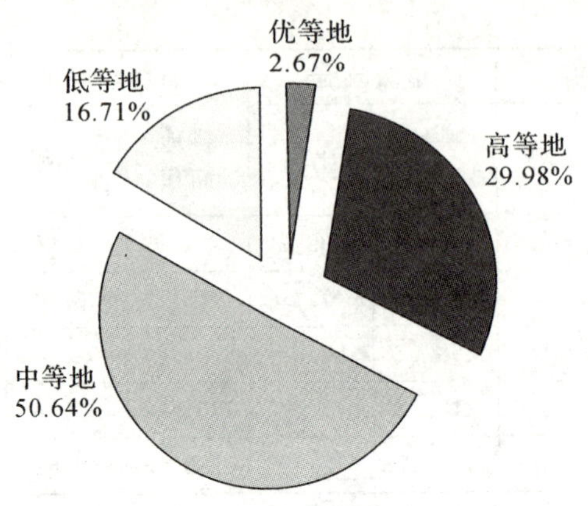

图 2.1　我国耕地质量等级分布

家的土地复垦率达 80%左右。此外，我国每年城镇发展和各项基础设施建设占用了大量高等级耕地，而补充的耕地主要分布在水热、区位、地形条件相对较差的地区，总体质量不高。从这个意义上讲，仅保住 18 亿亩耕地数量是不够的，还必须保证耕地质量，确保耕地生产能力的稳步提升。

2.2　耕地保护政策在浙江省的实施情况

进入 21 世纪后，浙江建设活动占用耕地规模大幅扩张，优质耕地资源流失加快，新垦耕地质量不高，耕地整体质量下降。耕地面积减少、耕地总体质量下降、耕地非粮化以及复种指数下降、耕地利用水平下降较快等是当前浙江省耕地保护面临的主要问题。

2011 年浙江省粮食总产量为 781.60 万吨，只有 1999 年 1392.96 万吨的 56.11%，与 1984 年相比下降了近 60%。目前浙江粮食自给率只有 40%左右，是仅次于广东的全国第二大粮食主销区，粮食产量下降的直接原因是粮食播种面积和复种指数的下降。目前浙江人均耕地面积仅 0.56 亩，约为全国人均耕地的 1/3。2011 年浙江粮食播种面积仅有 125.41 万公顷，是 1999 年 275.19 万公顷的 45.57%，与 1984 年的播种面积相比减少了近 2/3。浙江耕地面积在进入 21 世纪后下降幅度很小，粮食播种面积下降的主因并不是耕地面积的减少，而是耕地的非粮化。2011 年浙江农作物播种面积为 246.27 万公顷，其中粮食播种面积的比例仅为 50.93%。浙江的粮食生产以水稻种植为主，但浙江水稻生产已从过去的以双季稻为主变成了现在的以单季稻为主，1978 年浙江省双季稻与单季稻面积比例为 19∶1，2011 年下降为 0.39∶1，而在水热条件相似的江西省双季稻与单季稻面积比例仍有 7.36∶1。①

2.2.1　耕地数量保护

耕地数量保护措施主要包括"土地复垦"、"耕地保护补偿"以及"垦造耕地"政策。

土地复垦按实际亩数予以核奖，经国土资源部门认定，建设用地复垦以奖代补每亩补贴 8 万元。此外，复垦宅基地还享有 6000 元每亩的补贴。在 A 县，若搬迁达到 50 户规模，则给予村集体 50 万元的奖励，达到 100 户或以上的，再给予 50 万元的补贴。B 县为了鼓励各村参与复垦工作，还额外以项目的形式选出省级、县级示范村，并给予每村 50 万～100 万元不等的复垦项目经费，对土地整治进行补助。C 县原来的土地复垦条件较为苛刻，主要针对使用年限为两年的建设用地，即临时用地期满的复垦，一般设有其他形式的补贴，只有申请到国家级或省级的重点项目，才能获得不定量的补助。但 2011 年《土地复垦条例实施办法》实行之后，C 县的补偿机制得到了合理的调整，资金投入逐年提高，各地区新增耕地稳步增加(见表 2.2)。

表 2.2　2011—2013 年 C 县土地复垦　　单位：公顷，万元

年份	复垦面积	新增耕地	涉及村数	投资规模
2011	19.75	19.75	22	5387.275
2012	50.04	50.04	73	6283.58
2013	89.12	87.31	149	20691.79

数据来源：C 县国土资源局。

耕地保护补偿通常为县级补助 50～100 元每亩不等，其中不同地区根据当地实际情况，其补贴形式也有所不同。例如，海宁地区将补偿资金的 50%直补到拥有土地承包经营权并承担耕地保护责任的农户，50%直补到农村集体经济组织作为耕地保护专项资金；而 A 县将 80%的补贴金

① 李凤博，方福平，程式华. 浙江省水稻生产能力和制约因素及对策. 农业现代化研究，2011(3).

直接发放到农户，剩余的20%补给村集体。从2013年起，因欠发达地区财政资金不足，由省级财政提供一定补贴的耕地保护补偿机制试点开始。试点对耕地保护区域进行划分，包括一般地区和重点地区，重点地区补偿标准通常为30元/亩，一般地区为20元/亩（见表2.3）。

表2.3　2013—2014浙江省耕地保护补偿机制试点(B县)

年份	类型	补偿规模（万亩）	资金来源	补贴额度（万元）
2013	重点区域	5.32	省财政	159.6
	一般区域	17.24	省财政	190.4
			县财政	154.4
合计			504.4	
2014	重点区域	8.92万亩	省财政	267.6
	一般区域	13.64	省财政	82.4
			县财政	190.4
合计			540.4	

从2008—2013年，浙江省已实际垦造耕地113.8万亩，并且确保了耕地保有量和基本农田数量不减少、质量有提升。① 省级下达给各县垦造耕地项目的具体目标不同，其中包括耕地面积任务及省级委托造地，各县也基本完成了该目标。例如，2013年湖州市垦造耕地目标任务1万余亩，其中垦造耕地任务数为8000亩，省委托造地3400亩，并完成垦造新增耕地8232.3亩，占省定年度目标任务5500亩的150%。“垦造耕地”项目中，每亩耕地可以从不同部门拿到各类补贴：种植水稻补贴每亩最高为800元，政策处理费（包括道路整治，水利通渠等）每乡镇每亩2200元，项目测设费（来自国土部门）每亩500元，每项20000元以上的耕地质量评定费，其他工作经费每亩2040元。

2.2.2　*耕地质量保护*

耕地质量保护主要有“高标准农田建设”、“水稻生态补贴”以及“水稻产业提升”、“商品有机肥推广应用”。

高标准农田建设于2012年提出，是一个项目性质的省级激励补助，

① 浙江省人民政府网站.浙江土地开发利用工作会：推进土地开发利用. http://www.mlr.gov.cnxwdtdfdt/201204/t20120428_1091620.htm,2012-04-28.

由省财政统一招标，通常每年会给各地区下达一个目标。高标准基本农田分为三类：认定类，为已达到要求，需经过认定的农田；提升类，是接近要求范围，需经过小幅度整改提升的农田；建设类，是离要求距离较远，需要大范围建设的农田。通常认定类农田无任何形式的补助，提升类农田由县级政府补贴每亩200元（超过1万亩的项目则是每亩300元），建设类农田由县级政府提供每亩1000元的补助。在一些欠发达地区，提升类农田可以收到每亩500～1000元的补助，建设类农田则有每亩2000元。这类项目补贴由省级政府通过直接拨付和对省级示范县的转移支付两种形式开展实施，主要由乡镇执行，县、市两级验收审核。

水稻生态补贴项目主要应用于各县的粮食生产功能区。从A县、B县和C县三地农业局提供的数据显示（见表2.4），2012年三地粮食生产功能区水稻生态补贴项目资金到位率都达到了100%，各项指标完成情况良好，未出现工程质量、资金违规等问题，一定程度上促进了粮食生产功能区农田基础设施和粮食生产条件的改善。

表2.4　2012年A县、B县和C县粮食生产功能区水稻生态补贴项目完成情况对照

地区	功能区面积（万亩）	总投资（万元）		
		计划	实际	到位率（%）
A县	7.5612	75	78.574	104.7
B县	1.8132	18	18	100.0
C县	7.1428	70	70	100.0

数据来源：A县、B县和C县农业局。

水稻生态补贴项目的实施虽然产生了一定效益，但也存在以下一些问题：一是基层干部及工作人员对该政策的回应性不高。根据对B县农业局水稻生态补贴项目相关负责人访谈发现，地方政府抱怨粮食生产功能区农田基础设施建设资金需求大，而该项目投入资金不足，即便经济较发达的A县在整合了一部分资金后，仍未满足规划建设的资金需求，缺口在1/3左右。一些地方认为投资回报低，不愿投入，尤其是经济欠发达地区的B县和C县，地方没有配套投入。二是粮食生产功能非粮化倾向显现，违背了该项政策设立的初衷。项目实施后，粮食生产功能区的农田基础设施和粮食生产条件得到改善。一些种植大户人为抬高土地租金，租赁功能区土地，种植多年生经济作物或发展花卉苗木，部分功能区内农户也放弃种粮而改种经济作物，完全违背了建设粮食生产功能区的初衷。一些基层干部反映，种粮比较效益低的问题日益突出，功能区建成后要继续保持种粮的难度越来越大。

水稻产业提升项目 2011 年的全省总投资共 2.28 亿元，其中中央、省和县财政扶持资金近 1.86 亿元，项目实施主体自筹 0.42 亿元。根据对 A 县、B 县和 C 县三地调研，A 县、C 县从 2011 年开始实施，B 县从 2012 年开始实施，近三年来三地水稻产业提升项目投入情况如表 2.5 所示。A 县、C 县两地年均投入 500 万元以上，是各地农业部门所主管的最大项目之一。

表 2.5　2011—2013 年 A 县、B 县和 C 县水稻产业提升项目投入情况　单位：万元

年份	2011	2012	2013
A 县	834.7	594.7	183
C 县	557	501.2	735.1
B 县	/	324.5	233.16

数据来源：A 县、B 县和 C 县农业局。

调研发现，该项目补助资金主要用于粮食生产功能区田间基础设施建设、粮食生产社会化服务设施建设以及“三新”技术的示范推广。

田间基础设施建设项目补助对象为乡镇政府，一定程度上改善了项目实施区的农田基础设施及装备条件，提高了农田排蓄水能力，推广了测土配方施肥、统防统治等技术，减少了化肥、农药的使用量，如 2012 年 A 县水稻产业提升项目区亩均肥料使用量从 80 千克降至 75 千克，减少 6.25%；农药的使用量从 0.35 千克降至 0.30 千克，减少 14.29%，化肥农药使用效率的提高减少了农业面源污染。

社会化服务项目补助对象为粮食生产经营合作组织（包括粮食专业合作社，以及开展机械化作业、育供秧服务、统防统治和配方肥统配统供的专业合作社）、种粮大户、与农民建立紧密利益联结机制直接带动农民增收的农业龙头企业等现代农业生产经营主体。该项目的实施使得一批水稻综合性育秧、烘干中心得以建立，提高秧苗素质与稻谷质量，减少不利天气影响，增强了粮食抗灾能力。

“三新”技术推广补助对象为实施高产创建及技术推广的各级农技（种子）推广部门和开展农业社会化服务的合作组织。项目通过举办培训

班和现场会，提高了规模经营合作社与大户的科学种田水平，培养了一批会懂技术会管理的新型农民。

为了解各地商品有机肥推广应用补贴政策的落实情况，我们选取了A县、B县、C县作为调研样本，与主管部门和农户面对面了解实情，采集数据。通过调研，三县(市)的商品有机肥推广应用补贴政策的落实情况如下：

A县是产粮大县，共有耕地28万亩。全县的16万亩粮食生产功能区都以种植水稻、小麦为主。A县重视耕地保护，关心土地肥力，因此有机肥推广工作较为顺利。2013年，A县补助商品有机肥共计300吨，商品有机肥推广应用面积约为3.15公顷。同年，该县共收到省里商品有机肥推广补贴资金45万元，县里按省里要求对这部分资金进行1∶2配套，县财政支出配套资金90万元，省里对商品有机肥补贴150元/吨，县里补贴300元/吨。按照商品有机肥平均价格600元/吨计算，农户只需150元即可买到1吨有机肥。经过对当地数十家种粮大户与合作社的访谈后，我们发现，A县的种粮大户与合作社都对有补贴的有机肥有使用需求，但是他们能拿到的指标都不高。A县有个特点，大多数农民只种植一季水稻，此外会选择种植一些经济作物，因此对土壤肥力要求较高，愿意使用有机肥。农户种植水稻时，一般不施有机肥，在种植蔬菜、水果等经济作物时将有机肥与化肥混合使用，维持土壤肥力，确保第二年水稻产量。补贴后的有机肥价格与尿素价格大致相同，都是150元/吨，但是1吨尿素能为20多亩地施肥，1吨有机肥只能为3亩地施肥，有机肥施肥所消耗的工时也是化肥的10倍。

B县不是浙江省的产粮大县，而是茶叶种植大县。种植茶叶需要施有机肥，因此该县的有机肥推广工作进展良好。2011年，B县制定了商品有机肥推广应用实施方案，计划三年内，在全县的水稻、茶叶、蔬菜、果树等作物上推广商品有机肥8万亩。该县2013年的有机肥推广面积为3万亩，应用数量为1万吨，省财政补贴200元/吨，县配套100元/吨，资金共计30万元。B县属于省内特别扶持县，财政收入较少，没能按照省里财政资金1∶2配套的要求执行。

C县属于欠发达地区，没有按照省里的要求开展商品有机肥推广应用的工作。

2.2.3 耕地综合治理

耕地综合治理项目主要有“农村土地综合整治”和“农业综合开发土地治理”项目。

农村土地综合整治是新农村建设包括高山农户搬迁、增加耕地、增加建设用地指标的一个综合项目。在不同地区，综合整治涉及土地整理建设、造地改田建设、优质园地整理、建设用地复垦等项目。在一些区县它直接包含了“土地复垦”、“耕地保护”等政策，并通用复垦“指标”。其中土地整理项目除了实际工程投入资金还附有 225 元/亩的乡镇实施经费；建设用地复垦则有 1 万～1.6 万元/亩的补贴，宅基地 1.2 万元/亩，新增建设用地 1.4 万元/亩，以及村级和乡镇 2000 元/亩的奖励；而造地改天项目对水田补贴 4500 元/亩，旱地 3000 元/亩；优质园地整理按 2000 元/亩补助，此外乡镇还收取当年度项目总额 5%，县国土局 8%的工作和准备经费。

农业综合开发土地治理项目是政府保护耕地、支持农业的重要手段。该项目的实施一定程度上改善了农业生产基础条件，提高耕地质量，实现了增产增收。如表 2.6 所示，由于实施了高标准农田示范工程项目，A 县粮食生产能力由 2010 年 18 万千克猛增至 75 万千克，增幅达 316.67%，项目区直接受益农民年纯收入增加额也由 2010 年的 27.9 万元猛增至 2012 年的 228 万元，年增幅达 358.60%。

表 2.6 2010—2012 年 A 县土地治理项目效益

年份		2010	2011	2012
改善农业生产条件	新增和改善灌溉面积(万亩)	0.18	1.5	2.25
	改善除涝面积(万亩)	0.1	0.75	0.53
	新增节水灌溉面积(万亩)	0.18	0.8	0.9
	增加农林网防护面积(万亩)	0.01	0.03	0.5
	年节约水量(万立方米)	9	40	45
	扩大良种种植面积(万亩)	0.25	0.8	1.5
新增主要农产品生产能力(万千克)	粮食	18	75	75
	油料	1	12	2.25
项目区年直接受益农户数(户)		230	450	1350

续表

年　份	2010	2011	2012
项目区年直接受益农业人口数(人)	1100	1530	3900
项目区直接受益农民年纯收入增加总额(万元)	27.9	135	228

数据来源:A县农业局。

但该项目由于建设占地无补偿,政策处理难度大。这一点A县农综办主任颇有感慨:"免征农业税前,老百姓希望政府来征地,以少交农业税;现在老百姓对征地越来越抗拒了,群众思想工作难做了,这一点变化感受很深。"再者,农民筹资投劳难度大,不易落实。根据浙江省农业综合开发政策规定①,土地治理项目自筹资金(含乡村集体自筹资金和农民筹资投劳)需占省财政资金的比例为10%。而实际情况是,到家家户户去收钱、去分配投工投劳任务时阻力重重;加之当前农村青壮年劳动力大都外出务工,农村留守人员一般都是老人、妇女和儿童,也无劳可投。这些因素导致筹资投劳任务无法完成,最终影响项目的顺利完成。

3 耕地保护政策绩效评价

尽管垦造耕地、农村土地综合整治、高标准基本农田建设、农业综合开发土地治理、水稻产业提升、水稻生态补贴政策出台的时间、管理的部门、操作过程有所不同,但是从以上各个政策目标来看,都与耕地保护密切相关,对促进耕地保护起着不同程度的作用。从调研的情况来看,以上目标并没有较好地实现,从单个政策来看,一些项目取得了较好的成效,但是从政策集合来看,整体政策绩效不尽人意。为此,围绕以上几个政策要实现的核心目标,我们从效率、公平、效果以及可持续性四个维度对耕地保护类项目做总体性的绩效评价,进而从整体性的角度提出耕地保护的路径。

① 《关于下达2013年省级农业综合开发土地治理项目省财政资金投资指标及编报项目实施计划》(浙农综办〔2013〕25号)。

3.1 效率低

3.1.1 政策目标偏移或未完成

一些政策在执行过程当中发生了一定程度的政策目标偏移，直接影响了效率。如在具体实施中，“土地复垦”的目标从最初的“增加垦造耕地、整理损毁土地”变为增加“用地指标”，使得一系列负面作用产生，影响了该政策的效率。而在商品有机肥推广的调研中发现，单独施肥才能达到提高土壤肥力的效果，但因工作量太大，没有农户愿意这样使用，许多大户表示，他们只是将有机肥掺杂到化肥中一起使用，从而通过该补贴降低其成本。但将有机肥掺杂到化肥中，不能起到改善土壤肥力的作用，造成了结果与目标的偏离。再如“水稻生态补贴项目”和“水稻产业提升项目”，这两大政策设立的初衷是通过改善粮食生产功能区的农田基础设施和粮食生产条件，以提高农民的种粮积极性和农民收入，然而在大规模的投入后，却出现了非粮化倾向，违背了政策设立的目标。

3.1.2 程序烦琐，运行成本高

如“农业综合开发土地治理项目”，项目涉及国土、发改、财政、农业、林业、水利、审计等各部门的多项规划、编排、评估、审定、监管、验收等步骤，大大增加了执行时间和工作成本（见图 3.1）。据某县农业综合办公室主任口述，该项目从申报到验收程序非常繁杂，涉及的相关材料有 70 多份，操作程序多、管理严，导致项目运行管理成本高、效率低。调研中还发现，在地方财政不宽裕的情况下，如 B 县政府往往选择多渠道筹集专项资金，而各支农资金主管部门对投资的前期准备工作要求各不相同，地方政府往往需要针对一个项目准备多套申请立项的方案以满足各部门的要求，耗费了大量的人力、财力到各部门跑项目、争资金，增加了诸多不必要的行政运行成本。

3.1.3 多数项目受益面小

如“水稻产业提升项目”和“水稻生态补贴项目”仅仅针对粮食生产功能区，多数稻田享受不到该补贴。在有限面积的粮食生产功能区内，能最终申请到项目、享受资金补助的也不过是少数合作社与种粮大户，广大种粮散户并没有直接享受到这项政策的“雨露”，以至于几乎所有受访农户

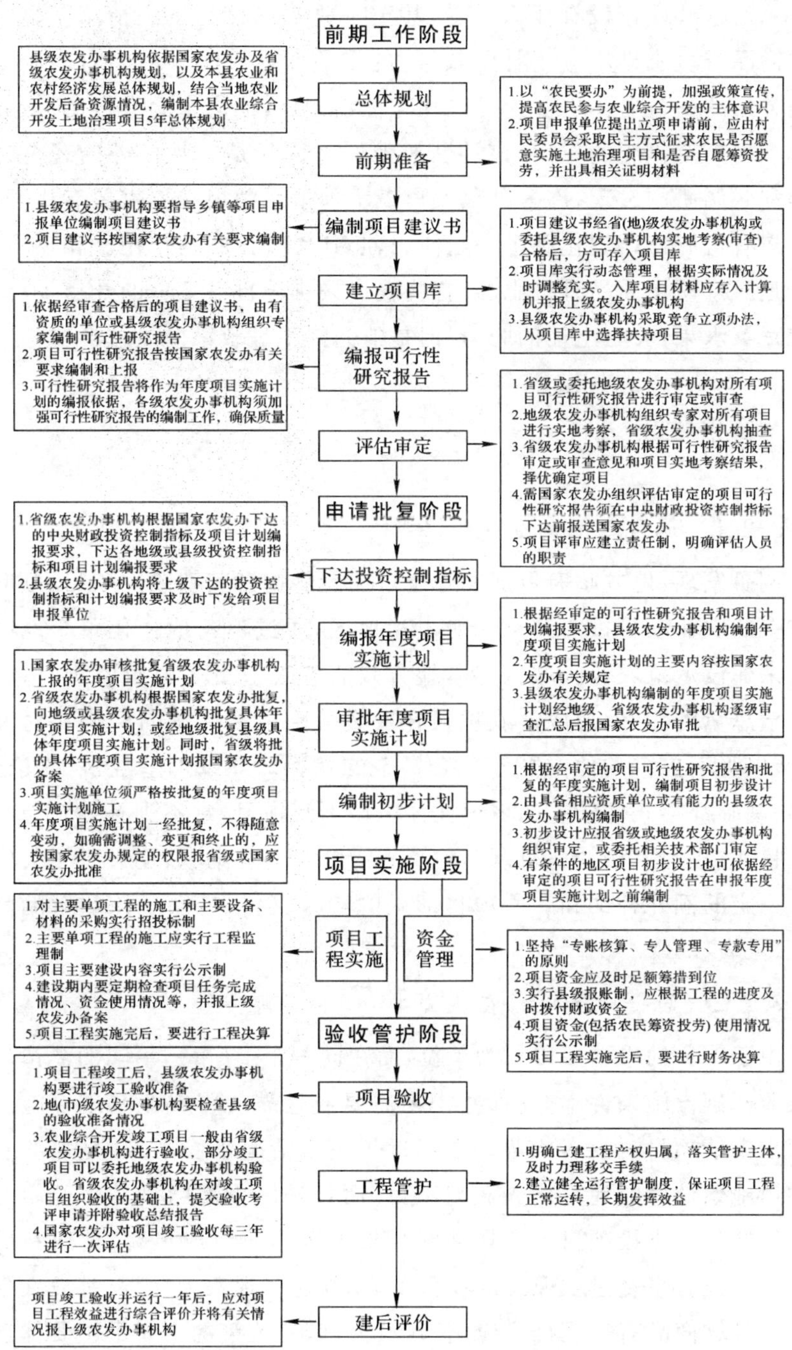

图 3.1　农业综合开发土地治理流程

均表示对这些政策没有什么感受，甚至一些农户存在不满情绪。另一方面，“商品有机肥推广应用补贴政策”的受益面也较小。商品有机肥推广应用补贴的受益群体也多为合作社与种粮大户，他们拿到有机肥后，并没有起到推广有机肥的作用，该补贴对他们来说只是一种额外的现金性质的福利。调研中发现，许多种粮大户表示种植水稻根本不需要有机肥，他们是将有机肥掺杂到化肥中一起使用，起到代替化肥的作用。相反，许多散户是愿意使用商品有机肥的，有些农户只耕种自己家里的几亩地，经常种植蔬菜水果，关心土地的肥力，但是他们并不是政策的受益群体。

3.2 公平性差

3.2.1 地区之间的公平性各异

调研发现，地方政府更加偏好于短期能够提升其政绩的项目，倾向于将较多的农业项目投向经济相对发达地区，通过不断地强化单个地区的投资来建设示范农业区域；此外，地方政府有吸引更多财政资金、增大项目资金总量的偏好，形成涉农项目在资金分配上往往偏向经济相对发达地区，以吸引更多的地方财政配套资金的状况。导致那些经济欠发达县(市)、基础社会条件较差的乡镇往往申请不到项目，拿不到补贴。但是一些项目如“耕地保护补偿机制”，除了省级统一的补助款，还设立了欠发达地区一定的额外补助和一些项目形式的转移支付，推动了该政策的具体实施(见表 2.3)。

3.2.2 同一地区也存在不公平

由于项目的申请多以村为单位，而在同一个县(市)，不同的乡镇(村)的农业基础设施条件不同，那些本来需要或急需改善农业基础设施的村反而在申请项目时没有优势。根据近年实施情况来看，往往是那些农业基础设施条件好的地方优先获得项目，而且是一个部门接一个部门对基础条件好的地方投项目。C 县某副乡长告诉调研组成员说，他所在的村已经 9 年没有享受过农业局的项目了，戏称这一现象为“肥料都放在牛粪上了”。以“商品有机肥推广应用”政策为例，该政策的不公平主要体现在两个方面。第一，商品有机肥的推广工作无论是在平原 A 县还是在山区 B 县，都是小面积群体收益，只有部分合作社可以拿到有补贴的有机肥。

如何分配指标都是村里说了算，并没有一个详细公平的分配方案，从而导致分配不均。例如，山区B县有机肥推广补贴实施办法与省里要求的不同，该县农业局用30万元补贴资金购买了500吨有机肥，分配给5家大型合作社，每家100吨。这些补贴资金全被5家大型的合作社拿走了，成为一种变相的现金补贴，存在很大问题。山区B县的有机肥发放方法并没有一个统一标准，仅仅是农业部门指定发放，这种操作流程造就了该政策如同赠送现金一样，缺乏公平性，影响市场经济。第二，从有机肥生产厂家的竞标状况来看，公平性较差。2013年，A县农业局、财政局组织了对商品有机肥生产企业的招标工作，按照省里的招标流程，选择了两家生产条件良好，年生产能力达到1万吨以上，具备完善的质量管理制度的厂家。但是整个投标过程中，只有当地的企业参与投标，反映出明显的地方保护主义。公平性较差也变相导致了有机肥质量不过关的情况经常发生。

3.2.3　项目的普惠性低，没有较好地体现公共责任

如前文所述，由于多数项目的申请条件高，门槛苛刻，导致多数项目倾斜于经济较发达地区及少数合作社、种粮大户，而欠发达地区及广大小农户在一定程度上被忽视，未能较好地体现公共责任。

3.3　效果不佳

3.3.1　项目类别多、投入分散

调查发现，耕地保护类别项目多。如有农业部“国家现代农业示范区旱涝保收标准农田示范项目”①、“粮油高产创建项目”②，财政部农业综合开发办公室“高标准农田示范工程项目”③，国土资源部“高标准基本农田建设示范县项目”④、“农村土地综合整治项目”，水利部“小流域综合治理

---

① 《农业部关于下达2011年国家现代农业示范区旱涝保收标准农田示范项目中央预算内投资计划的通知》(农计发〔2011〕30号)。

② 《2009年全国粮棉油高产创建工作方案》(农办农〔2008〕146号)；《2010年全国粮棉油高产创建项目实施指导意见》(农办财〔2010〕52号)。

③ 《关于发布实施〈国家农业综合开发高标准农田建设规划〉的通知》(财发〔2013〕4号)。

④ 《国土资源部关于加快推进500个高标准基本农田示范县建设的意见》(国土资发〔2012〕147号)。

项目”，环保部“生态示范区建设项目”；省级的“粮食生产功能区农田基础设施建设项目”①、“粮食生产功能区生态补贴项目”②、“水稻产业提升项目”③、“标准农田质量提升项目”④等。众多内容相近的项目（都对农业基础设施进行大比例投资建设）政出多门、缺乏统一整合和集中实施，最终导致同一类型项目由多个部门管理，造成资金投入分散，难以集中资金办大事，影响了项目的投资效果。

3.3.2 项目交叉重叠，重复建设多

调研中我们发现，直接涉及耕地保护的各类专项补贴就有9项之多，一些类似的项目及政策虽然产生的时代、背景和意义各不相同，但存在一定共性，且政策目标、内容皆有所重叠（见表3.1），使得在地方行政机关会发生同一部门或不同部门以不同的政策形式实施多项类似政策的情况。我们根据耕地保护政策内容对比进行了以下梳理：

表3.1 耕地保护政策交叉重叠对比

情形	政策名称	政策目标	政策内容	执行部门	图例
一	不同	部分重叠	相似	相同	3.2
二	不同	部分重叠	相似	不同	3.3
三	相同	完全重叠	相似	不同	3.4

第一种情形，在同一部门执行多个在政策目标及内容上相近的项目。如图3.2所示，国土部门同时进行着相互重叠的四个“任务”，包括“垦造耕地”、“耕地保护”、“高标准农田建设”和“农村土地综合整治”。“农村土地综合整治”作为一个综合性农村土地开发治理项目，与其他三个“任务”存在一定的包含关系。在项目实施过程中重复的工作手续和行政成本难以避免，管理和审核工作量大，具体实施效果也多是事倍功半。

① 《关于下达2009年中央新增农资综合补贴资金浙江省粮食生产功能区农田基础设施建设项目实施方案的通知》（浙农计发〔2010〕25号）。

② 《关于开展浙江省粮食生产功能区水稻生态补贴试点的实施意见》（浙农计发〔2012〕25号）。

③ 《关于组织申报2012年中央立项财政支持现代农业生产发展资金项目的通知》（浙财农〔2012〕152号）；《关于下达2012年第一批现代农业生产发展资金水稻产业提升项目建设计划的通知》（浙农计发〔2012〕46号）。

④ 《浙江省人民政府办公厅关于开展标准农田质量提升试点工作的通知》（浙政办发〔2009〕93号）。

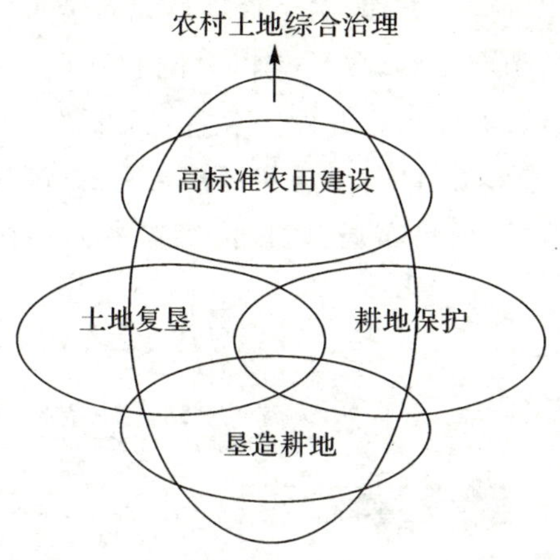

图 3.2　国土部门涉及耕地保护的政策

第二种情形，不同部门执行着政策目标、建设内容、审核方式等方面存在一定程度的交叉重叠的多个政策(见图 3.3)。例如，同一块耕地的保护涉及 5 个不同部门(可能还涉及科技部、发改委等)，财政部门称之为"农业综合开发土地治理"，农业部门称之为"标准农田质量提升"，国土部门称之为"高标准基本农田建设"，环保部门称之为"生态示范区建设"，而水利部门称之为"小流域综合治理"。

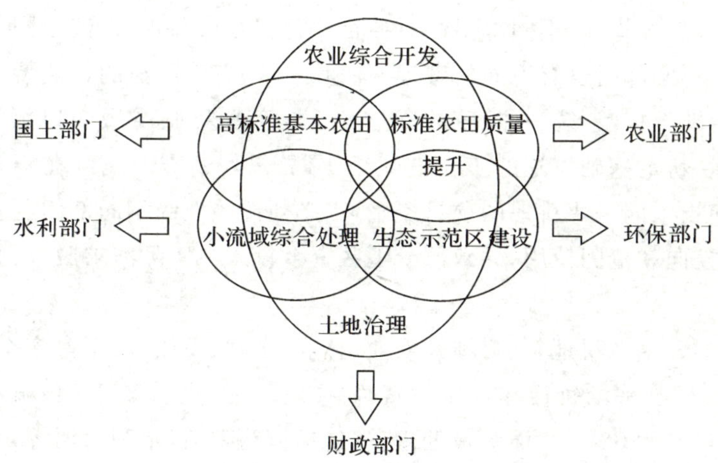

图 3.3　五大部门涉及耕地保护的政策

第三种情形，不同部门在同一区域内实施相关联的耕地保护政策，一方面导致同一块耕地(如粮食生产功能区)可以同时申报多个类似项目以争取更多的财政资金;另一方面,由于该项目无人牵头,职责划分模糊,各部门之间利益不同、相互制约,导致难以分配和管理,直接影响了项目的实施。如图 3.4 所示,农业综合开发办公室主管的“农业综合开发土地治理高标准农田示范工程项目”与国土资源部主管的“高标准基本农田示范项目”在资金使用范围、项目布局、建设内容等方面存在一定程度的交叉重叠。

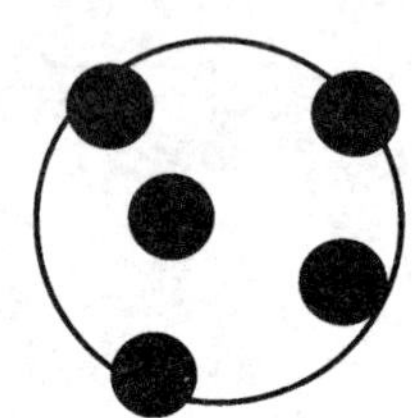

图 3.4 两个部门的“高标准农田建设”关系

3.3.3 部门间配合难,行政成本高

调研还发现,各部门在实施耕地保护类项目建设工作中并没有很好的分工协作,而出现断裂。项目资金基本上都是以“条条”为主管理,主管部门在安排专项资金投入时多从本部门利益出发,加之缺少沟通,不仅在项目的建设内容上缺乏配合,在计划下达和管理要求上也不一致。在项目资金管理方式上,不同部门都有各自的管理办法和要求,甚至同一类型的项目,不同部门也有不同的管理办法和要求,有着明显的行业特点和部门色彩,缺乏权威、统一、规范的资金运行与管理规则,导致农口部门在改善同一块耕地基础设施的工作上缺乏协调,出现断裂。地方在资金使用上,即使投入同一块耕地的项目资金,也必须按照上级不同部门各自规定的资金投向和范围使用,导致部分地区资金投入与实际需求脱节,整体效果差。

例如,“垦造耕地”项目涉及农业、林业、水利、发改、国土等多个部门,2012 年,C 县平均每亩建设用投资为 643.25 元(见表 3.2),种植水稻补贴每亩最高为 800 元,而政策处理费(包括道路整治,水利通渠等)用在每乡镇每亩 2200 元,其中还不包括国土部门每亩 500 元的项目测设费,每项 20000 元以上的耕地质量评定费,以及乡镇每亩 200 元、国土部门每亩 1240 元、农业部门每亩 300 元、审计部门每亩 150 元,林业部门每亩 150 元的工作经费,共计 2040 元每亩。

表 3.2 2012 年 C 县垦造耕地项目汇总

建设规模（万亩）	新增耕地面积（万亩）	总投资（万元）	平均每亩建设投资（元）
20.40	19.47	13124.63	643.28

数据来源：C 县国土资源局。

3.3.4 项目知晓度低，效果较差

当地村民作为耕地保护政策的目标群体，是耕地保护的实施者和受益方，政策的执行及其效果在很大程度上取决于公众的认知程度及其参与意愿。实地调研发现，几乎所有受访村民都不知道当地正在实施哪些耕地保护政策，甚至连政府相关管理部门的工作人员对耕地保护政策的了解度也不高，对耕地保护政策的内容、实施形式、实施过程等知之甚少，使得耕地保护政策在实施过程中偏离轨道且不被政策目标群体知晓，从而导致实施效果不佳并引发农民的不满，有部分农民甚至表示不愿意继续耕种现有的土地。庆幸的是，大多数民众认为保护耕地很重要，但必须要有相关部门提供技术和资金等支持，这主要是因为农民认为种地收益太低，农村青壮年劳动力大都外出务工，农村留守人员一般都是老人、妇女和儿童，不愿耕种，且对土地缺乏长期稳定的归属感，对所承包土地的长期预期不足，所以不敢也不愿对土地作长期投资。

3.4 可持续性有待改进

3.4.1 地方配套难，资金可持续性较差

一些项目的实施要求地方配套一定的资金。调查发现，各县（市）虽然整合了一部分资金，但仍较难满足项目建设的资金需求，尤其是经济欠发达地区。以商品有机肥推广政策为例，商品有机肥的省级财政资金投入太少，对县级配套要求过高，给政策的可持续性带负面的影响。省里给平原某县下达了有机肥推广指标，要求按 1∶2 资金配套，给地方带来巨大的财政压力。我们了解到，A 县的有机肥实际需求量是高于省农业厅下达的指标的，由于财政资金原因，该县仅以省里下达的指标完成任务，导致补贴的有机肥出现供不应求的情况。但是要扩大商品有机肥的供给量，县财政又存在很大的压力。

3.4.2 目标固定，但资金无保障

而一些政策在实施之际，上级除拨付补助款以外，也向下级政府传达了“任务”，即项目实施目标。例如，“土地复垦”政策，上级给予的补助款微乎其微，县域政府需要补足至8万元/亩，而调研发现，每亩复垦土地的成本在40万～50万元。这直接导致一方面，项目实施单位没有足够的动力和资金进行土地复垦，另一方面因上级下达的任务无法完成使地方政府左右为难。这种情况在A县发生时，乡镇一级政府只能额外出资补贴项目单位，高额的补贴资金使之不堪重负；而在B县，因为地区差异，地方政府资金不足，导致项目无法完成的情况也屡见不鲜。

3.4.3 政策交叉重叠，可替代性高

如上文分析所言，调研过程中，在耕地综合整治类政策出台后，一些县自发地将耕地保护补偿、垦造耕地、土地复垦或高标准农田政策合并为农村土地综合整治项目，可见此类项目存在很高的可替代性。

综上，资金可持续性较差，可替代性高，使用意愿一般，因此该政策的可持续性较低。

4 提高耕地保护政策绩效的政策建议

4.1 调整政策目标，提高政策决策的科学性

部分政策目标不完善，为政策的实施带来困难。以“商品有机肥推广应用”的政策目标难以完成为例。国家目前对于环境保护的政策力度是“上纲上线”的，环境保护问题经常直接与地方官员的绩效考核挂钩，可以把有机肥推广应用政策的目标调整到与改善水环境相关，将其当作一个环保政策施行，会更具驱动力。当把推广有机肥的政策目标转移到环保角度，其重要性就会高度凸显，财政投入力度也有可能增加，便于其后续工作的执行。

4.2 引入专项资金竞争性分配机制，体现公平性

前文已提到部分项目地区间资金分配不公，甚至出现了“肥料浇在牛粪上”的现象。建议按照绩效优先、突出重点、综合平衡、公开竞争等原则，以提高项目分配的科学性、公平性和资金使用的绩效性为目标，开展专项资金竞争性分配，逐步建立健全科学高效、公平合理的耕地保护引导专项资金竞争性分配机制。既要继续支持经济发达地区实施耕地保护项目，又要兼顾欠发达地区平等地享有耕地保护专项资金。

4.3 归并与整合项目，明确资金使用权利与责任

如前文所述，耕地保护类项目交叉重叠。在耕地保护工作中，存在三种情形：一是同一部门中存在多个同类型的项目；二是多个部门同时执行一项或多项类似的项目；三是同一块耕地中有多个部门涉足。这造成了资金使用既分散又重复的怪象，极大地影响了资金的政策绩效。建议同一部门整合同类型的项目，制定综合性较强的政策前与其他部门进行充分沟通，避免多部门同时管理同类项目的现象出现。确立“谁决策，谁负责”的原则，统一决策的权力和责任，确保资金的正确投向与合理使用，确保建设工程质量，充分发挥投资效益。实践证明，“土地复垦”、“耕地保护”及“垦造耕地”政策在一些区、县的执行过程中已合并入“农村土地综合整治”项目，一定程度上避免了重复的运行步骤，降低执行成本。

4.4 严格耕地保护执法工作，创新监管机制

我们了解到，耕地保护政策实施后，省农业厅都会派专业人员考核政策执行情况。有时地方为了应付省里的考察，会事先准备好检验地点，让省农业厅的专家在检验点抽样即完成任务。省农业厅工作人员表示省里也是这样应付中央的检查。“考核难”的问题不仅是地方的现象，甚至是全省乃至全国的现象。因此鼓励政府把考核任务交给三方企业，由三方企业对耕地保护政策的完成情况进行鉴定。结合党的十八大精神，政府不再对企业发布运营资质，企业资质可由行业协会负责颁发。三方企业

对耕地保护政策进行考核，考核过程由行业协会进行监督，并给企业颁发资质。达到甲级资质的企业可以继续参与政府的三方考核工作。行业协会定期对耕地质量进行抽样检查，公开检测结果，并针对三方企业配套建立奖惩机制、赏罚措施。

4.5 普及耕地保护理念，提高耕地保护政策知晓度

前文已经论述，一些项目的知晓度低，大多数受访村民都不知道当地正在实施哪些耕地保护项目政策，甚至连政府相关管理部门的工作人员对耕地保护项目政策的认知度也不一。因此，中央和地方政府都应该重视加强耕地保护政策的宣传，通过电视、广播等多种媒介加大宣传力度。同时，宣传主体应多元化，除了政府部门积极宣传外，还可通过农村的各种培训班给农民普及耕地保护政策的相关知识，以形成强有力的舆论导向，使耕地保护成为农民的一项自觉的行动，树立“保护耕地，人人有责”的社会风尚。值得注意的是，仅靠宣传是不够的，只有最广大的农民参与其中，我国的耕地保护才能取得实效。为此，政府应积极探索耕地保护补偿与激励性耕地保护措施，资金向保护耕地任务重的地区和粮食主产区倾斜，对耕地保护义务主体进行补偿。如设立耕地保护专项资金，对承担耕地保护责任与义务的农民或农民集体进行直接补偿，以调动民众保护耕地的主动性和积极性。

4.6 提高农民收入，推进耕地集约化、现代化建设

按照“谁受益，谁保护”的原则，国家、集体和农民群众都具有保护耕地的责任，然而多年来，耕地保护实践只是政府自导自演的一场“独角戏”，农民在耕地保护政策受益目标群体中的缺失是我国耕地事业的主要问题。究其原因，农民在承担耕地保护义务中享受不到应有的补偿和收益是关键。因此，耕地保护政策的制定，应考虑对承担耕地保护责任与义务的农民或农民集体进行直接补偿，以调动民众保护耕地的主动性和积极性。

另一方面，影响浙江耕地利用水平的实质因素是农民的耕地经营收益比较低，因而浙江的耕地保护补偿应向提高农民耕地经营收益以提高

农民耕地集约化利用转变。提高农民收益最终需要通过提高农业生产效率，形成稳定的农民增收机制实现，而单纯的经济补偿并不必然导致耕地经营效率的提高。舒尔茨认为，对传统农业原有生产要素的投资收益很低，使农业成为一个高生产率的经济部门的关键是引进新的现代农业生产要素，以将传统农业改造成为现代农业。① 除了土地之外，现代农业生产要素还包括农业科技以及运用现代生产要素的人等。出于耕地保护与集约利用的目的，政府的耕地保护补偿应转向引入现代生产要素，并通过提高耕地质量、完善农业基础设施、提高农业科技投入以及农民自身科技文化水平等途径提高农业生产要素配置效率，以降低耕地经营成本，提高农民耕地经营收益，并最终提高农民耕地保护与耕地集约利用的激励。

（执笔人：何易楠、彭江、沈楠）

① 西奥多.W·舒尔茨.改造传统农业.梁小民译.北京：商务印书馆，2006.

子报告六：
农民专业合作社、家庭农场调研报告

课题伊始，农民专业合作社并非是我们的关注点和调研重点，我们的初衷是研究在水稻生产过程中所涉及的专项资金的绩效以及农民在众多专项资金中的受益情况。但是，随着调研的逐步深入，我们发现很多农民专业合作社不仅享受水稻种植过程中的优惠补贴政策，还有不同种类的项目扶持。而且，通过实地走访调研，我们发现农民专业合作社、家庭农场的发展违背了其初衷。基于此，我们增加了农民专业合作社、家庭农场的调研报告。本次调研根据浙江省的水稻种植特点，分别选取了浙北、浙中、浙南地区的典型县(市)作为主要的调研对象。在所调研的县(市)，随机选取了28个水稻种植合作社作为受访对象。通过合作社场地现场观察，村民访谈，与合作社负责人深度访谈，与合作社管理部门座谈等形式全方位、立体化了解农民专业合作社的情况。

1 农民专业合作社、家庭农场发展背景

1.1 农业经济发展的矛盾与国际农业发展趋势

1.1.1 农业经济发展的矛盾

我国农户的经营方式以分散经营为主，农户规模小，耕地面积少，而

且单一农户经营的农产品类型不尽相同，产量不大。我国加入世界贸易组织后，农产品的需求市场日益扩大。产生了"小农户"的生产方式与农产品需求"大市场"的矛盾，这种矛盾且日益突显。主要表现在：①生产者市场信息不灵，生产的盲目性和自发性强，极易造成农业生产的"一哄而上、一哄而散"的无序现象，买难卖难问题交替出现。②农户家庭经营规模小，很难有等价交换和平等竞争的能力，极易受中间商的盘剥，"两头叫、中间笑"成为农产品流通中的普遍现象。③生产环节中小规模、高工本、低效益的弊端难以解决，农业劳动生产率难以提高，目前我国农村劳动力虽然便宜，但主要农产品的生产成本却远远高于国际竞争者。①

1.1.2　合作社、家庭农场国际发展趋势

从发达国家农业发展经验来看，合作社、家庭农场在农业发展中占有重要地位，对农业发展起着举足轻重的作用。"在美国，由合作社加工的农产品占农产品总量的80%，合作社提供的化肥、石油占44%，贷款占40%。在法国，由合作社收购的农产品，牛奶占50%以上，谷物占71%。法国食品出口中，通过合作社出口的谷物占45%，鲜果占80%，肉类占35%，家禽占40%。在日本，市场销售农产品绝大部分是由农协提供，其中米面占95%，水果占80%，家禽占80%，畜产品占51%。合作社在金融和保险以及社会服务等领域也占有重要地位，发挥重要作用。"②

20世纪以来，美国家庭农场拥有81%的耕地面积、83%的谷物收获量、77%的农场销售额。法国有各类家庭农场66万个，平均经营耕地630亩，其中60%的农场经营蔬菜、11%的农场经营花卉、8%的农场经营蔬菜、5%的农场经营养殖业和水果，其余为多种经营。日本于1952年制定了《土地法》，规定了自耕农在总农户中所占比重在88%以上，耕地比重占到90%以上，并且把农户土地规模限制在3公顷以内，从此形成了以小规模家庭经营为特征的农业经营方式。③

鉴于我国农业经济的特点与国际农业经济发展的趋势，加快发展农民

① 徐旭初.农民专业合作经济组织的制度分析——以浙江省为例.浙江大学博士学位论文，2005.

② 农业部农业产业化办公室.借鉴国外合作社经验 应对场世界贸易组织的挑战.农业经济导刊，2002(4).

③ http://baike.baidu.com/subview/814894/10263171.htm? fr=aladdin.

合作社是解决我国农业经济中“小农户”与“大市场”矛盾的一种必须方式。为此，在政府政策的大力支持下，我国农民合作社得到了迅速的发展。

1.2 政府对合作社的政策扶持

1.2.1 中央政策

农民专业合作社是农村经济发展的重要组织形式。与西方国家相比，我国合作社起步、发展较晚。我国农民合作社产生于20世纪50年代初的农业合作社运动。改革开放后，我国农民专业合作社逐渐受到重视。2000年，政府为了鼓励农民专业合作社增强服务和发展水平，在财政扶持方面，积极争取扩大财政资金投入；在项目支持方面，农业部会同发改委、财政部、科技部等7部门印发《关于支持有条件的农民专业合作社承担国家有关涉农项目的意见》，其中明文规定适合农民专业合作社创办的我国涉农项目，都必须将合作社纳入申报范围。2006年10月31日中华人民共和国第十届全国人民代表大会常务委员会第二十四次会议通过了《中华人民共和国农民专业合作社法》，并于2007年7月1日起实施。其后为使该法的相关制度细化和更好地实施，农业部制定了《农民专业合作社示范章程》，财政部制定了《农民专业合作社财务会计制度(试行)》。

2008年，财政部、国家税务总局出台《关于农民专业合作社有关税收政策的通知》，规定对农民专业合作社销售本社成员生产的农业产品，视同农业生产者销售自产农业产品免征增值税；对农民专业合作社向本社成员销售的农膜、种子、种苗、化肥、农药、农机，免征增值税；对农民专业合作社与本社成员签订的农业产品和农业生产资料购销合同，免征印花税。

2010年中央一号文件明确指出着力提高农业生产经营组织化程度。大力发展农民专业合作社，深入推进示范社建设行动，对服务能力强，民主管理好的合作社给予补助。各级政府扶持的贷款担保公司要把农民合作社纳入服务范围，支持有条件的合作社兴办农民资金互助社。2012年中央一号文件鼓励民间资本进入农村金融服务体系，有序发展资金互助组织，引导农民专业合作社规范开展信用合作。

以上优惠政策对我国农民专业合作社的发展提供了强有力的支持，合作社的数量如雨后春笋在中国大地涌现。据农业部统计，截至2010年

12 月，全国农民专业合作社超过 35 万个，比 2009 年增加 40%，平均每月增加 1 万个，拥有入社社员 2800 万户左右，约占全国农户的 10%①，截至 2011 年年底，全国在工商行政管理部门登记的农民专业合作社为 52.17 万家②；2012 年达到 68.9 万家③；到 2013 年 12 月底，全国依法登记注册的专业合作社、股份合作社等农民合作社达 98.24 万家④。

"家庭农场"在 2013 年中央一号文件中提出，意在鼓励和支持承包土地向专业大户、家庭农场、农民合作社流转。中央一号文件指出，建设家庭农场有助于促进农业经济的发展，推动农业商品化的进程，有效缩小城乡贫富差距。家庭农场的建设，可以使农业由保障功能向盈利功能转变，克服自给自足的"小农经济"弊端。

1.2.2 浙江省政策

浙江省对农民专业合作社的发展也极为重视，走在全国前列，2003 年浙江省被农业部确定为全国唯一的农民专业合作经济组织试点省，并于 2004 年 11 月 11 日浙江省第十届人民代表大会常务委员会第十四次会议通过《浙江省农民专业合作社条例》，于 2005 年 1 月 1 日起施行。据浙江省农业厅数据统计显示，截至 2004 年年底，浙江省共有 4064 家农民专业合作社。为了鼓励更多的农民组社、抱团、规模化发展，浙江省相继出台一系列政策措施。2006 年出台《浙江省地方税务局关于农民专业合作社若干税费政策问题的通知》、《浙江省农村合作金融机构农民专业合作社贷款管理暂行办法》；2010 年出台《浙江省人民政府关于促进农民专业合作社提升发展的意见》。从税收、规费、用地、用电、金融贷款等方面给予农民专业合作社发展的政策优惠。在此基础上，浙江省合作社得到了大力的发展。至今已有 37000 多家合作社，其中省级示范的也达 1000 多家。

2014 年浙江省出台《关于培育发展家庭农场的意见》，通过财政支

---

① 大众数字报. 2010 年我国农民专业合作社数量较去年底增长超过 40%，http://paper.dzwww.com/ncdz/content/20101220/ArticelB4005MT.htm[2012-2-24].

② 农博网. 2012 年农业部等 11 部门发布首批农民专合示范社名录，http://county.aweb.com.cn/20120217/481639844.shtml[2012-2-24].

③ 新浪财经. 工商总局：农民专业合作社已达 68.9 万家，http://finance.sina.com.cn/nongye/nyhgjj/20130110/141614247100.shtml.

④ 中华合作时报. 2013 年我国农民合作社数量同比增长 42.6%，http://www.zh-hz.com/html/2014/02/21/294488.html.

持，加强人才培养，税费优惠政策，信用贷款等方式鼓励培育发展家庭农场。

2

农民、合作社、农民专业合作社、家庭农场

(1)农民

对“农民”的概念界定，至今没有统一的标准。“农民”的概念在不同的空间、时间和文化环境下不尽相同。在发达国家，农民(farmer)指的是经营农场或农业的人，是一种职业概念。而在许多欠发达社会里，农民一般不被称为 farmer 而被称为 peasant。后者更多的是一种社会等级、社会身份、生产状态，一种身份的代名词。在我国历史上的春秋时期，《穀梁传·成公元年》称“古者有四民。有士民，有商民，有农民，有工民”。这里的“农民”是指播殖耕稼者。新中国成立后，我国法律上确认农民的唯一标准即户籍，在城乡“二元结构”的户籍管理体制下，凡是具有城镇户口的居民，不管其从事何种职业，就是城市居民；具有农村户口的居民，无论其从事何种职业，就是农民。

随着经济社会的发展，农民的异质化变得越来越大，有经营小规模土地的，也有承包较多土地经营的；有直接从事农业生产的，也有雇佣人员生产的；有亦农亦工，也有亦农亦商的；有长期从事农业，也有短期从事农业的。我国法律所界定的“农民”概念，并不能很好地解释现有的农民专业合作社问题。因此，根据研究的需要，我们采取学术界对“农民”的界定，即以“从事农业生产的劳动者”为标准，凡是从事农业生产的人员就是农民，不从事农业生产的人员就不是农民。但这仅仅针对农民专业合作社而言。

(2)合作社

合作社一词源于英文 cooperation 或 cooperative society。在西方国家，并没有统一的定义，在不同的时期合作社的定义与原则有所不同(见表 2.1)。

表 2.1　西方国家代表性合作社定义①

时间	来源	合作社的定义以及基本原则
1844	英国罗虚代尔公平先锋社	罗虚代尔主要原则：①自愿集股筹资，只分少量股息而不分红利，自愿加入或退出合作社；②社员平等，民主管理，不问股金多寡，一人一票选举；③入社不受政治宗教信仰影响；④以市场平价做现金交易买卖，保证准斤足尺；⑤按购货金额比例分享利润；⑥盈余中提取 2.5%作为社员教育费用
1895	国际合作社联盟成立大会	合作社必须符合罗虚代尔原则。
1937	国际合作社联盟第 15 届大会	在罗虚代尔原则的基础上附加了四个项目：①只对社员交易；②社员入退社自由；③按照市价或时价来交易；④创立不可分割的合作社财产
1947	Fetrow, Eslworth	合作社是为了共同利益而组建起来的共同劳动的组织。经济合作社是一种企业形式，由具有共同需要的成员惠顾者民主管理，在非营利的基础上为自己来服务，并根据参与的比例来获取利益
1965	Savage, Volkin	合作社是建立在非营利的基础上，为自身提供所需服务的共同所有权利益的人们组建的自愿契约组织
1970	Packel	合作社是一群力图实现自我的经济服务的人组合成的民主联合体，该联合体通过一个目的为消除中间商的利润来提供基于所有和控制的实质平等的计划
1973	威斯康星大学合作社研究中心(UWCC)	合作社是一个由其惠顾者自愿所有和控制，在非营利或降低成本的基础上，由成员自己为自己经营的，由其所有者所有的企业
1989	美国农业部(USDA)农村商业和合作社发展中心	合作社是一种由使用者所有，使用者控制和基于交易额进行分配的企业
1995	国际合作社联盟成立 100 周年大会	合作社是人们自愿联合起来、通过共同所有以及民主控制的企业，其目的是为了满足社员经济、社会和文化方面的共同需求和渴望
2002	第 90 届国际劳工大会(ILO)通过的《2002 年促进合作社建议书》	合作社是自愿联合在一起的人们通过组成联合所有的企业来满足他们的经济、社会与文化的需求与抱负的自治联合体，他们按企业所需资本公平出资，公正地分担风险、分享利益，并主动参与企业民主管理

① 倪细云. 农民专业合作社发展能力研究：以山西省运城市为例. 西北农林科技大学博士学位论文，2012.

从现有的学术研究来看，国际合作社联盟对合作社的定义运用最为广泛，规定了合作社的7项原则[①]：

①自愿、开放的会员资格。这一原则有三个要点：合作社是自愿组成的组织；对所有能利用它的服务并愿意承担会员义务的人都是开放的；没有人为的限制或任何社会、政治、种族和宗教的歧视。

②成员民主管理。首先，合作社是由社员管理的民主的组织，它的事务由积极参与政策制定和决策的成员管理；其次，被选出的男女代表应对成员负责；第三，在基层合作社中，社员拥有平等的投票权（即每成员一票），其他级别的合作社也按民主的方式进行组织。

③成员经济参与。这一原则包含以下几个要点：成员均摊合作社资本，并对其进行民主管理；"均摊"合作社资本，在实际中只能达到公平承担，均摊不等于平均；部分资产常常表现为合作社的共有资产。

④独立性与自主性。针对一些国家的合作社受政府控制和干预过多，最终招致失败的教训，特别强调了合作社保持独立和自治的重要性。

⑤教育、培训与宣传。主要是指合作社为它们的成员、获选代表、管理者和雇员提供教育和培训，以便他们有效地促进合作社的发展。

⑥合作社间的合作。在经济全球化的今天，这一原则尤为重要，它是指合作社通过地方、国家、地区和国际合作才能最有效地服务于其成员并发展合作社运动。

⑦关注社区。这一原则指出合作社有责任保护和促进其所在地区经济、社会、文化教育、环境等方面的发展。

（3）农民专业合作社

国际合作社联盟对合作社的定义为我国农民专业合作社的法律定义提供了一定的基础和依据。2007年我国出台《农民专业合作社法》规定："农民专业合作社是在农村家庭承包经营基础上，同类农产品的生产经营者或者同类农业生产经营服务的提供者、利用者，自愿联合、民主管理的互助性经济组织。"[②]农民专业合作社的服务对象是合作社的成员，为其提供农业生产资料的购买，农产品的销售、加工、运输、贮藏以及与农业生产经营有关的技术、信息等服务。《农民专业合作社法》规定农民专业合

① 国际合作社联盟网站，http://ica.coop.

② 中华人民共和国农民专业合作社法，http://news.xinhuanet.com/fortune/2006-10/31/content_5273564.htm.

作社应当遵循下列原则：①成员以农民为主体；②以服务成员为宗旨，谋求全体成员的共同利益；③入社自愿、退社自由；④成员地位平等，实行民主管理；⑤盈余主要按照成员与农民专业合作社的交易量（额）比例返还。[①]

这里需要强调的是，我们在调研过程中发现，现有的农民专业合作社完全属于经济性组织，提供的社会化服务较少，组织的经济性功能向公司化方向日益增强，而社会化服务则不断弱化。

（4）家庭农场

家庭农场是一个起源于欧美的舶来名词；在中国，它类似于种养大户的升级版。通常定义为：以家庭成员为主要劳动力，从事农业规模化、集约化、商品化生产经营，并以农业收入为家庭主要收入来源的新型农业经营主体。由于刚刚起步，家庭农场的发展得到了财政、税收、用地、金融、保险等扶持政策的支持。

3 浙江省农民专业合作社的发展现状

3.1 浙江省农民专业合作社基本情况

3.1.1 合作社数量

从浙江省农业厅网站获取的数据显示，截至 2014 年 6 月 10 日，浙江省农民专业合作社工商注册总共 1898 家。其中，杭州市 186 家，宁波市 169 家，温州市 329 家，嘉兴市 143 家，湖州市 139 家，绍兴市 117 家，金华市 160 家，衢州市 129 家，舟山市 39 家，台州市 314 家，丽水市 173 家。其中粮油类的合作社 108 家。在实地调研过程中，我们发现，很多农民专业合作社除合作社这一身份外，还是家庭农场和种粮大户。为此，我们也把浙江省种粮大户与家庭农场的情况作一定的介绍。

① 中华人民共和国农民专业合作社法，http://news.xinhuanet.com/fortune/2006-10/31/content_5273564.htm.

截至2014年6月10日，浙江省农业厅的数据显示，浙江省鲜活农产品种、养、销大户31448家，种植类的有12199户，占38.78%，粮油类的大户有4104家，粮油类的大户在种植类大户中占比33.6%。①

截至2013年年底，浙江省在工商部门注册的家庭农场为7500余家。②

3.1.2　农民专业合作社的组织形式

我国农业部根据"按照农民合作的紧密程度"为原则，将农民专业合作经济组织分为专业合作社、股份合作社和专业协会三种基本类型。①专业合作社是一种管理比较规范、与社员联系比较紧密的合作经济组织形式。专业合作社多数在工商管理部门登记为企业法人，约占专业合作经济组织总数的10%。专业合作社的主要特点是与农产品加工企业相连接，作为企业的原料生产基地，形成"公司＋专业合作社＋农户"的农业产业化经营模式，实现了产、加、销一体化。社员一般交纳一定数量的股金，只吸纳身份股，年底按银行存款利率进行股金分红，并按照为社员销售的产品数量返还利润。②股份合作社。股份合作社是股份制与合作制的结合。由企业、农技推广单位、基层供销社等出资作为股东，再吸收少量的社员股金组建成股份合作社。股份合作社多数有自己的企业，在工商管理部门登记为企业法人。股份合作社约占专业合作经济组织总数的5%。目前，大多数股份合作社是按保护价收购农产品，按月结算，年底按股金分红。少部分股份合作社除按股金分红外，年底按交易量进行利润返还。③专业协会。专业协会包括协会和研究会，是一种比较松散的合作经济组织形式。多数专业协会在民政部门登记，注册为社团组织。专业协会约占专业合作经济组织总数的85%。专业协会每年向社员收取一定数量的会费，以提供技术、信息、运销服务为主。③

从我们对28家农民专业合作社的调研情况看，组织形式主要集中在第一类与第二类。其中"公司＋专业合作社＋农户"9家，在这9家中，6家社员人数超过100人，在这种组织形式的合作社中，大多数农户以出租土地和出资100元加入合作社。公司与大股东出资占整个合作社的

① 数据来源：浙江省农业厅网站整理。

② http://zjnews.zjol.com.cn/system/2014/04/11/019960406.shtml.

③ 陈晓华.农村专业合作经济组织的建设.北方牧业，2003(6).

96%以上。15家合作社的组织形式是股份制，主要由几个股东出资，吸纳一定的会员，股东出资占合作社资本的98%以上。在股份制组织形式的合作社中，出现1家是大合作社“套”小合作社的形式，小合作社的经营主体则是大合作社中的大股东，股东独立经营小合作社。在接受访谈的28家农民专业合作社中，至少有一半的合作社组织形式比较松散，但是没有发现有以协会和研究会形式成立的合作社。

3.1.3 粮油合作社所享受的政策补贴

调研的28家粮油（水稻种植）合作社都经营一定面积的土地，同时也都是种粮大户。由于农民专业合作社涉及的种粮补贴较多，因此，我们对合作社可以享受到的政策补贴进行梳理，以便准确把握合作社的政策扶持情况。

从浙江省粮食生产过程中的专项补贴来看，粮油合作社所涉及的补贴政策包括：农作物良种补贴，补贴标准为大小麦10元/亩、水稻15元/亩；省水稻集中育秧补贴，补贴标准根据作业面积而定，作业面积在100～700亩之间补贴20元/亩，800亩以上补贴30元/亩；机械插秧补贴、统防统治补贴，500亩以上补贴40元/亩；农机购置补贴，按购买不同的机型和种类的补贴标准而定；高耗能农业机械报废更新补贴，视报废的机型种类而定；农资综合补贴，按粮食作物的播种面积补贴，补贴标准根据补贴资金与面积核定；有机肥推广应用补贴，市、县按省里要求110%配套；省级储备早稻订单奖励，每50千克补贴30元；稻麦种植大户直补，根据稻麦种植面积补贴，20亩以上，补贴30元/亩；粮食政策性保险，根据所投保的类型而定，保400元/亩，保费30元，保600元/亩，保费45元，发达地区，农户投保费为总保费的7%，中央财政补贴35%，省级财政补贴32%，市、县补贴26%，欠发达地区，农户投保费为总保费的7%，中央财政补贴35%，省级财政补贴48% ，市、县补贴10%。

C县与B县是欠发达地区，在政策补贴上与A县存在一些差距。最典型的就是农资综合补贴，A县一年补贴两次，B县、C县一年补贴一次。这些政策补贴中，《农作物良种补贴》、《省水稻集中育秧补贴》、《机插统防统治》、《农机购置补贴政策》、《高耗能农业机械报废补偿》、《省级储备早稻订单奖励》三个地区的政策落实情况完全相同，与省里的实施意见保持一致。B县是欠发达县中的典型，县财政收入较少，因此没有对《稻麦种植大户直补》进行县财政配套。

三个地区对合作社的政策补贴情况详见表3.1。

表 3.1 A 县、B 县和 C 县地区合作社政策补贴收益情况

资金/政策名称	补贴标准	资金来源	A 县	B 县	C 县
农作物良种补贴	按大小麦、水稻的种植面积补贴,大小麦 10 元/亩,水稻 15 元/亩	中央财政	与补贴标准相同	与补贴标准相同	与补贴标准相同
省水稻集中育秧补贴	稻麦种植面积 100～700 亩以下补贴 20 元/亩 水稻种植面积 800 亩以上的村,集中育秧面积达 60%、90%,分别补 30 元/亩、补 40 元/亩	省级财政	与补贴标准相同	与补贴标准相同	与补贴标准相同
机插 统防统治	水稻种植面积 500 亩以上,补贴 40 元/亩	发达地区省级财政补贴 40%,市、县财政配套 60%;欠发达地区,省级财政补贴 60%,市、县财政配套 40%	与补贴标准相同:省级财政补贴 40%,市、县财政配套 60%	与补贴标准相同:省级财政补贴 60%,市、县财政配套 40%	与补贴标准相同:省级财政补贴 60%,市、县财政配套 40%
农机购置补贴政策	不同的机型补贴标准各异,详见子报告二的表 1.1	发达地区省级财政补贴 40%,市、县财政配套 60%;欠发达地区,省级财政补贴 70%,市、县财政配套 30%	与补贴标准相同:省级财政补贴 40%,市、县财政配套 60%	与补贴标准相同:省级财政补贴 70%,市、县财政配套 30%	与补贴标准相同:省级财政补贴 70%,市、县财政配套 30%

续表

资金/政策名称	补贴标准	资金来源	A县	B县	C县
高耗能农业机械报废补偿	视机型与功率而定，详见子报告二附件表 4.1	发达地区省级财政补贴40%，市、县财政配套60%。欠发达地区，省级财政补贴70%，市、县财政配套30%	与补贴标准相同：省级财政补贴40%，市、县财政配套60%	与补贴标准相同：省级财政补贴70%，市、县财政配套30%	与补贴标准相同：省级财政补贴70%，市、县财政配套30%
农资综合补贴	按粮食作物播种面积补贴，具体补贴金额按当地执行情况而定	中央财政	53.02 元/亩 一年补两次	53.12 元/亩 一年一次	45 元/亩 一年一次
省级储备早稻订单奖励	补贴 30 元/50 千克	省级财政	订单 3.24 元/千克 补贴 0.6 元/千克 普通价格：2.64 元/千克	订单 3.24 元/千克 补贴 0.6 元/千克 普通价格：2.64 元/千克	订单 3.24 元/千克 补贴 0.6 元/千克 普通价格：2.64 元/千克
稻麦种植大户直补	稻麦种植面积 20 亩以上补贴 30 元/亩	省级财政补贴 25 元 县级财政配套 5 元	补贴金额 30 元/亩 县财政配套 5 元/亩	补贴金额 25 元/亩 县财政无配套	补贴金额 30 元/亩 县财政配套 5 元
粮食政策性保险	保额 400 元/亩，保费 30 元/亩 保额 600 元/亩，保费 45 元/亩	发达地区，农户出 7%，中央财政补贴 35%，省级财政补贴 32%，市、县财政配套 26%； 欠发达地区：农户出 7%，中央财政补贴 35%，省级财政补贴 48%，市、县财政配套 10%	标准：45 元 农户：3.15 元 县政府：11.7 元 省政府：14.4 元 中央：15.75 元	标准：30 元 农户：0 元 县政府：3 元＋2.1 元 省政府：14.4 元 中央：10.5 元	标准：45 元 农户：3.15 元 县政府：11.7 元 省政府：14.4 元 中央：15.75 元

3.2 合作社经营情况分析

3.2.1 农民专业合作社种粮成本分析

从调研的28家粮油专业合作社来看，合作社的每亩土地净收益300元左右，其中政策补贴占70%左右，是合作社的主要收入来源。合作社在粮食生产过程中所涉及的成本包括人工费、农机购置、作业、维修成本、农资成本，燃油费等。人工成本各地大致相同，短工为每天100～150元，农机操作工人的费用为每天200元，长工工资每年5万～6万元，如表3.2所示。其他经营成本与合作社的经营能力挂钩，管理经验丰富的合作社在控制成本上，具有很大的优势。

表3.2 农民专业合作社种粮成本分析

项目成本	数　额	备　注
人工	100～200元/天	按工作种类划分
集中育秧	100～120元/亩	包含人工成本、秧盘成本
集中插秧	80～100元/亩	包含人工成本、燃油费用
肥料	150～200元/亩	包含人工成本20元/亩
农药	120～200元/亩	包含人工成本15元/亩
耕地	80～150元/亩	包含人工成本、燃油费用
收割	150～200/亩	包含人工成本、燃油费用
烘干机	均价18万/台	5年报废
插秧机	均价14万/台	3年报废
收割机	均价7万～20万/台	2～5年报废
拖拉机	均价5万/台	平均5年报废
耕地机	均价5万/台	平均3年报废
燃油费	20万/年/1000亩	服务1000亩
修理费	5万/年/1000亩	服务1000亩

3.2.2 农民专业合作社典型案例分析:以四家农民专业合作社为例

在调研的28家农民专业合作社中，我们选取了比较有代表性的4家做详细的经营情况分析。

(1)B县14号(农产品)专业合作社

①基本情况

B县14号(农产品)专业合作社成立于1999年，由10个股东，每人出资10万元成立。合作社共有土地150亩，其中100亩为合作社股东的土地，另50亩为村里的流转土地。合作社以200～300元/亩的价格向村里租借，村里给了合作社较为优惠的租用价格。合作社种植水稻40亩，茶叶110亩，是当地经营状况较好的合作社。

14号合作社提供集中育秧、集中插秧、统防统治、收割等服务，除了经营自己的40亩土地外，合作社还为村里的散户提供机械化服务，服务面积为200亩。

②合作社经营情况

14号合作社一年种植一季水稻，由于水稻的经济性较低，种植规模逐年减少。合作社每亩土地种植收入为2086.12元，种植成本为1767元，亩均净利润为319.12元。319.12元/亩的净利润中，政策补贴为208.12元，占65.22%。合作区的亩均收益详见表3.3。

表3.3　B县14号(农产品)专业合作社亩均收益核算

营业收入	亩均(元)	备　注
粮食收入	1848.00	每亩地产粮:700千克 粮食出售价格2.64元/千克
订单奖励	0.00	无订单奖励
政策补贴收入	238.12	农资综合补:53.12元/亩 种粮大户补贴:30元/亩 粮种补贴:15元/亩 集中插秧:40元/亩 集中育秧:30元/亩 统防统治:40元/亩 政策性保险:30元/亩
成本		以下费用都包含人工费用与燃油费
种子(杂交水稻)	85.00	种子价格:100元/亩，良种补贴15元/亩
集中育秧	120.00	成本150元/亩，集中育秧补贴30元/亩
机器插秧	100.00	成本140元/亩，机插补贴40元/亩

续表

肥料	200.00	成本 200 元/亩
农药(统防)	140.00	成本 180 元/亩,统防统治补贴 40 元/亩
机器耕地	150.00	成本 150 元/亩
收割	150.00	成本 150 元/亩
设备维修	42.00	一年 42 元/亩
设备折旧	350.00	收割机 2 台 25 万元,农机购置补贴 5 万元/台 拖拉机 2 台 6 万元,农机购置补贴 1.5 万元/台 插秧机 2 台 15 万元,农机购置补贴 3 万元/台 机器折旧按 5 年计算,折旧提 10% 报废补偿补贴已记入
管理费用及水电	200.00	成本 200 元/亩
土地租金	200.00	流动土地 200/亩
政策性保险	30.00	B 县地区农业政策保险全额补贴
营业收入总计	2086.12	
成本总计	1767.00	
净利润	319.12	

茶叶种植已经成为 14 号合作社的主要经济来源,110 亩茶叶盈利 20 万元。项目收入也是 14 号合作社收入的一部分,合作社拿到了集中育秧中心项目补贴 20 万元与乡村道路建设补贴 80 万元。合作社年收益详见表 3.4。

表 3.4 B 县 14 号(农产品)专业合作社年收益核算

项　目	金额(元)	备　注
种粮收入	12764.80	种植面积 40 亩
对外服务收入	40000.00	服务面积 200 亩
项目补贴收入	未知(较少)	育秧中心,家庭农场
茶叶种植收入	200000.00	种植面积 110 亩
农机更新费用	－30000.00	
总收入	222764.80	

(2)B县15号(谷物)专业合作社

①基本情况

B县15号(谷物)专业合作社成立于2011年,以种植水稻为主,是B县地区较大的粮油专业合作社。该合作社还挂上了家庭农场的招牌,用于申请补贴。合作社共有9个股东,注册资本20万元,在当地小有名气。15号合作社共有土地303亩,种植两季水稻,早稻亩产400千克,晚稻亩产450千克。此外,合作社还为周围村民提供集中育秧、集中插秧、统防统治、收割等服务,服务面积300亩。

②合作社经营情况

15号合作社一年种植两季水稻,水稻种植和对外服务是合作社的主要收入来源。合作社每亩土地种植收入为1439.65元,种植成本为1251.50元,亩均净利润为188.15元。合作社的亩均收益(单季)详见表3.5。

表3.5　B县15号(谷物)专业合作社亩均收益(单季)核算

营业收入	亩均(元)	备　注
粮食收入	1320.00	每亩地产粮:450千克 粮食出售价格 2.93元/千克
订单奖励	0.59	300千克订单奖励,价格3.24元/千克
政策补贴收入	119.06	农资综合补:53.12元/亩 种粮大户补贴:30元/亩 粮种补贴:15元/亩 集中插秧:40元/亩 集中育秧:30元/亩 统防统治:40元/亩 政策性保险:41.85元/亩 单季计算,政策补贴收入取半
成本		以下费用都包含人工费用与燃油费
种子(杂交水稻)	85.00	种子价格:100元/亩,良种补贴15元/亩
集中育秧	120.00	成本150元/亩,集中育秧补贴30元/亩
机器插秧	90.00	成本130元/亩,机插补贴40元/亩
肥料	200.00	成本200元/亩
农药(统防)	120.00	成本160元/亩,统防统治补贴40元/亩

续表

机器耕地	150.00	成本 150 元/亩
收割	150.00	成本 150 元/亩
设备维修	21.00	一年 42 元/亩,单季费用取半
设备折旧	50.50	收割机 2 台 13.45 万元,农机购置补贴 60% 拖拉机 2 台 5 万元 插秧机 2 台 10 万元 机器折旧按 5 年计算,折旧提 10% 报废补偿已记入 按单季计算,折旧费用取半
管理水电	100.00	成本每年 200 元/亩,单季费用取半
土地租金	150.00	成本每年 300 元/亩,单季费用取半
政策性保险	15.00	费用 30 元/(亩·年),单季费用取半,B县地区政策保险全额补贴
营业收入总计	1439.65	
成本总计	1251.50	
净利润	188.15	

B县15号合作社每亩水稻单季盈利188.15元,其中政策补贴119元,补贴占收入的63.25%。303亩水稻种植收入11.4万元,合作社对外服务盈利4万元,这些就是合作社种的主要收入来源。与种植茶叶相比,水稻种植的利润微薄。

合作社还拿到许多项目形式的补贴,例如,家庭农场补贴、育秧中心补贴、基础设施建设补贴等。这些补贴可以帮助合作社减轻初期的建设费用,并带来一些额外收入。合作社的年收益详见表3.6。

表3.6 B县15号(谷物)专业合作社年收益核算

项　目	金额(元)	备　注
种粮收入	114018.90	种植面积303亩
对外服务收入	40000.00	服务面积300亩
项目补贴收入	未知(较少)	育秧中心,家庭农场
农机更新费用	−50000.00	
总收入	104018.90	

(3)A 县 4 号(粮油)专业合作社

①基本情况

A 县 4 号(粮油)专业合作社成立于 2008 年，以种植水稻为主，种植面积为 1500 亩。合作社注册资本 100 万元，共有股东 150 人。最少的股东参股 100 元，最多的参股 15 万元。股东把土地以 1000 元/亩的价格租给合作社使用。合作社一年种植两季水稻，并为周围村民提供集中育秧、集中插秧、统防统治、收割等服务，服务面积 1000 亩。合作社处于粮食生产功能区中，可以申请高标准农田建设、家庭农场等项目补贴。

②合作社经营情况

A 县 4 号合作社每亩土地种植收入为 1572.44 元，种植成本为 1425.50 元，亩均净利润为 147.94 元，政策补贴占收入的 82.77%。较高的土地成本(1000 元/亩)，对合作社的经营带来了很大的考验，合作社必须充分发挥规模化经营的优势，并配套精益管理能力，才能在众多粮油合作社中脱颖而出。合作社的亩均收益(单季)详见表 3.7。

表 3.7　A 县 4 号(粮油)专业合作社亩均收益核算

营业收入	亩均(元)	备　注
粮食收入	1450.00	每亩地平均产粮:500 千克 粮食出售价格 2.9 元/千克
储备粮订单奖励	0.40	1000 千克订单奖励，价格 3.24 元/千克
政策补贴收入	122.44	农资综合补:53.02 元/亩 种粮大户补贴:25 元/亩 粮种补贴:15 元/亩 集中插秧:40 元/亩 集中育秧:30 元/亩 统防统治:40 元/亩 政策性保险:41.85 元/亩 单季计算，政策补贴收入取半
成本		以下费用都包含人工费用与燃油费
种子(普通水稻)	15.00	种子价格:30 元/亩，良种补贴 15 元/亩
集中育秧	90.00	成本 120 元/亩，集中育秧补贴 30 元/亩
机器插秧	80.00	成本 120 元/亩，机插补贴 40 元/亩
肥料	120.00	成本 120 元/亩

续表

农药(统防)	140.00	成本 180 元/亩,统防统治补贴 40 元/亩
机器耕地	150.00	成本 150 元/亩
收割	150.00	成本 150 元/亩
设备维修	21.00	一年 42 元/亩,单季费用取半
设备折旧	56.00	烘干机 2 台 18 万元,农机购置补贴 3 万元/台 拖拉机 6 台 21 万元 插秧机 2 台 14 万元,农机购置补贴 3 万元/台 收割机 3 台 8 万元 机器折旧按 5 年计算,折旧提 10% 报废补偿已记入 按单季计算,折旧费用取半
管理水电	100.00	成本每年 200 元/亩,单季费用取半
土地租金	500.00	成本每年 1000 元/亩,单季费用取半
政策性保险	22.50	费用 45 元/(亩·年),政府补贴 41.85 元/(亩·年) 单季费用取半
营业收入	1572.44	
成本总计	1425.50	
净利润	147.94	

A 县 4 号合作社一年的水稻种植收入为 44.38 万元,合作社对外服务盈利 10 万元。4 号合作社处于粮食生产功能区中,便于申请项目补贴,合作社的道路建设、育秧中心建设、农机购置都可以通过以项目的形式拿到补贴,但是补贴金额难以统计。合作社的年收益详见表 3.8。

表 3.8 A 县 4 号(粮油)专业合作社年收益核算

项　目	金额(元)	备　注
种粮收入	443820.00	种植面积 1500 亩
对外服务收入	100000.00	服务面积 1000 亩
项目补贴收入	未知(较少)	育秧中心,家庭农场
农机更新费用	−250000.00	
总收入	293820.00	

(4)C县17号(种粮)专业合作社

①基本情况

C县17号(种粮)专业合作社成立于2012年，水稻种植面积为1200亩。合作社注册资本50万元，股东5人，依靠大股东(合作社老板)负责水稻种植生产经营。合作社以土地轮种的方式种植早稻、中稻与晚稻，每年种植面积为600亩。

②合作社经营情况

C县17号(种粮)专业合作社一年种植两季水稻，每季每亩土地种植收入为1440.93元，种植成本为1254.50元，亩均净利润为186.43元。每亩净利润中，政策补贴占64.86%。合作社老板一个人负责管理经营，由于精力有限，没有对外服务。合作社的亩均收益(单季)详见表3.9。

表3.9　C县17号(种粮)专业合作社亩均收益(单季)核算

营业收入	亩均(元)	备　注
粮食收入	1320.00	每亩地平均产粮:500千克 平均出售价格2.64元/千克
储备粮订单奖励	0.40	1000千克订单奖励，价格3.24元/千克
政策补贴收入	120.93	农资综合补:45元/亩 种粮大户补贴:30元/亩 粮种补贴:15元/亩 集中插秧:40元/亩 集中育秧:30元/亩 统防统治:40元/亩 政策性保险:41.85元/亩 单季计算，政策补贴收入取半
成本		以下费用都包含人工费用与燃油费
种子(杂交水稻)	85.00	种子价格:100元/亩，良种补贴15元/亩
集中育秧	90.00	成本150元/亩，集中育秧补贴30元/亩
机器插秧	80.00	成本120元/亩，机插补贴40元/亩
肥料	120.00	成本120元/亩
农药(统防)	100.00	成本140元/亩，统防统治补贴40元/亩
机器耕地	150.00	成本150元/亩
收割	130.00	成本130元/亩

续表

设备维修	21.00	一年42元/亩，单季费用取半
设备折旧	56.00	收割机2台13.45万元，农机购置补贴60% 拖拉机2台5万元 插秧机2台15万元 机器折旧按5年计算，折旧提10% 报废补偿已记入 按单季计算，折旧费用取半
管理水电	100.00	成本每年200元/亩，单季费用取半
土地租金	300.00	成本每年600元/亩，单季费用取半
政策性保险	22.50	费用45元/(亩·年)，政府补贴41.85元/(亩·年) 单季费用取半
营业收入	1440.93	
成本总计	1254.50	
净利润	186.43	

C县17号合作社一年种植两季水稻，合作社一年水稻种植获利22.37万元。C县17号合作社也申请成功了许多项目补贴，包括集中育秧中心建设、家庭农场等。合作社的年收益为13.37万元，详见表3.10。

表3.10　C县17号(种粮)专业合作社年收益核算

项　目	金额(元)	备　注
种粮收入	223716.00	种植面积1500亩
对外服务收入	0	服务面积600亩
项目补贴收入	未知(较少)	育秧中心，家庭农场
农机更新费用	－90000.00	
总收入	133716.00	

(5)四家合作社经营状况比较

通过对四家合作社经营状况的比较分析，可以看出粮油专业合作社的每亩收益在300元左右，政策补贴占14号、15号、4号和17号合作社收入的比重分别为：74.5%、63.1%、86.1%和72.5%，可见政策补贴成了合作社的主要收入来源。四家农民合作社的运营状况对比详见表 3.11。

表 3.11　四家农民合作社运营情况比较

	14 号	15 号	4 号	17 号
土地面积	150 亩	303 亩	1500 亩	600 亩
总收入	22.27 万元	10.40 万元	29.38 万元	13.37 万元
种粮收入	1.28 万元	11.40 万元	44.38 万元	22.37 万元
其他收入	20 万元(茶叶)	0	0	0
对外服务收入	4 万元	4 万元	10 万元	0
亩均收入	319.20 元	377 元	295.88 元	372.86 元
政策补贴	238.12 元	238.12 元	244.88 元	241.86 元

四家合作社中，B 县 14 号合作社的水稻种植面积最少，仅为 40 亩。但是 14 号合作社种植的茶叶利润丰厚，一年 110 亩茶叶种植收入就为 20 万元，相当于 800 亩水稻的种植收入，可以看出种植经济类作物的利润远高于种植水稻。

A 县 4 号合作社是种植面积最多的，高达 1500 亩，但是它的土地租金远高于其他合作社（土地租金 1000 元/亩，其他地区 175 元/亩、300 元/亩、600 元/亩），这给合作社的经营带来一定的困难。但是 A 县 4 号合作社通过两个重要途径消解其成本，一是高效的管理能力，大规模生产有效分担其经营成本，规模越大，可分担的单位成本越高。如机械收割、插秧、统防统治等机械化作业，经营规模越大，其成本就越低。二是规模越大，补贴越多。通过上文的分析，合作社可以申请的政策补贴高达十多项，还有众多的项目建设支柱。合作社的规模越大，获得的补贴额度就越多，还可以申请大额的项目补贴，如育秧中心，烘干中心，高标准农田建设，粮食功能区建设等项目。通过以上两个途径，大规模合作社的种粮成本被大幅度降低。

4 浙江省家庭农场项目调研分析

4.1 鼓励家庭农场发展的政策背景

家庭农场是指以家庭成员为主要劳动力，从事农业规模化、集约化、商品化生产经营，并以农业收入为家庭主要收入来源的新型农业经营主体。

2013 年“家庭农场”的概念是首次在中央一号文件中出现的，旨在鼓励和支持承包土地向专业大户、家庭农场、农民合作社流转。中央一号文件中指出，建设家庭农场有助于促进农业经济的发展，推动农业商品化的进程，有效缩小城乡贫富差距。家庭农场的建设，可以使农业由保障功能向盈利功能转变，克服自给自足的“小农经济”的弊端。

2013 年中央一号文件出台以后，各地兴起了成立家庭农场的热潮。杭州萧山区、衢州柯城区、湖州南浔区等地的家庭农场取得了快速发展。尤其是衢州市自 2013 年 5 月出台《衢州市家庭农场注册登记办法(试行)》起，种养大户等农业主体表现出极大的热情，积极踊跃注册创办家庭农场。

4.1.1 家庭农场、农民合作社、专业大户概念区分

家庭农场与专业大户、农民合作社的性质大致相同，但是又有所区分。

首先，专业大户、农民合作社与家庭农场都是以农民经营为基础，提供农产品的生产、加工、储藏等经营活动的组织。合作社与家庭农场需要进行工商登记，专业大户只需要在村里备案即可。通常情况下，登记专业大户仅仅是为了申请补贴所用，当申请“稻麦种植大户直补”和“水稻订单奖励”时，种植面积超过 20 亩的农民合作社和家庭农场就可以挂上专业大户的招牌申请补贴。

专业大户比较容易区分，只要个人或法人承包的土地面积达到一定

的标准，就叫大户。浙江省的界定，只要种植粮食的土地面积到达 20 亩以上，就叫种粮大户，可以申请稻麦种植大户直补；但在 A 县，土地种植规模超过 50 亩才能申请水稻订单奖励补贴。

家庭农场是以家庭经营为基础的，每个地区家庭农场的成立条件不同。以 C 县为例，家庭成员不少于 2 人，流转土地的租期年限不低于 5 年，农业收入占家庭农场收入的 80%以上，并达到一定土地指标要求（粮油 50 亩，蔬菜水果 20 亩）就可以挂上家庭农场的招牌。家庭农场的种类相对较多，包括粮油、蔬菜水果、水产、经济林、菜叶、禽畜等。

合作社的注册方式与公司的注册方式大致相同，运行机制也参照公司法，但是目前不需要工商验资。注册合作社成立的条件是 5 人以上，农民成员超过 80%。

4.1.2 家庭农场、农民合作社、专业大户可享受的补贴政策比较

家庭农场的概念是建立在家庭单位经营基础上的，与合作社的边界不清晰。合作社想挂上家庭农场的招牌在技术上是完全可行的，因此合作社可以以家庭农场的名义获取家庭农场的政策优惠。我们以浙江省 C 县的水稻种植大户、农民合作社及家庭农场为例，详细梳理其可申请的政策补贴，详见表 4.1。

表 4.1 种植大户、合作社、家庭农场分别可享受的政策补贴比较

	政策名称	补贴标准	资金来源
农民合作社、专业大户	稻麦种植大户直补	稻麦种植面积 20 亩以上补贴 30 元/亩	省级财政补贴 25 元 县级财政配套 5 元
	省水稻集中育秧补贴	稻麦种植面积 100～700 亩以下的补贴 20/亩 水稻种植面积 800 亩以上的村，集中育秧面积达 60%、90%，分别补贴 30 元/亩、40 元/亩	省级财政
	机插	水稻种植面积 500 亩以上，补贴 40 元/亩	发达地区省级财政补贴 40%，市、县财政配套 60%；欠发达地区，省级财政补贴 60%，市、县财政配套 40%
	统防统治		

续表

	政策名称	补贴标准	资金来源
农民合作社、专业大户	农机购置补贴政策	不同的机型补贴标准各异，详见子报告二的表1.1	发达地区省级财政补贴40%，市、县财政配套60%。欠发达地区，省级财政补贴70%，市、县财政配套30%
	高耗能农业机械报废补偿	视机型与功率而定，详见子报告二附件表4.1	发达地区省级财政补贴40%，市、县财政配套60%；欠发达地区，省级财政补贴70%，市、县财政配套30%
	农资综合补贴	按粮食作物播种面积补贴，45元/亩	中央财政
	省级储备早稻订单奖励	补贴30元/50千克	省级财政
	农作物良种补贴	按大小麦，水稻的种植面积补，大小麦10元/亩，水稻15元/亩	中央财政
家庭农场	设施建设项目	示范性家庭农场给予20万～50万元的设施建设补贴	县级财政
	示范奖励	评为省、市、县示范性家庭农场的，给予4万～6万元的奖励	县级财政
	金融保险支持	无标准	县级财政
	品牌培育	被认定为中国驰名商标的家庭农场，奖励50万元；获得省级著名商标的家庭农场，奖励5万元	县级财政
	土地流转	未知	县级财政
	产品检测	有产品检测系统的，给予1万元奖励	县级财政
	产品展销	展销获全国奖补贴2万元，获省级奖励的补贴1万元	县级财政
	人才培育	未知	县级财政
	项目支持	项目种类多，标准各异	县级财政

通常来说，一家大型的经营主体可以拿到以上所有的补贴。在没有补贴的时候，这些主体通常都以农民合作社的形式存在。当可以以种粮大户或家庭农场申请补贴的时候，种粮大户、家庭农场就从农民合作社中分离出来，他们可以用所需要的名义去申请更多的补贴。家庭农场也是

一种经营主体，但是由于它的概念晚于农民合作社，因此大多数经营主体是先挂上合作社的招牌再挂上家庭农场的招牌。由于合作社、家庭农场、种粮大户的概念是模糊不清的，很难划分出特定的界限，所有补贴的分配方式较为混乱，补贴种类交叉重叠。

4.2 家庭农场的扶持政策：以C县地区为例

近年来，C县坚持把推进农业产业化作为抓好“三农”工作的要求，设施农业发展迅速。随着中央一号文件的出台，C县地区的家庭农场也发展迅速，截至2013年年底，C县地区共有家庭农场800家，规范化家庭农场80家，示范性家庭农场30家。2013年C县新增家庭农场300家，规范化家庭农场20家，示范性家庭农场10家。

2013年，C县财政投入1500万元，其中基础设施建设750万元、土地流转200万元、示范建设150万元、标准化推广50万元、品牌培育及产品检测50万元、产品展销100万元、人才培训100万元。具体扶持政策如下：

(1)设施建设

设施建设是家庭农场补贴项目中的大头，但是仅规范化、示范性家庭农场才可申报该项目。设施建设分为生产管理基础设施建设与农业服务设施建设，前者用于建设管理用房、农场田道、节水设施、大棚温度设施，后者用于支持农产品的加工、整理、储存和保鲜。家庭农场工作领导小组会对项目进行审查和评价，并将获批项目公示公告。项目建成后，领导小组会同县财政组织验收，验收合格后，用以奖代补的形式，给予规范化家庭农场项目建设资金30%的奖励，最高不超过20万元，示范性家庭农产可以拿到项目建设资金50%的奖励，最高不超过50万元。

(2)示范创建

家庭农场工作领导小组对当年被评为省、市和县级示范性家庭农场的，分别给予6万元、5万元和4万元奖励；对当年被评为市、县级规范化家庭农场的，分别给予3万元、2万元的奖励。

(3)品牌培育

对认定为中国驰名商标的家庭农场，家庭农场领导小组给予50万元的奖励；被国家商标局核准农产品地理标志证明商标、集体商标的，给予

5万元奖励;被认定为省级著名商标的,给予5万元奖励;对获得绿色食品有机认证的,奖励2万元。

(4)产品检测

如果家庭农场自建农产品质量检测系统的,每年10月底前可向农业局提出验收申请,由C县家庭农场领导小组会同财政局负责组织验收,验收合格的给予一次性1万元资金奖励。

(5)产品展销

家庭农场参加县统一组织的博览会、展销会可也得到参会资金的全额补助。若产品获得全国、省级以上金奖给予一次性2万元、1万元的奖励。

(6)土地流转

在土地流转政策上,通过建立和完善土地流转服务平台,积极推进土地承包经营权流转,鼓励家庭农场以承包、转让、合伙、入股等形式开展土地流转。

(7)资金信贷

在资金和信贷政策上,通过对达到一定规模的新创办家庭农场的资金奖励和财政贴息。C县给予当年新成立、在工商部门登记注册,并且经营规模达到100亩以上的家庭农场一次性奖励1万元,对超过200亩以上的经营面积或农场投资额达到200万元以上的现代家庭农场,给予其融资资金3%的财政贴息;对配套农业生产经营用房及初级农产品加工、包装、储藏等固定资产投资额超过30万元的,按实际投资额的8%给予财政补助。

4.3 家庭农场经营情况:以C县为例

C县的家庭农场的经营范围已经涵盖了谷物种植业、蔬菜种植业、水果种植业、园艺作物种植业、水产养殖业、家畜家禽饲养业等。从总体上看,以谷物种植业、林木和蔬菜种植业为主。截至2013年12月底,全县已累计注册登记家庭农场618家(其中粮油类128家、林木类162家、茶蔬果类174家、水产类115家、其他39家)。所有家庭农场注册资本共计4.24亿元,经营面积12.05万亩,从业家庭劳动人员1854个。

C县地区的多数大型专业合作社,都挂上了家庭农场的牌子,C县地区大部分家庭农场扶持资金都分配给了当地的10家龙头企业，名单详见表4.2。

表4.2　C县家庭农场（大型专业合作社）经营情况

名称	主营业务	销售收入	净利润
家庭农场4（畜牧）	母猪、生猪	3亿元	3000万元
家庭农场5（养鸡）	鸡苗、饲料、野鸡	2.29亿元	2928万元
家庭农场6（蔬菜）	蚕豆、豇豆	4730万元	271万元
家庭农场7（土鸡）	土鸡	4827万元	76万元
家庭农场8（茶叶）	茶叶	3325万元	91万元
家庭农场9（家禽）	土鸡、番鸭	3152万元	75万元
家庭农场10（蔬菜）	榨菜、小黄瓜	2100万元	105万元
家庭农场11（茶叶）	茶叶	1135万元	42万元
家庭农场12（毛竹）	原竹、毛竹	1500万元	300万元
家庭农场13（农产品）	金谷发糕	887万元	73万元

家庭农场的补贴政策与合作社与专业大户的补贴政策相比，并不具有普惠性，受益面较小，大多数的补贴政策都分配给了规模较大、星级较高的家庭农场，它们都是当地的龙头企业。多数家庭农场只能申请到1万元左右的补贴。具体情况详见表4.3。

表4.3　C县家庭农场扶持政策受益面比较结果

项　目	政策内容	投入总金额	受益面
设施建设项目	示范性家庭农场给予20万～50万元的设施建设补贴	750万元	30家
示范奖励	评为省、市、县示范性家庭农场的，给予4万～6万元的奖励	150万元	30家
金融保险支持	对资信良好的家庭农场提高授信额度，给予信用贷款	未知	未知
品牌培育	中国驰名商标50万元奖励，省级著名商标5万元奖励	20万元	4家
土地流转	一次性补助	200万元	未知
产品检测	有产品检测系统的，给予1万元奖励	30万元	30家

续表

项　目	政策内容	投入总金额	受益面
产品展销	给予展销费补助，获奖给予2万元(全国)与1万元(省级)奖励。	100万元	所有合作社
人才培育	农业局组办家庭农场经营培训计划	100万元	所有合作社
项目支持	包括：烘干中心、预秧中心、标准农田建设、水利建设、土地整治	未知	未知

可以看出，补贴金额最多的设施建设项目(150万元)的受益面只包含有示范性、规范性家庭农场，数量只有30家。示范奖励、产品检测、品牌培育等项目也存在同样的情况。对家庭农场扶持政策有高需求的正是那些处于起步阶段的农户，他们不是示范性家庭农场，也不是规范化家庭农场，因此他们在基础设施的建设上拿不到任何补贴。他们只能在人才培育和产品展销方面得到帮助，这对他们是远远不够的。

对家庭农场的补贴政策没有较高需求的正是那些已经渡过起步阶段、目前经营状况良好、年销售收入过亿的龙头"企业"。然而这些"企业"拿到了家庭农场补贴的大头，例如，基础设施建设50万元，品牌培育奖励20万元，等等。这种现象造成扶持政策像肥料撒在牛粪上一样，对他们仅仅是"锦上添花"的作用，而达不到"雪中送炭"的效果。

5 农民专业合作社、家庭农场绩效评价

农民专业合作社、家庭农场是一个复杂的综合体，这里的"复杂"是指汇集到农民专业合作社上的补贴政策繁多，我们掌握的数据表明，至少有17项政策；除此之外，还有大量无法统计的项目补贴。我们无法从某个单项的政策出发，去考察合作社的绩效。说它"综合"，是指我们所调研的28家农民专业合作社(家庭农场)中，没有一家是单纯的提供某项服务或者经营某一类农作物，既是农作物的经营生产主体、提供服务的主体，也是各种项目承建的主体，"专业"程度实在不高，其中有一家合作社的门口

挂了四个牌子，分别是粮油专业合作社、农资专业合作社、生猪专业合作社和劳务专业合作社。因此，如果从项目或者某个作用于农民专业合作社与家庭农场的政策去考察其绩效的话，不具有可操作性、系统性和全面性。

基于此，我们根据《农民专业合作社法》所规定的农民专业合作社的目标、原则和宗旨，以及家庭农场发展的目标，从合作社的效率、效果、公平性与可持续性四个维度，由四个维度进一步分解二级指标来考察其绩效。如表 5.1 所示。

表 5.1　农民专业合作社绩效评价指标

一级指标	二级指标
效率	目标完成
	受益程度
公平	社员间公平
	公共责任
效果	合作社经营能力
可持续性	政策支持

5.1　效率低

在效率方面，我们从目标完成度与受益面两个角度考察。目标完成度低主要表现在以下几个方面：

第一，农民专业合作社并非为全体成员谋利。我国《农民专业合作法》规定，农民专业合作社“以服务成员为宗旨，谋求全体成员的共同利益”。在我们所调研的 28 家合作社中，从合作社的利润分红与其提供的服务来看，并没有实现服务成员的宗旨和为全体成员谋利的目标。上文已提到，28 家合作社盈利收入均为按入股份额分红，而其中 24 家是“大股东＋农户”的组织方式，大股东的资本占合作社资本的 95％以上，也就是说大部分的利润为大股东所占有，而一般普通的社员难以从合作社的发展中获利。从提供的服务来看，28 家合作社中，只有一家为其社员提供有限的免费服务，其他 20 家提供服务的均为有偿服务。而且，如果一般的普通农户以出租土地加入合作社的话，合作社几乎不可能为这种会员提供服务，仅仅是每年支付租用土地的租金。

第二，农民专业合作社的服务对象变异。《农民专业合作社法》规定“农民专业合作社的服务对象是合作社的成员，为其提供农业生产资料的购买，农产品的销售、加工、运输、贮藏以及与农业生产经营有关的技术、信息等服务”。但是，调研发现的情况并非如此。在28家访谈的合作社中，71.4%没有为其社员提供服务，而是为非社员提供有偿服务。

第三，农民专业合作社并非专业的服务组织。从农民专业合作社的定义可知，农民专业合作社是同类农产品的生产经营者或者同类农业生产经营服务的提供者、利用者，自愿联合、民主管理的互助性经济组织。调研发现，农民专业合作社并不是某一类农产品经营、生产或者某一类农业生产经营服务的提供者，而是不同类别农作物经营生产与提供服务的复合体。在受访的28家农民专业合作社中，有17家种植至少两种以上的农作物，其中8家种植水稻和大、小麦，9家种植水稻，大、小麦和水果。50%以上提供农业机械化作业服务。也就是说，农民专业合作社并不是为社员提供某项专业服务的组织，而是多种类经营、多方式盈利的主体，是合作社真正的股东获取利润的载体。

第四，专业大户、家庭农场与农民专业合作社的目标不清晰。从专业大户、家庭农场与农民专业合作社的概念区分我们可以看出，三者之间并没有清晰的边界，各个主体之间的目标不明确，使得专业大户、合作社与专业大户在发展过程中概念使用根据政策的不断变换而变化，套取政策补贴资金。如“家庭农场”在2013年中央一号文件中提出，受访的很多合作社与大户表示，如果政策对家庭农场的扶持力度大，就会在合作社和专业大户的基础上挂上“家庭农场”的牌子，以此获得更多的政策优惠。

受益面窄。受益面较窄主要体现在以下两个方面：第一，合作社的大部分利润被少部分人拿走。这里的受益分析主要从合作社社员的利润分红着手，而分红又与合作社的组织形式密不可分。从我们所调研的28家农民专业合作社来看，合作社的组成人数至少在5人以上，社员最多的达到168人。合作社的社员主体有农民、企业及事业单位。表面上看，都符合组建农民专业合作社的要求，但是，情况并非如此。在28家合作社中，24家都是采取“股东＋农户”的组织形式，而合作社的资本主要来源于大股东，在24家合作社中，其利润分红方式都是根据入股的份额分配，而大股东的股份占整个合作社的90%以上。也就是说，合作社的盈利收入主要分配给大股东，而普通的会员分到的红利微乎其微。在调研过程中，我们有幸看到了其中一个合作社的年终分红账单，100 多位以 100 元入会的社员年底按入股分红所得到的利润是 1.42 元，如果按银行的一年期利率计算，100 元存入银行的利息都有 3.25 元，合作社的股金分红只占银行存款利息的 43.7%。小股东的入会费如果以银行基准利率计算财务成本的话，9 年就血本无归，损失殆尽！但大股东却是另外一种分配方式。有 8 家合作社通过租用农户的土地而让其入会，把每年的地租租金视为一种利润分红的方式。我们认为，以入股份额分红，或者把土地租金视为利润分红的方式并不能达到合作社成立的最初目的，大部分合作社社员并没有从合作社的发展中受益，这种方式只是给合作社大股东盈利提供了“合理”的解释。

第二，补贴力度较大的家庭农场政策受益面较小。大多数家庭农场政策与项目都与家庭农场的规模、经营情况和星级挂钩，多数家庭农场只能申请到 1 万元左右的补贴，高额的政策补贴和项目补贴都被当地龙头企业领取。C 县地区 618 家合作社中，能拿到补贴金额超过 5 万元的不到 100 家。补贴金额最多的设施建设项目(150 万元)的受益面更小，只有当地的 5 家示范性家庭农场可以领取，它们都是销售过亿的当地龙头企业。

5.2 公平性低

在公平方面，我们从社员之间的公平性和合作社的公共责任来考察。从调研的情况来看，社员之间的公平性较低，主要体现在以下两个方面：一是社员之间信息的不对称；二是社员间地位的不公平。《农民专业合作社法》规定合作社社员之间应当共同决定合作社的发展，共同分享信息。但是，我们调研中发现，合作社大股东与一般社员之间的信息是不对等的。一般情况下，大股东比较了解国家政策对合作社的支持，而普通的会员则不清楚。大股东为了“壮大”合作社的规模(规模大的合作社容易获取项目支持和更多的政策优惠)，通过不同的方式吸纳会员，而吸纳的其他会员对国家扶持合作社发展的各种政策不了解，大股东也不会告知普通会员。造成社员之间信息的不对称和不公平现象。

《农民专业合作社法》规定，合作社实行地位平等、一人一票、民主管理的方式。但是，在调研过程中，我们发现，在 28 家农民专业合作社中，有 17 家合作社采取“大股东(一个或者几个)＋众多社员”的组织模式，合作社实际上是掌控在一个或者几个大股东的手中，合作社的发展和管理由大股东决定，其他普通社员参与管理、决定合作社发展的机会较少。合作社的民主管理似乎变成了股东间的民主管理，合作社社员之间的地位并不平等。实质上，在农民专业合作社组织中，地位由资本决定，这违背了《农民专业合作社法》规定的合作社成员之间的地位公平。

农民专业合作社的公共责任并不强，这主要体现在其提供农机作业化补贴方面，在调研过程中，我们发现，只有 1 家合作社为其社员和村民(合作社所在的村)提供免费的统防统治服务，其他 20 家提供服务的合作社均是有偿提供服务，而且向农户收取的服务费用都与政府最高指导价相同，不仅没有减轻一般散户种植水稻的成本，反而会增加散户的生产成本。

扶持家庭农场发展的政策公平性差，主要体现在以下两个方面：一是扶持家庭农场的政策普遍性不够。截至 2013 年年底，C 县的家庭农场总数为 618 家，从表 4.3 中可以看出，享受数额较高补贴的家庭农场不到 10%，大型的基础设施建设扶持、品牌培育奖励等只有年销售收入过亿的“企业”才能享受。二是选取标准不公平。从对 C 县家庭农场的调研情况来看，有资格参与评价家庭农场等级，拿到较大项目补贴的都是规模较大、经营状况较好，年收益较高的企业，而对那些小型、处于起步阶段的家庭农场则无法拿到上述补贴。

5.3 效果低

在效果方面，我们主要从合作社、家庭农场的经营能力与对合作社的管理来考察，因为政策扶持的目的就是提高它们的经营能力和市场抗风险能力。

首先，经营能力弱。农民专业合作社(家庭农场)有众多的政策项目支持其发展，调研的 28 家合作社均是种粮大户，种植水稻的面积从 125 亩到 4400 亩不等，种植的农作物主要是水稻，大、小麦和水果。也就是说，合作社(家庭农场)都能享受水稻生产过程中的补贴政策。除此之外，还有我们无法统计的项目资助，如烘干、育秧中心建设，钢架大棚建设，高标准农田项目建设等等。可以说，农民专业合作社（家庭农场）包揽了众多的补贴政策。但是其发展情况如何呢？从上文对四家较为典型的合作社经营能力分析来看，合作社每年每亩平均盈利300元，主要来自政策补贴收入（平均240元），补贴收入占总收入的80%。这几个合作社成立时间从1999—2012年不等，但经营能力上没有太多的差别。也就是说，农民专业合作社（家庭农场）自身的发展能力较弱，没有政府政策的支持就难以维持其发展，但政府的持续支持也没有提高它们的经营能力。我们认为，政府政策支持仅仅只是合作社发展的外生刺激变量，在合作社发展初期，政策起到鼓励与支持的导向性作用。但是，经过政策的不断刺激，合作社（家庭农场）的发展动力与能力应当由外而内转换，从靠外在的政策支持发展到提升自身发展和经营能力。从目前农民专业合作社的发展来看，并没有实现在政策的刺激下壮大自身内在发展动力，反而靠政府补贴维持现状。

其次，管理混乱。主要体现在以下两个方面：一是管理主体混乱；二是与家庭农场界限不清、管理不明造成的混乱。农民专业合作社作为一种特殊的经济组织，《农民专业合作社法》规定，成立的农民专业合作社必须在工商部门登记注册，应当接受工商部门的管理。而实际的管理主体则在农业部门，造成工商部门“登记不管理”，农业部门“管理不登记”的错乱现象，形成农业专业合作社管理的不连贯、分散化，无法形成有机统一的管理。

“家庭农场”的概念2013年首次出现在中央一号文件中，但是没有给出清晰准确的定义，成立家庭农场的前置条件也没有统一的规定，如家庭农场的成员数量、经营的农作物种类、家庭农场的面积、注册资本等。使得现有的一些合作社可以冠以“家庭农场”的牌子获取或者申请扶持“家庭农场”发展的政策支持。除此之外，尽管管理农民专业合作社与家庭农场的主体都在农业部门，但并不由农业部门下属的相同科室管理，致使重复管理、合作社重复利用资源的现象无可避免。

5.4 可持续性难以判断

我们从政策对合作社、家庭农场的支持力度及其自身的发展能力来考察政策的可持续性。根据相关法律、文件及各地的条例，政策可持续性较强。我国2006年出台的《农民专业合作社法》与2010年中央一号文件明确指出，要大力扶持农民经济性组织的发展，给予更多的政策优惠。2013年中央一号文件也明确指出，要加大力度对家庭农场的扶持。而上文已分析，农民专业合作社、家庭农场的经营能力较弱，没有政府政策扶持就难以持续经营。因此，政府政策对农民专业合作社、家庭农场的政策支持力度越大，其可持续性能力就越强。但是，政策支持的形式变化有可能导致现有支持政策的改变。同时，需要指出的是，农民专业合作社、家庭农场内在发展能力较差，离开了政策支持，在现有土地、户籍等体制下，其可持续性到底如何，很难做出客观的判断。

6 政策建议

从我们所调研的28家农民专业合作社（家庭农场）来看，其绩效并不高，合作社没有达到较好地服务全体社员、为社员创造收益的目标。而且其自身发展能力较差，没有政策扶持就难以持续发展。政府对农民专业合作社的政策扶持方面，每年投入的专项资金数额较大（这里需要指出的是，我们在调研过程中无法获取政府对合作社的资金投入量，因为合作社作（家庭农场）为一个复杂的综合体，在所从事和经营的农业范围内，只要有政策补贴，都能享受，还有不同种类的项目建设，而政策和项目管理部门不尽相同，使得我们难以获得准确的数字）并且有逐渐增加的趋势。为此，我们认为，要有效促进合作社健康持续发展，需要从以下几个方面入手：

(1)改变现有的管理方式，明晰农民专业合作社与其他农村经济组织的边界。我国现阶段对农民专业合作社的管理主体不统一，登记注册成立由工商管理部门负责，而管理则是农业部门，这种管理方式不利于管理主体责任的明确和统一管理。因此，我们建议取消农民专业合作社在工商管理部门的登记注册，把“登记”与“管理”整合在同一部门，统一由农业部门管理，避免两者的分离。

除此之外，还应当明晰农民专业合作社与其他农村经济组织之间的边界。随着我国政府对农村经济组织发展的重视，种类越来越多的农村经济组织形式出现，如普通户、重点户、种粮大户、家庭农场、农村龙头企业等，它们之间的边界关系含糊不清，尤其是种粮大户、家庭农场与农民专业合作社，已经产生“多块牌子，一套人马”现象，监督、管理主体混乱，使得一些合作社利用不同的“牌子”重复申请项目补贴和政策支持。因此，需要明确界定各种农村经济组织的边界，确立从普通户、重点户、种粮大户、家庭农场到农民专业合作社的递进条件。

(2)改变现有的政策激励方式，把“过程补贴”变为“效果补贴”。从现有支持农民专业合作社发展的政策来看，分散集中化较为严重。有这么一种现象，以水稻补贴为例，不同的部门分配和管理，使得这种碎片化的管理只重视碎片化的绩效，而无法从整体发展的角度来衡量。上文的分析中，我们已经指出，现有的农民专业合作社的自身经营能力较弱，主要靠政策补贴维持其发展。这会使得合作社想尽一切办法争取政策优惠和项目的支持，而忽视自身能力建设和发展。加上，碎片化的政策补贴方式，必然导致合作社经营的碎片化。所以，应当转变现有的补贴方式，把现有的“过程补贴”变为“效果补贴”。与此同时，需要建立较为合理的评估组织，科学评估农民专业合作社的发展能力，根据农民专业合作社发展能力的指数给予不同的补贴。通过这种方式来提升农民专业合作社的自身发展能力，而不是在过程环节投入越来越多政策补贴，造成“补贴越多，能力越弱”的逆目标现象。

(3)修改示范性、规范化家庭农场的评价体系。建议在评价体系中提高技术创新分与高效管理分，从而提高中小型专业合作社在示范性、规模化合作社中的比重。鼓励家庭农场积极引进新品种、采用新技术，增强农技支撑能力。建议不再对当地的农业龙头企业给予基础设施建设补贴，将补贴给予处于发展阶段的家庭农场。帮助准备成立家庭农场的散户完善信用贷款计划，并对土地流转提供帮助、给予补贴。建议对将家庭农场按规模进行区分，分成大、中、小三个层次，在每个层次中分别选出示范性、规模化的家庭农场，防止补贴被龙头企业垄断。

(4)限制农民专业合作社经营与服务种类，促进专业化。根据《农民专业合作社法》的规定，农民专业合作社应当是某一类的经营主体或者提供某一类服务的组织。然而，在调研过程中，我们发现，现有的农民专业合作社都是复杂的综合体，经营和服务种类多，同时也是项目建设主体，都不是单一的专业组织。而是通过不断地拓宽经营范围和服务种类，争取更多的项目建设获得更多的政策补贴。其性质已经改变成根据扶持政策，不断变化经营类别和服务种类的纯盈利机构，而非服务于社员的经济组织。为此，应当严格限制农民专业合作社的经营范围和服务种类。

（5）建立完善的监督、评价机制。农民专业合作社、家庭农场是较为特殊的经济组织，随着国家对农村经济发展的重视，对其扶持力度也不断地加大，投入资金也持续增加。如何监督合作社使用财政支持资金，以及如何保证资金的使用绩效？这就需要政府部门建立完善的监督、评价机制，对合作社的财务、项目建设、补贴等进行严格的审查，同时也要科学评估合作社的绩效，例如其自身发展能力、成本收益、社会责任、社员之间的受益、组织的管理等。

（执笔人：沈楠、袁波）

附件一：种粮补贴政策访谈问卷

1. 您家种水稻吗？

A. 种　种________亩？（→3）　B. 不种（→2）

2. 那您的土地呢？

A. 种水稻以外作物　B. 流转或租出　C. 外地来打工，没有地　D. 其他

3. 每亩水稻成本________元，亩产________斤。

4. 是否出售？

A. 是，________元/斤　B. 是，不清楚售价　C. 不出售

5. 种粮领过补贴吗？

A. 领过，________元/亩　B. 领过，但不清楚金额　C. 没领过　D. 不清楚

6. 怎么知道领补贴的信息？

A. 村里宣传　B. 钱到了卡里　C. 口口相传　D. 其他

7. 见过种粮明白纸吗？

A. 见过　B. 听说过，没见过　C. 彻底没见过

8. 都领过哪些种粮相关的补贴？

A. 农作物良种补贴　B. 农资综合补贴　C. 其他　D. 说不清楚

9. 补贴一般是怎么发的？

A. 银行卡　B. 现金　C. 其他

10. 有几张卡用来领补贴？

A. 1 张　B. 2～4 张　C. 5 张及以上

11. 领取补贴方便吗？

A. 方便　B. 不方便　C. 还行吧

12. 村里别人种粮一般领到的补贴比你多还是少呢？

A. 比我多　B. 比我少　C. 差不多　D. 不清楚

13. 你们村里有多少种粮大户？

A.（具体数字）________　B. 不清楚

14. 您怎么给水稻打农药？

A. 统防统治，________元/亩　B. 统防统治，但不清楚价格

C. 自己打

15. 如果是统防统治，签协议吗？

A. 签　B. 不签　C. 忘记了

16. 您购买过集中育秧服务吗？

A. 有________/亩　B. 有，不清楚价钱　C. 没有

17. 如果购买过集中育秧服务，签了协议吗？

A. 签　B. 不签　C. 忘记了

18. 您购买过机械插秧服务吗？

A. 有________/亩　B. 有，不清楚价钱　C. 没有

19. 如果购买过机械插秧服务，签了协议吗？

A. 签　B. 不签　C. 忘记了

20. 您购买过粮食烘干服务吗？

A. 有________/斤　B. 有，不清楚价钱　C. 没有

21. 您对这些补贴满意吗？

A. 满意　B. 不满意　C. 没感觉

22. 您有没有购买过农机？

A. 有，是________　B. 没有　C. 不记得了

23. 从购买农机到拿到补贴需要多久？

A. ________（具体数字）　B. 不记得了

24. 您有没有报废过农机？

A. 有，是________　B. 没有　C. 不记得了

25. 从报废农机到拿到补贴需要多久？

A. ________（具体数字）　B. 不记得了

26. 您的水稻有保险吗？

A. 有　B. 没有　C. 不清楚

关于种粮补贴有什么特别想说的？

____

您的基本信息：性别：①男 /②女　年龄：________岁

您的文化程度：①小学及以下　②初中　③高中/中专

④大专/本科　⑤本科以上　⑥文盲　⑦其他________

您的职业：①赋闲　②无固定工作　③务农　④务工

⑤个体经营　⑥公职人员　⑦事业单位（包括教师、医生等）

⑧企业　⑨学生　⑩退休　⑪其他

附件二：合作社、种粮大户、家庭农场访谈提纲

1. 名称，成立时间，注册资本，主要经营范围。

2. 有多少股东？各股东股份占比是多少？有多少社员？如何成为社员？

3. 主要生产的农作物是什么？种几季？和什么作物轮换？

4. 有多少亩地？土地租金是多少？人工成本是多少？

5. 种一亩地产量是多少？一亩地成本是多少？收益是多少？是否含补贴？

6. 能够拿到哪些类型的补贴？

7. 每种补贴能拿到多少钱？

8. 拿补贴方不方便？发放得快不快？

9. 某项补贴政策的知晓度。

10. 某项补贴政策的满意度。

11. 有见过种粮政策明白纸吗？什么渠道？

12. 建合作社的成本是多少？

13. 合作社如何经营？自种还是外包？

14. 是否提供集中育秧服务？是否提供机械作业服务？如何收费？（扣除补贴收费？不扣除补贴收费？能拿到多少补贴？）

15. 收益分配方式，分红方式，上一年总盈利及组成。

16. 对政策性保险的看法。

17. 农药和化肥的采购途径，是否使用有机肥，为什么？

18. 对政策性保险的看法。

19. 是否有过贷款，有贴息或其他优惠吗？

20. 政府除了补贴外，其他还有什么政策？

21. 经营过程中碰到什么困难？

22. 种粮最担心的问题。是否会改种经济作物？

索　引